中國思想研究叢書8

# 一代宗師的崛起

## 林繼平教授 著

## 我的治學心路歷程

蘭臺出版社

# 目　　次

1981 年榮獲 <中山學術著作獎>，由嚴家淦總統頒獎於台北中山堂

1981 年榮獲〈中山學術著作獎〉，與嚴家淦總統合影於臺北中山堂

2002年9月在華中科技大學講學時攝

2002年9月在華中科技大學講學時攝

1991 年父親七十大壽，與母親攝於台北新店家中

# 作者簡介

林繼平教授

四川遂寧人，一九二二年生

國立四川大學中文系畢業

前臺灣東吳大學哲學系教授

現任陝西師範大學中國思想文化研究所講座教授

著作有：㈠《李二曲研究》，臺灣商務印書館出版，曾獲中山學術著作獎及中正文化獎。1999 年臺灣商務印書館再版。2006 年陝西師範大學第三次出版（簡體字）。㈡《陸象山研究》，臺灣商務印書館出版，曾獲菲華文化獎。2001 年臺灣商務印書館再版。㈢《明學探微》，臺灣商務印書館出版。㈣《孔孟老莊與文化大國》，臺灣商務印書館出版。㈤《文史哲論集》，臺灣書店出版。㈥《我的治學心路歷程》，蘭臺出版社印行。㈦《王學探微十講》，蘭臺出版社印行。㈧《宋學探微》，蘭臺出版社印行。㈨《禪學探微十講》，蘭臺出版社印行。㈩《程朱哲學評議》。㈩一《宋明理學與現代人生》。㈩二《中國哲學思想論集與中華文化出路》等十二部論著。正準備完成的著作有《孔孟思想研究》、《老莊哲學》、《林繼平年譜集要》等。

作者墨迹

# 〈中華大儒，捨您其誰〉─ 大鈞悼慈父文

　　父親一生奉獻於理學，集理學之大成。父親藉由關中大儒李二曲學的研究，打開了深奧的理學大門，並融貫了宋明的程朱陸王理學大家，上朔老莊，傳承孔孟，兼納佛禪。實證良知本體，明性悟道，惟心惟理，非心非佛的理學核心思想；發揚理學家的「內聖外王之道」，作為個人成聖成賢，以至平治天下的經世致用之學。父親由研究理學以發揚中華固有的文化，為往聖繼絕學；融合各家集之大成，進而開創中華新文化與未來的發展方向，為萬世開太平。他最後的遺願是希望他的著作能在祖國印行，以期望他的學術研究，貢獻祖國，並在祖國發揚光大。

　　父親名爾謀，字嵩，號繼平，筆名高山仰。西元 1922 年 1 月 21 日（即農曆辛酉年臘月 24 日）出生於四川省遂寧市新橋鄉洪江村四社。西元 2003 年二月七日下午 3：15 分（美國時間）病逝於美國舊金山史丹佛醫院，享年八十二歲。

　　父親祖籍廣東長樂縣（現五華縣）人氏，原客家人。父親五世祖定居四川遂寧，務農為生。自幼天資聰慧，刻苦好學，曾私塾於秀才曾祖父門下；遍讀經史子集，過目不忘；鍾愛文學、史家、兵家、法家著作；擅書法，喜健談，廣結

友；胸懷大志，有「平治天下，當今之士，捨我其誰」的氣魄；自學高中遂寧縣中，成都石室中學；進川大中文系，以一篇古文震驚主考；鄉黨鄰里，皆引以為傲。一九四三年，在國家危急存亡之秋，響應蔣委員長「十萬青年十萬軍，一寸山河一寸血」的號召，投筆從戎，參加青年遠征軍，抵抗日寇。進入中國空軍通信電子學校就讀和任教，從此潛心研究中國哲學、宋明理學，從而探得中國哲學的精髓和真諦。嗣後，轉入學術界擔任臺灣東吳大學哲學系教授、臺灣中華商務印書館編審、香港人生雜誌社主筆，臺灣老莊學會監事、中國人民大學東方文化研究所學術顧問、陝西師範大學哲學系客座教授等。

父親早年四川大學中文系畢業，但是一生努力鑽研「宋明理學」、「陸象山哲學」、「王陽明哲學」和「禪宗哲學」。畢生的心血都化作了《李二曲研究》、《陸象山研究》、《明學探微》、《孔孟老莊與文化大國》、《文史哲論集》、《我的治學心路歷程》、《王學探微十講》、《宋學探微》、《禪學探微十講》、《程朱哲學評議》、《宋明理學與現代人生》、與《中國哲學思想論集與中華文化出路》等十二部論著。正準備完成的著作有《孔孟思想研究》、《老莊哲學》、《林繼平年譜集要》等。這些豐碩的學術成果，為父親贏得了「中

山學術著作獎」、「中正文化獎」、「菲華文化獎」等學術界最高殊榮。父親的著作和名字定會留名青史的。

父親，您的著作，言簡意賅，文字練達而境界高遠。從您的書中，才能品出您青燈苦讀的身影和胸懷天下的氣魄。「宇宙是您的天空，大地是您空白的稿紙」──在我的記憶裏，您永遠不斷的在寫──寫書、寫文章、寫評論、寫信；不論是晴天、雨天，或颱風天，不論是白天或黑夜，您都埋首伏案，孜孜不倦努力的在做學問。「君子三不朽──立德、立功、立言。」在「立言」上，您是當之無愧了。「飯疏食飲水，曲肱而枕之，樂亦在其中矣！」──您一生安貧樂道，發憤忘食，並深稔讀書之樂無窮。性情豁達，廣結善緣；談笑皆鴻儒，桃李遍天下。顏淵曾讚孔子「仰之彌高，鑽之彌堅」，在您身上，不正是最真實的體現嗎！

父親雖已八十高齡，仍輾轉萬里，往返於舊金山、北京、西安，講學傳道，不畏舟車之苦。講學不輟，著述不輟，以宏道為己任，不知老之將至。曾指導北大、北師大、人大、陝師大、華科大的研究生、博士生，甚至博士班的指導教授。您有您在學術上獨特的見解和造詣，您有您的自負與驕傲；您自認您在理學上的造詣比程明道、朱熹、陸九淵、王陽明更青出於藍而勝於藍。您的治學方法和路線，為學生們打開

了認識理學，乃至中華人文思想的精義大門。您博古通今的學養和高瞻遠矚的氣魄，深為學生們敬仰。您傳道授業的精神，和誨人不倦的風範，定會流芳百世的。您的學生們曾多次地頌揚您是「一代宗師的崛起」，是「真正中華文化道統的傳承者」。

父親身居海外，但以發揚中華文化為己任。盼中華一統，常發表政論文章，匡正時弊，以國家興亡為志向。父親是眾多學生的精神和文化的導師，父親也是所有林氏鄉黨的驕傲和楷模。數次返家，帶領弟、妹和後輩們，焚香祭祖，「慎終追遠，民德歸厚矣！」先生是理學的奇葩，是中華民族的驕傲。中華大儒，捨您其誰！

親愛的父親，您的書桌上仍堆積著您的學生和朋友的來信，您卻不留隻字片語，瀟灑的走了。我通知了您在臺灣的好友和學生們，在北京大學、北京師範大學、中國人民大學、陝西師範大學、華中科技大學的學生和朋友們，以及四川老家的親戚們。日後，我會把他們的悼文，在您的墳前，一字一句的讀給您聽。您未完成的心願，我會幫您實現的。

孟子說：「人生有三樂，父母俱存，兄弟無故，一樂也，⋯⋯」我已經失去這人生最真摯的一樂了；「形如槁木，心如死灰」是我痛嘗失去雙親的感受，痛！痛！痛！「樹欲

靜而風不止，子欲養而親不待」，您對我的恩情，今生難以回報了；未來的人生旅程，沒有您指引我前行了，但是我會從閱讀您的著作中找尋人生的方向和驗證那「放之則彌六合，卷之則退藏於密」的良知本體；我也不孤獨，因為閱讀您的書，就是我們父子談心的時候；我從來未曾對您說過「我愛您」，可是今天我要親口對您說，我真的好愛您，我真的好敬佩您。如果有來生，我仍然要做您的兒子。我以您為榮，我以您為傲。現在，您脫去了衰老的軀殼，好比遊龍回歸大海，自由自在；從此不再受病痛、針藥的折磨，在天國裏，盡情的讀書寫作，並與母親作神仙伴侶。

「哲人日已遠，典型在宿昔」——您的教誨和叮嚀，我會牢記在心；您的風範也是我一生最好的榜樣。您的聲音、形像雖已不再，但您的精神卻永遠駐留在我們大家的心中。

嗚呼！鳳凰鳴矣，於彼高岡；梧桐生矣，於彼朝陽。高山仰止，景行行止；欲報之德，昊天罔極。無父何怙，無母何恃；悠悠我心，謂我何求。啣環結草，無以為報。死生契闊，泣涕漣漣；朔風野大，紙灰飛揚，言有窮而思念不可終。天乎人乎！而竟已乎！您歸來兮！您歸來兮！嗚呼哀哉！尚饗！

兒大鈞叩拜
2003 年 2 月 9 日

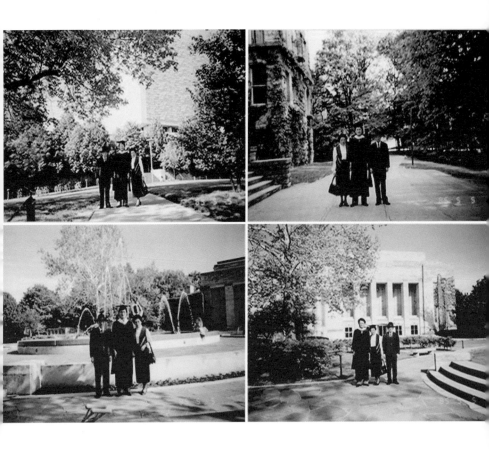

# 本書講述大意

我治中國哲學路徑極為曲折艱難，早年從馮友蘭哲學入門，研尋經年，了無所得。既而，轉向錢穆之理學與史學，用功甚勤。於其理學諸著，潛心鑽研，卻發現種種難題，似為錢氏所未釋然者。於是折入禪宗，致力禪理之探索，不無會心，又旁及華嚴，因通其哲理。由於偶一機緣，得玩索清初「關中大儒」李二曲（名顒）諸書，始能解悟理學之奧義與玄旨。自是復讀陽明、白沙、象山全集，心領神會，明其底蘊。昔日所遇種種難題，皆可迎刃而解。於是由陸王會通程朱，並及濂溪、康節、橫渠之學，了無滯礙。同時，又由理學、禪學、華嚴、天臺，上溯老莊，別有會心。然後回歸孔孟，才明悉理學與先秦儒學之歧異。如是輾轉曲折，衝破重重難關，其奔逸絕塵之詣境，已非馮錢二先生之學所能羈勒矣。

經此艱難困境後，始洞知中國哲學思想之核心，確為儒（主要指理學）、道、釋三家思想之形上光明靈知之本體，多為時賢所未見及者。成聖、成仙、成佛，皆必以此為根荄。而宋明儒之內聖學，即由此鑄成。再融合先秦儒濟世之學，又鑄成宋明儒之外王學。而理學家所標立的「內聖外王之

道」，似不踰越此一範疇。研尋至此，中國思想之真相，或可豁然脫出，中國思想之偉大價值，亦可展示於吾人之前。如言中國人文真理究為何物？亦可由此獲得具體解答。再與西方思想比較對觀，非但中西思想分途，判然各別；進而更可洞察西方思想確以自然真理（科學真理）見長，中國思想又以人文真理（人生真理）為優。就其價值衡評，中國思想絕不多讓。至此，確信中西思想各有其輝煌成就，真可東西相互輝映而媲美。而中國思想發展之方向，及中國文化廿一世紀對世界文化之影響，亦不無端倪可尋。自念畢生學力薈萃於茲，故名其書為《我的治學心路歷程》云。

# 敘　言

　　三年前的春天，一日去北市訪老友黃大受兄，我曾對他說：「大受兄，我畢生做學問，實在做得很辛苦！」言下之意，含有無窮的慨嘆。大受兄以史學名家，蜚聲中外，他靈機一動，立即回答：「繼平兄，你的學問既然做得這麼辛苦，就該把治學心路歷程寫出來，不是很好嗎？」大受兄這一提醒，對我確有莫大的啟發，誠不愧為我的知音。

　　前年四月，因一機緣，再遊西安，參訪陝西師範大學，出席中國思想文化研究所學術座談會，即以《我的治學心路歷程》為題，略抒管見，似有語驚四座之感。臨別，林樂昌教授對我說：「林先生，你在學術上獨樹一幟，委實令人欽佩，歡迎你明年來講學。」於是有三度秋天西安之行。趁講學之便，把《我的治學心路歷程》一一講出來，就不必再寫專書了。以此代替專書，何嘗不可？

　　全書分十二講，從少年時代讀成都石室中學許師經宣先生勉我「大器晚成」說起，入川大後，又由馮友蘭先生激發我研究哲學的興趣，後經錢賓四（穆）先生導我入理學之門。馮錢二先生，令我畢生難忘。潛心鑽研，廢寢忘食，卻發現種種難題，無以自解，遂折入禪宗，專注禪理解悟與工夫之

修持。之後，又返回王陽明哲學，並以「關中大儒」李二曲學說作橋樑，受益多多，因而才真正通曉王學。於是一通百通，向來發現理學種種難題，都可迎刃而解。由此旁及禪宗、華嚴、天臺，甚至唯識，亦了無滯礙。再上溯老莊，始洞悉老莊哲學之底奧。又回歸儒家孔孟，始知儒、道思想之異趣。至此確信宋明理學為儒、道、釋三家思想之融合，且為中國思想之一重大發展。而宋明理學之真貌，或可一一顯露出來。理學中之形上本體概念究為何物？我亦徹底明白了。

自理學真相探得以後，始知此形上光明本體，不僅為理學思想之核心，亦為道、佛思想之核心。如是認知後，儒、道、佛三家思想莫不以此形上光明本體為核心，亦即中國思想之核心。再與形下學貫通融成一體，「內聖外王之道」或「全體大用之學」，於焉鑄成。理學之偉大價值也就彰顯出來，因而開出藝術、宗教、道德與科學四種人生境界。在中西思想對比之下，今天中國思想如何發展，豈不彰彰明甚？而畢生心力，薈萃於茲，得弘道於當世，亦不負此生矣。

返美途中，路過北京，因一機緣，又去人民大學、北京大學、北京師範大學哲學博士班講學。三個專題，無異全書之縮影，特載於篇首，謹此說明。

林繼平識於金山聖城
二〇〇〇年三月廿八日

1990年12月13日，母親六十大壽，全家歡聚一堂，玩賀母親福如東海，壽比南山

四姐結婚典禮

# 林繼平教授著作全集

李二曲研究

陸象山研究

明學探微

孔孟老莊與文化大國

文史哲論集

我的治學心路歷程

王學探微十講

宋學探微

禪學探微十講

程朱哲學評議

宋明理學與現代人生

中國哲學思想論集與中華文化出路

孔孟思想研究

老莊哲學

林繼平年譜集要

# 由破解王學難題探討中國核心思想

## 在中國人民大學中國哲學博士班演講

　　我這一生做學問，的確做得很辛苦。現在是我的晚年，很想把《我的治學心路歷程》，寫成一部書，傳之後世。因一機緣，陝師大中研所邀請我講學，好吧，那就不要寫了，借此機會把它講出來。在陝師大講了一個半月，計分十二講，隨講隨錄。錄音稿整理後，明春帶回臺灣就可出書了。

　　朱康有先生邀請我到北京講學，我想，正好，乾脆把我在陝師大的十二講濃縮成三講，第一講在人大，第二講在北大，第三講在北師大。這三講最精彩，也不過三萬多字，是我畢生治學心血的結晶。我深信這部書是傳世之作，我有這個自信。為什麼有這個自信呢？等一下講解一些難題，你們就知道了。

　　今天的講題是〈由破解王學難題探討中國核心思想〉。我早年研究宋明理學，遭遇到很多難題，是我自己想辦法來解決的。我為什麼說做學問做得很辛苦呢？因為我遭遇種種難題，絕不退縮，我要「打破砂鍋問到底」，一定要把它們

徹底解決了，才算自己在學問上真正懂了。不然的話，我還是不懂。我發現我的前輩先生，像清華、北大的名教授馮友蘭和錢穆（錢賓四）等等，都跟我在學問上有深厚淵源。馮友蘭先生成名最早，教清華大學時，即完成名著《中國哲學史》，過後在對日抗戰期中，又續寫《貞元六書》，當時被新聞界封為正統派哲學家。錢賓四先生苦學出身，剛步入中年，即享盛譽。近幾十年在港、臺教書，馳名海外，被譽為「國學大師」。馮、錢二先生對我所遭遇的種種難題的研究，就我今天看來，他們似乎還沒進入情況，還不太了解。我認為最坦白講出自己不懂的，是五十年前任北大校長的蔣夢麟先生（早年留美，與北大其他兩位校長蔡元培、胡適齊名）。他在學問上很認真，不懂就是不懂，我很佩服他的坦誠和雅量。今天的講題就先從蔣夢麟先生說起。但未正式開講之前，我先講一則故事，是馮友蘭先生的，作為本講題的插曲。這則故事，就是馮先生在《貞元六書》中說的。他根據《圓悟佛果禪師語錄》的記載：當時有位官員一天去寺廟進香禮佛，老和尚（即佛果禪師）對這位官員很禮遇，奉茶畢，老和尚說：過去我聽到鄰舍情侶唸出：「頻呼小玉元無事，祇為檀郎識得聲。」這兩句艷詩後，老僧就「打破漆桶」，從腳跟下親見得了。佁人卻不知曉。……

　　這則故事雖然很簡單，卻含有禪宗的哲理，須細細一說。老和尚引述的艷詩，就是今天的情詩。這兩句情詩本來跟禪宗參悟禪理沒有什麼關聯；可是碰到這兒就發生關聯了。老和尚未開悟前聽到這兩句情詩，馬上就開悟了。為什麼？他說：他「打破漆桶」，從腳跟下親見得了。「打破漆桶」，是禪宗「悟道」的術語。未悟道以前，猶如漆桶一般，黑窣窣地什麼也看不見；但當悟道後，前景大放光明，亦即「真如本體」呈現於目前之意，所以才說從腳跟下親見得了。開悟時的情景就是如此。然而，馮友蘭怎麼解釋呢？他說：「禪宗中底人，以其所知道的表顯其所不知道底。」馮先生這樣解釋，恕我直言，是在玩文字魔術，恐怕他也不懂啊！

　　這兩句情詩跟禪宗悟道究竟有什麼關聯呢？須知老和尚當年正在做參禪的工夫。當他聽到這兩句情詩時，情詩的聲音給他工夫上一激發，於是馬上就開悟了。所謂「山河大地是如來」就是表述開悟的情景，一大片光明境界現前也。禪宗謂之「真心」或「真我」，只是初步的體現；華嚴宗叫做「理法界」——「性海圓明」；理學家就直呼為「道」或「本體」。不管名稱怎麼樣？總不外一個形上哲學慧境開始呈現出來。有此「把柄在手」，以後才好進一步做工夫也。馮友蘭先生從邏輯入門，受了方法上的限制，是無法理解

的。他對這則禪宗「悟道」故事的詮釋：「禪宗中底人，以其所知道的表顯其所不知道底。」近乎瞎子摸象，亂猜。我替這位大師不勝惋惜。

第二位我要提到的，就是錢賓四先生。錢先生對王陽明哲學「寢饋二十餘寒暑」，自信研究很深入，可是他對王陽明《傳習錄》說：「草木瓦石皆有良知」的話，又感到十分驚訝！草木瓦石怎麼會有良知呢？知是知非的良知為人們所獨有，草木瓦石怎麼會有良知呢？錢先生驚訝的神情，似乎認為王陽明講錯了，認為王陽明在發怪論。如果真是這樣，那麼錢先生對王陽明哲學懂不懂呢？我認為他似乎懂得太有限了。因他不瞭解王陽明這句話的真實含義，才發出驚嘆之語來。錢先生對王陽明哲學的研究並不深入啊！理由下面再說。

現在書歸正傳，就要提到蔣夢麟先生了。五十年前，蔣夢麟曾任北大校長，大陸撤退，蔣氏隨國府到臺灣，任農復會主任委員。當年蔣介石先生想以倡導王學輔弼中興，於是大力提倡王陽明哲學，王學由此一變而為顯學。國民黨秘書長張其昀（原任浙大史地研究所所長）先生號召海內外學人研究王學，共襄盛舉。於是大家熱烈發表專文，張氏以文復會名義彙印專集發行。其中載蔣夢麟一篇，他很坦白地說，

王陽明哲學有好多地方很艱深，他看不懂。他舉例說，如《傳習錄》記載「通乎晝夜之道而知」的話，自己看不懂，問了好多朋友也不懂。這個都不懂的難題卻很有歷史了。於是，他從明末《憨山大師全集》中，找出一則故事來說明這一高深哲理很難懂，至今還沒法解決。我現在把這則故事講出來大家聽聽。

　　根據王陽明《傳習錄》的記載：王陽明有個學生叫蕭蕙，一天問起死生問題來，即什麼是生、什麼是死的問題。（這是《論語》子路問孔子的老問題。孔子只說：「未知生，焉知死？」孔子並未正面答覆這個問題。）王陽明的答覆是：「知晝夜即知死生」。蕭蕙聽了，惶惑不解，於是進一步追問：晝夜有何不知？大家都知道的，這跟死生問題有什麼關聯呢？王陽明又答覆他：「通乎晝夜之道而知」。王陽明是把《易傳》裡這句話引來回答。蕭蕙懂不懂？相信不懂，但也不便再問了。他們師徒的對話就此結束。到了明朝末年，有位陽明學者叫周鼎石的，他也對晝夜問題、死生問題一片茫然，於是率門徒數十人去韶州曹溪寺請教禪宗大德憨山大師。他們開了一次座談會。周鼎石率領眾多門徒參加會議，目的在請教這位高僧有關難懂的晝夜死生問題。哪知憨山的答覆跟王陽明一樣，「通乎晝夜之道而知」。周鼎石也不便

再問了。我相信周鼎石還是不懂。憨山大師也未作進一層解釋，這個會議就結束了。故事到此為止。至今三百多年來，我們不懂，相信好多朋友還是不懂。他的文章結論說，現在我們還是不懂。

蔣夢麟先生提出來的，非但是王學的難題，也是禪學乃至中國哲學史上一個很深奧的問題。這則故事很長，蔣夢麟先生很坦白地把它寫出來，不懂就是不懂。這是夢麟先生的率真處，可貴處。

現在，我把它們組合起來，極具思想體系。剛好是宋明理學，甚至禪宗、華嚴，這些中國哲學思想裡高深的境界。把它們組成一系列，可以向上躍昇，一層高一層。馮友蘭先生引述那則禪宗悟道的故事，是層境最低的。蔣夢麟先生引述的故事，哲理境界就高多了。錢賓四先生驚訝「草木瓦石皆有良知」那句話，可算哲理最高的境界。這麼一來，面面俱到，理學、禪宗、華嚴都顧到了，都可達到哲理最高境界。現在，我們來解答蔣夢麟先生提出王學「通乎晝夜之道而知」的難題。諸位想想，晝夜問題，大家都知道，地球自轉形成了晝夜，這跟死生問題本來沒有什麼關聯。但這句話來源於《易傳》。《易傳》原文是：「通乎晝夜之道而知，是知死生幽明之說。」已如前說，孔老夫子對死生問題是避而不談

的。可是，到了漢代，《易傳》作者將此問題哲理化，但究其內涵，似乎沒有什麼高深哲理可言。根據東漢末年經學大師鄭康成的解釋，《易經》的「易」字含有三個意義：一是簡易，二是變易，三是不易。在這兒很明顯的是用「變易」一義。《易傳》作者用晝夜來作比喻。晝夜是一種循環的自然現象，即白天過去了是夜晚，夜晚過去了又是白天。那麼，死生就整個人類來講，也是一種循環不已的自然現象，即生生死死、死死生生。何以知之？後文的「是知死生幽明之說」，便是它的答案。此處幽明二字，說得很通俗，就是陰間和陽間，亦即生與死。很明顯地，《易傳》作者把晝比作陽間即生，把夜比作陰間即死。這裡說明了人為萬物之一，受自然律的限制，仍然是一種變化不息、循環不已的自然現象，沒有什麼高深哲理可言。但是，這句話經理學家一轉手，意思全然不同，就非《易傳》的原義了。然而，它蘊含的哲理究竟是什麼呢？清初李二曲有解釋，而且解釋得最好。如說：

> 寐猶不寐，晝夜昭瑩如大圓鏡。

李二曲這句話的妙義，我相信一般搞邏輯的人，是看不懂的。我憑藉自己一些功夫，才懂其中意義。

我們為了層境清晰，條理分明，又要回頭來講前面馮友

蘭先生引述禪宗那則故事。已如前說，那則故事的意義，理學家稱為「見道」或「見性。」禪宗術語，叫「打破漆桶」，即「悟道」或「開悟」的意思。這是禪宗修道的「初關。」當破了初關後，緊接著要做「保任工夫」，等待破第二關，叫「金鎖玄關。」這時，悟境情況又怎麼樣呢？不分動靜、不分晝夜，那個形上光明本體──悟道之「道」或見性之「性」，便繼續不斷地呈現出來──一個無限大的太空般的光明透頂的東西，可稱之為光明體。上引李二曲那句話，就跟這種情況極為近似了。所謂「晝夜昭瑩如大圓鏡」，即不分晝或夜，那個像大圓鏡（源於〈唯識〉的「大圓鏡智。」實則應為無限大的圓鏡）般的光明體，不斷地呈現出來。這個光明體，並非外來的，而是人們自己本來就有的，是從我們內心深處顯發出來的。這時，就沒有晝與夜的區分了。而此光明本體顯發出來時，宛如秋月皎潔一般，白天如此，夜晚亦然，既沒有晝，也沒有夜，晝夜都是一樣的。

　　晝夜之道已明，那晝夜跟死生又有什麼關聯呢？死生問題，是受自然律的限制，有生就有死，是無可奈何的事。但理學家和禪宗高僧們修證至此，就常川安住在這光明本體世界中。而此本體世界，又是富於靈知智慧的。佛家和道家的「神通」，理學家的「前知」，就從這本體世界中透顯出來。

此時，既無生的糾纏，也無死的困擾。因生死觀念，是受物質生命的限制而來，現在修證至此，物質生命已失去作用了。他常川安住在這本體世界中。以其慧眼所見，既沒有死，也沒有生，這就與生死界限絕緣了。明末理學大師高景逸（高攀龍）說得好：

心如太虛，本無生死。

這就畫龍點睛，戳破生死問題了。至此，死生問題與晝夜問題就發生了密切關聯。只要常川安住在這本體世界中，既然沒有晝夜的區分，也沒有生死的限制，所以王陽明才說出「知晝夜，即知死生」，「通乎晝夜之道而知」的高玄莫測的話來。

此時，證道者這個人又怎麼樣呢？依照《莊子》書來講，就是〈逍遙遊〉中描繪的「至人」「神人」或「聖人」，也是拔乎一般流俗的超人。這樣的超人，如向老莊、佛家道路走去，就成了仙，成了佛；如向儒家道路走去，做治平事業，貢獻社會，講學著書，就成為理學家。其中的分野，即在形下學方面，一個是避世、出世，一個是淑世、入世。證到這一境界，還不算終極功夫。還要向上爬，直到絕頂為止。

最後來說王陽明講「草木瓦石皆有良知」的話。這句話，又是高玄莫測，一般人是看不懂的。一定會問：草木瓦石哪

有什麼良知呀？這一疑問是對的。但王陽明說的哲理卻很深玄，他有極高的悟境。他是根據華嚴哲學來講的。華嚴有「理法界」、「事法界」、「事理圓融無礙法界」、「事事圓融無礙法界」，即「一多相涵」或「一即一切，一切即一」的最高境界。華嚴認為萬物皆有佛性，一切眾生，包括有生命的、無生命的宇宙萬物皆有佛性，都可以成佛。試問：成佛後到底是什麼樣的情景呢？惟一的，就是達到了最高的或終極的本體世界。王陽明據此才說出「草木瓦石皆有良知」的話來。草木是有生命的物，瓦石是無生命的物，都是萬物之一。良知在此不解釋為知是知非的良知，而是指謂的「本體」或「良知本體。」把良知本體換作佛性，就成草木瓦石皆有佛性，就沒有問題了。華嚴哲學可以解釋這句話，怎麼證實呢？華嚴無此能耐，它只能把理論解釋得很清楚。但要把這項理論變成事實，把它實證出來，惟一的只有靠禪宗的功夫了。不僅禪門高僧如此，好多理學家也有這個本領。下面舉例說明。

王陽明有位弟子蔣道林（名信），湖南常德人。晚年講學常德桃花岡。他在理學中默默無聞，可是他的道功極為高深，為好多門弟子所不及。他有〈絕筆詩〉一首，載《明儒學案、楚中王門》蔣道林的小傳中。〈絕筆詩〉說：

　　吾儒傳性即傳神，何須風塵滯此身？

　　分付萬桃岡上月，要須今夜一齊明。

這首詩蘊涵哲理極為深玄，把理學、佛學的最高境界都凸顯出來了，但是很難懂。我們如把這首詩真正理解了，那中國的核心思想全部透顯出來了，王學，甚至中國哲學種種難題也都解決了。

　　蔣道林講學桃花岡，極端排斥佛老思想。但根據我的研究，道家的神仙思想確有其真理存在，不容一概抹煞。我曾寫過專文論述神仙思想，標題叫〈揭穿神仙思想的神秘面紗──從老莊哲學的演變說起〉，刊載臺灣的東方雜誌，後輯入拙著《孔孟老莊與文化大國》一書，臺灣商務印書館出版。根據我的理解，道教修證工夫破「上關」後，的確元神（即世俗之神仙）出竅，可以凌虛御空，揮灑自如，真可達到莊子無所待的逍遙之境。經太空遨遊之後，仍須返回人間繼續修練。不過，還有更高的境界，此處就不涉及了。總之，修證成仙，是可能的，絕非迷信。蔣道林是反對道教修證成仙的。他說：「吾儒傳性即傳神」，其中傳性之「性」，即人們善良的本性。未開悟以前，叫做性，開悟以後，就是本體或道；但亦有認性為本體者，故有「見性」之說。總之，性也罷，本體也罷，都是一個東西。至於傳神之「神」，就道

教言，就是「精、炁、神」中之「神。」修證成仙，全靠神的作用，但蔣道林卻說，我們儒家學者不屑於傳什麼「神」，只需把這「性」或「本體」顯發出來，加以更深的修證工夫就夠了。詩的下文緊接著說：何須把這臭皮囊留在塵世呢？這在諷刺道教修證成仙的思想。其主旨在下面兩句：「分付萬桃岡山月，要須今夜一齊明。」這是什麼意思呢？蔣道林在桃花岡講學，桃花岡上萬樹桃花之「月」，是比喻本體的。即萬樹桃花的本體，今夜要從蔣道林的本體中，一齊顯發出來，朗照乾坤。而萬樹桃花的本體，又跟蔣道林的本體無貳無別，於是就出現華嚴「一多相涵」的境界。再擴張解釋，宇宙萬物的本體，可以從蔣道林的本體中一一顯發出來，也可涵攝進去。這就達到佛學（以禪宗為例）的最高境界，可以「了生脫死」，也就衝破了禪宗第三關──生死關的詣境。理學家如蔣道林者亦可臻於這種境界。我們解悟至此，理學、佛學乃至老莊哲學的最高境界，都可明白了。而王陽明「草木瓦石皆有良知」的妙義，也就釋然無疑了。

由蔣道林這首〈絕筆詩〉所含的深奧哲理，即可詮釋王學、宋明理學，乃至佛學、老莊的核心思想是個什麼的問題。他不是別的，就是一個光明透頂的、富於靈知智慧的、無限大的、太空般的、形而上的最高智慧境界或光明本體。而本

體概念，即是陸王思想的核心。程朱命名與陸王不同。如程伊川說：「一物之理即萬物之理」。這句話，今天是很難理解的。一物之理怎麼會是萬物之理呢？你可不能說程伊川講錯了，它實在含有高深的哲理。這是伊川根據華嚴哲學來的。華嚴的「理法界」，叫做「理」，義與本體無殊；禪宗叫「真心」或「真我」等等名稱。照華嚴哲學來講，一物的「本體」，就是萬物的「本體」，一點不錯。我的本體與諸位同學的本體，一模一樣，甚至跟宇宙萬物的本體，亦無差別，從蔣道林的〈絕筆詩〉可以證明出來。程伊川的詣境不及程明道，但他的領悟力很強。我們從華嚴哲學來看，他這句話沒有疵病；但是，如把這「理」字解釋為形下學的「原理」、「原則」以及自然科學所講的「物理」，就大大發生問題了。由於事物之理千差萬別，這句話就顯得不通了。理學家往往把形而上之理與形而下之理混淆夾雜，於是造成理境辨析的困擾，必須把它釐清後，伊川這句話的哲理，也就沒有疑義了。

　　以上所說，不外在探討理學的核心思想，不是別的，就是這個形而上的光明本體。何以見得？從周濂溪起，到明末劉蕺山，直至清初李二曲，都是如此。然而，又是怎麼發現的呢？周濂溪「主靜」，邵康節「觀心」，也主靜。二程兄

弟改為「主敬」，其中工夫亦含靜的一面，與濂溪無殊。只有張橫渠有些例外。其他如南宋的朱晦庵、陸象山，明朝的王陽明，以及陳白沙、羅整菴、高景逸、劉蕺山，到清初孫夏峰、李二曲等等，很多理學家在工夫上都是主靜的。單由主靜工夫即可斷定他們所講的「理」都是一致的，只是各家用的名稱不同而已。這個「理」——形而上的光明本體，周濂溪叫「太極」和「誠」（根據〈中庸〉）；邵康節叫「先天」（根據《易傳》「先天而天弗違」一語而來）；程明道、程伊川叫「天理」（根據〈樂記〉「不能反躬，則天理滅矣」而來）；南宋朱晦庵沿用伊川之名，常稱為「理」，有時又兼用濂溪太極之名；惟陸象山獨樹一幟，特倡「發明本心」（源於《孟子》「勿失其本心」），亦離不了主敬工夫；王陽明「致良知」，也從主靜工夫而來；陳白沙叫「自然」，高景逸叫「中庸」，劉蕺山叫「慎獨」等等，不一而足。儘管各家標立宗旨，使用名稱互異，但求其實際，無不以此形上光明本體為歸趨。理學之「理」字，其最高理境意義在此。理學之稱為道學，其意義亦在此。我們如果也用同樣的工夫，更可洞知他們所講的都是一樣的，只是各家使用的名稱不同罷了。這是我幾十年來的研究心得，值得諸位參考。

　　以上是講由破解王學難題凸顯理學的核心思想。下面擴

大一點，來研尋儒家的核心思想。孔子是儒家的代表，他的中心觀念是「仁」。「仁」沒有什麼高深的哲理，極易理解。孔老夫子答覆門弟子說：「仁者愛人」。只要我們去愛別人，就叫做「仁」。他講的「仁」，不過限在愛的範圍內，從愛自己，擴大到愛別人，愛國家，愛百姓。可是，這個「仁」演變到宋明理學，就把它哲理化、深度化，不再是孔子說的「愛人」所能涵括。如程明道說：「仁者渾然與物同體」，即是最佳的例證。我年輕時並不理解，當我解決了理學很多難題後，才真正懂得它的含義。這句話是從《莊子》來的。《莊子·齊物論》就在發揮「萬物一體」的哲理。宇宙萬物，就現象來看，千差萬別，絕對不一樣。可是，依據華嚴哲學來分析，再參照前述蔣道林的〈絕筆詩〉的證明，宇宙萬物和我們人的本體沒有差別，都是一模一樣。只要能達到這種境界，既看不到林林總總的宇宙萬物，也看不到熙熙攘攘的人群來往，唯一所見的，就是一個無限大的、圓鏡般的、光明透頂的本體世界。現象界絕不能齊，但在本體世界就一樣了。由此可以判知：孔子講的「仁」，是形而下的東西，而程明道講的「仁」，就全然不同了。他把《莊子》哲理汲取過來，以他極湛深的證驗工夫來闡釋「仁」，內涵改變了，哲理層境提高了。所謂「仁者」，無異程明道的現身說法。

「渾然」，是指二物混同一體，不可分離的那麼個境界。在此境界中，人與宇宙萬物一模一樣，絕無差別。所謂「仁者渾然與物同體」，應作如是解釋。這句話出自程明道的〈識仁篇〉。由這句話的意涵，我們可以揣測程明道的主敬工夫已達到莊子的境界，那麼這句話的措詞與《莊子》「萬物一體」，儘管形式不同，但意義無殊，這麼一來，程明道就把孔子底「仁」，提昇到形而上的最高境界，也是理學、禪宗和華嚴的最高境界。由此形成了理學，也顯示出理學的成就。站在儒家的立場說，先秦儒家與理學融合起來，就可使「仁」這一核心思想所涵的哲理深度化了。理學家這方面的成就，我們應予肯定。於是「萬物一體」──本體思想的最高層境，也就成為理學思想的核心。

我們再來看道家的核心思想是什麼？道家的代表人物，當然是老子和莊子。《老子》首章講：「道可道，非常道。」很難懂。老子說的「常道」，很玄妙，很難形容，但《老子》書裡有好幾章還是形容出來了。像「恍兮惚兮，惚兮恍兮」等等，即在描述道的內涵。北宋高僧壽涯把老子這些話綜合起來簡括成一偈，如說：

有物先天地，無形本寂寥。

能為萬物主，不逐四時凋。

這首偈把《老子》深奧的哲理已經表顯出來了。它的意思是說：有這麼個東西，在天地萬物之前就有了。它卻沒有形狀而寂靜無聲。能作萬物的主宰，不隨四時的凋謝，是永恆不滅的。然而，這個「道」究竟是個什麼東西呢？只有從禪宗、華嚴和後來的理學說得最清楚。老子的基本工夫主「致虛極，守靜篤。」禪宗的參禪工夫和理學家的主靜工夫，即據此而來。馮友蘭先生卻把「道」解釋為「宇宙的最高原理」，是大有問題的。如果我們進一步追問：什麼是宇宙的最高原理？他可能啞口無言。馮先生的理解是從希臘哲學來的。希臘哲人認為宇宙萬物的背後一定有個最高原理在主導，才能形成宇宙萬物。它究竟是個什麼東西？希臘哲人沒辦法解答。後來亞里士多德就想出宇宙萬物的形成有個「第一因」。第一因又是什麼？亞氏還是不知道。馮友蘭先生把它搬過來也講宇宙最高原理，等於沒有解釋一樣。他僅作邏輯分析，把老子言「道」的內涵和工夫拋在一邊。如果馮先生懂得《老子》書中對道很多形容的話，懂得老子的「致虛守靜」的基本工夫，又懂得壽涯這首哲理詩，他絕不會這樣說。如果以西方哲學來解老子的「道」，他對《老子》的哲理，還是一片茫然。老子說的「道」，其實與華嚴、禪宗、理學的本體沒有什麼區別。已如前說，因為老子「致虛極，守靜篤」的

工夫，就是理學家的「主靜」，禪宗的「參禪」。由其工夫相同，即可判斷他們的理境一致。

道家的莊子是曠古絕今的人物。他有超強的悟力，應世才能出眾。他看透人生社會的黑暗面，薄宰相而不為。窮困不堪，卻能逍遙自在。假如莊子對人生哲理沒有絕大發現，不可能為隱淪人物，甘作漆園小吏，講學著書。老子講道，開門見山，莊子卻不然。莊子的筆法極為特別，他不但是大哲人，也是大文豪。他寫〈逍遙遊〉，自己不出來，卻躲在背後。其中講了一些逍遙的道理，都是以「寓言」——莊子編的故事來表述的。他刻畫「至人」、「神人」和「聖人」的體現，實無異莊子的化身。〈齊物論〉開頭塑造的南郭子綦，不是莊周本人嗎？無論哲理說得怎麼高深，如果先把自己抬出來，文章就不妙了。可是，莊子的文學手法很高明，他編了很多故事，才把他的哲理凸顯出來。所以莊子的寓言故事中，都含有很高深的哲理。老子的筆法就不一樣了。老子是現身說法，用盡了言辭來形容「道」的內涵，莊子則通過編故事，用文學誇張、擬人化的手法來說明「至人」、「神人」之法力無邊。至人是至高無上的人，神人似乎又差一點。這些「人」，其實都是莊子的化身，也是莊子的「道」——莊子的形上本體之擬人化。必如此看，莊子之道才有著落，

才能窺出莊子的道在哪裡。而「其神凝」，正是莊子的工夫，與「吾喪我」和「心齋」、「坐忘」等意思一樣，只是措詞不同罷了。實際作來，與老子「致虛守靜」沒有什麼差別。一句話歸總，老莊都是用的「主靜」工夫。由於工夫相同，即可判知他們所證成的、所講的「道」，都是一樣的。由此後禪學和理學亦可獲得證明。再由本人的主靜工夫看來，老莊、禪學和理學，沒有什麼差別。這並非邏輯推演出來的，而是靠工夫證驗出來的，是相當科學的。諸位若有主靜工夫，也可能達到這種境界，中國哲學所含的真理，就可證明了。這種實驗，不是去實驗自然物，而是實驗我們自己，那中國哲學也就沒有什麼神秘了。

再來看佛家，以禪宗為例。禪宗傳到六祖慧能，大事宏揚佛法，就形成佛教最大的宗派。禪門人才輩出，講的道很多，這裡特別引述唐朝馬祖道一（在江西白虎山）說的關鍵語，來闡釋禪宗高深的哲理。

有和尚問道：什麼是佛？馬祖回答：「即心即佛」。從人們心性中顯發出來的東西，就是佛。這句話，六祖早就講過。這是禪宗初關「打破漆桶」的境界。「悟道」之後，境界逐步躍昇，有和尚問他：又該怎麼修持呢？馬祖說：「非心非佛」。修證至此，就修道者來說，既不是心，也不是佛，

那又是個什麼東西呢？實際上，即是禪宗「涵蓋乾坤」的境界。宇宙萬象可以從自己的本體中一一顯露出來，所以叫「涵蓋乾坤」。乾坤，在此是指宇宙萬象義。由禪理可以會通華嚴，華嚴叫「事理圓融無礙法界」。「事」指的是宇宙萬象，「理」，則是指修道者的本體。與禪宗一般，同樣是講宇宙萬象可以從修道者的本體中一一顯現出來，兩者合為一體，故稱圓融無礙。這在禪宗叫「金鎖玄關」。待破此關後，境界又向上躍昇，馴至登峰造極，禪宗叫做「生死關」。待破此關後，才算了卻生死大事，就可成佛作祖了。這不僅是禪宗的最高境界，也是中國佛學的最高境界。有證道很高的和尚又問馬祖：以後又該怎麼修證呢？馬祖直言回答：「不是心，不是物，不是佛。」那到底是個什麼東西呢？馬祖就沒有下文了。這一關，禪宗叫「隨波逐浪」，很難解釋，還是用華嚴來說吧。在華嚴，叫做「事事圓融無礙法界」或「一多相涵」的境界。我從前引蔣道林的〈絕筆詩〉中領悟出來：不僅萬樹桃花的本體，即宇宙萬物的本體，這各個本體亦可從蔣道林的本體中一一顯露出來，而且跟蔣道林的本體一模一樣，所以叫「事事圓融」或「一多相涵」。悟境至此，哪裡還有什麼心？什麼物？什麼佛？惟一所見的，只是中國哲學最高境界而已。近幾十年來，唯心唯物之爭，也就沒有必

要了。因為中國哲學裡心物的意義，尤其「心」的意義，與西方哲學截然不同。如把中國哲學搞通了，這樣的爭論，也就沒有什麼意義了。中國哲學，實際上，是超越西方心物意識形態以上的人生最高境界。嚴復不懂，只會把達爾文的進化論搬出來《評點老子》、《評點莊子》，可謂始作俑者。繼之，胡適、馮友蘭等前輩先生，硬把西方哲學搬過來解釋中國哲學，才把中國哲學搞得一塌糊塗。中國哲學既非唯心，也不是唯物，只會用西方哲學的模式套進來，恕我很不禮貌地說，不無張冠李戴之嫌。中國哲學的研究者，也該徹底反省了。

那麼我在前面講的中國哲學又有什麼價值呢？價值可大囉！我聽朱康有同學說：大陸六十左右的學者研究中國哲學非常努力，要把中國哲學思想在廿一世紀發光放熱，領導世界文化思想。這樣的雄心壯志我很佩服。但是，中國哲學思想究竟什麼東西最有價值呢？假如仍在心物的圈子裡轉來轉去，就找不出中國哲學偉大價值之所在。如果把我前面所講的形上哲學境界抹去不講，只在形而下的層境爭來爭去，也找不出有偉大價值的東西來。倫理道德嘛，不算什麼特殊，西方有宗教取代。此外，還能找出什麼有價值的東西來？我奉勸年輕朋友們雖然很用功，著作也豐碩，最好更上

層樓，不要只在低層境找答案，要在高層境找答案。高層境的東西可以和低層境的融合起來，變成一個新的東西既有最高的哲學境界，也有低層次知識學問，這就很有價值了。

中國今天面臨的，是西方思想，其中一是哲學思想，一是科學思想。西方哲學思想，沒有什麼高明的，儘管他們各人講一套，實際上，就是「智力遊戲」，正如荀子所評：「持之有故，言之成理。」罷了。他們根據邏輯方法，加上個人聰明才智，推來推去，就推演出一套哲學來。如現今存在主義在西方很流行，看到人生社會變化多端，總想找出一個不變的東西，終究找不出來。德國有位存在主義哲學家雅士培（Jaspers）卻發現人生社會中有個不變的東西，但他用邏輯推演到「臨界面」（極限），實在推不下去了，就把上帝（神）搬出來作解答。這是西方唯心哲學慣用的伎倆，在此前的大哲學家康德即是如此。他想來想去，認為宇宙萬物的背後總有一個不變的東西存在著。這一思路與中國老莊、禪宗、理學相當接近。而這個不變的東西，康德稱為「物自體」或「物自身」（It is self of body）。這在我們中國哲學講來，就是形而上的光明本體。康德想盡辦法來證明這個物自體的存在，但邏輯無能為力，邏輯證不出來。怎麼辦？於是就把上帝（神）搬出來作解答。試問：這樣能解決問題嗎？西方哲學

的最高境界就是神。無論唯心論、唯物論，都是如此。希臘哲學如柏拉圖的「觀念論」（或「理型論」），本來沒有「神」的成分；但自希臘末期，猶太教思想與希臘思想混合後，神的成分滲入進去，希臘思想變質，遂演變成中世紀以神學為主流的西方思想。到近代文藝復興後，這二者又混淆起來。大哲學家如康德的思想中所以有神的成分，即由此而來。而基督教相信「上帝造人」，「上帝造萬物」，實際上不是這樣的：是「人造上帝」。假如沒有人，哪來什麼上帝呀？《舊約》、《新約》都沒有了，哪來上帝可言？所以上帝是人造的，西方有人這麼講是對的。總之，西方哲學如與中國哲學相比，實在是「智力遊戲」，竟在思想上兜圈子，你講一套，我講一套。存在主義說：「先死而後存」，這種講法似乎境界很高了；但人都死了還存在個什麼？我們中國老莊、佛學、理學不是這樣講的。只要就本體證到最高境界，這個「人」既沒有生，也沒有死。因為這個人的物質生命已失去作用，而成一超精神的智慧生命。形上光明本體很難解釋，或許可用超精神的智慧生命或智慧境界來形容罷。他的神通智慧就從這裡出現了。這絕不是假的，我可講個故事給大家聽。

我有位川大老同學黃大受教授，臺灣的名史學家。早年即有「江西才子」之譽，現年八十出頭了。他就有「天眼通」

的本領。他跟你一見面，如問：你家裡有幾個弟兄姊妹？不管在大陸還是在臺灣，他都瞭如指掌。我曾試過他。我說：「老兄啊，你看我家（把大陸的親人加在一起）裡究竟有幾個兄弟姊妹呀？」他看一看，立刻回答：「你家有七個，十歲以前死去的不算。」我扳指頭一數，一點不差。這叫天眼通。他本人生來即有此種智慧，再加後天的修持工夫，才能保持這樣的神通智慧。

十七八年前，我在臺北復興國學院講宋明理學時，有位高足弟子林金鶴居士，現在也該七十來歲了。他不但有「宿命通」的智慧，而且已達到「神境通」（又名「神足通」）了。她一次對我說，去年四月，她的學生（有些是日本國會議員）在東京街頭看到她，急急忙忙追上去打招呼，一直向前趕，總是追不上，忽然就不見了。今年四月又去東京，那位學生問她，去年四月來過東京麼？她說我一直在臺北，沒有去東京。這就是神境通嘛。修道至此，就可以「分身」了。道家叫做「仙」，佛家叫做「佛」。也就是從本體顯現出來跟自己一模一樣，可展現於世人之前。她的道功很高，不受時空限制了。

我講述兩則故事目的是什麼？主要在說明中國哲學思想有它永恆不滅的真理，有它偉大的價值（今天不講了，明

天去北大講）。把這項真理和價值與西方哲學對比，完全是兩種不同的思維方式和思維路線。西方哲學始終是「智力遊戲」，解決不了人生問題。只是發揮人的智力，想出一些道理罷了。

西方真正有價值的是科學思想。今天中國面對的，必須嚴格考慮的，就是西方的科學思想。科學思想是講自然真理或科學真理。這項真理究竟是絕對的或相對的？科學真理，大體說來，是相對的。比如牛頓發明的三大定律，在地球上看，絕對正確，沒有一點問題，似可稱為絕對真理。但從愛因斯坦發明「相對論」後，站在太空來看地球，情況就不同了。你說地球是靜止不動嗎？不對，它在不停運動中。因此，牛頓的「靜止律」就發生問題了。但是，我們人類活動的空間，如果沒有靜止的狀態，高樓大廈就建築不成了。所以靜止律仍然有它的真理存在，這叫做相對真理。科學真理都是相對真理。即使愛因斯坦的相對論，也是相對真理。如就中國哲學裡形而上的無限光明的本體世界來看，情況又不一樣了，所以相對論還是相對真理。那麼與西方科學真理對比之下，中國發明的人文真理或人生真理到底是相對嗎？還是絕對？這個問題要這麼解答：西方的科學真理是受時空條件限制的，所以稱為相對真理；中國的人文真理是超越時空條件

限制的，似可稱為絕對真理。不管絕對也罷，相對也罷，今天可與西方科學真理抗衡的，同時又可中西思想相互輝映的，只有中國的人生真理。

西方的科學真理代表的，是強大無比的科技力量。美國今天所以占有「超超強」的國際地位，主要的，就是美國的科技力量世界第一。我們必須迎頭趕上，才能使國家達到富強的地步。再為人生的幸福安樂設想，只有把西方的科學真理與中國的人文真理融合起來，開出一嶄新的世界思想，才是中國思想的出路。也是我幾十年來探討中國思想核心的認知和心得。

# 從理學開出四種人生境界
# 看中國思想的發展方向

## 在北京大學哲學系博士班演講

　　我在陝師大中研所講了六週，錄音稿整理成書。這是我幾十年來做學問的心血結晶，叫做《我的治學心路歷程》。好像是講我自己，實則不然，把中國哲學思想都講出來了。內容涉及我怎樣研究中國思想，遭遇到那些難題？而這些難題，我又如何去解決？箇中辛苦，一言難盡。我快八十歲的老人了，我很自信在前輩先生中有我獨特的造詣。在中國思想方面，我下了很深的工夫，我一生做學問實在做得很辛苦。我就把這部書的內容（共十二講）濃縮成三講，昨天在人大講，今天來北大講，明天又到北師大去講。這三講可說是我畢生治學的精華，絕不可等閒視之。

　　昨天在人大是從破解王學難題講起的。王陽明哲學中有很多難題，我的前輩先生，如五十年前北大校長蔣夢麟先生、胡適之先生，以及北大、清華好多名教授，對這些難題的態度是：坦白說自己不懂，或故作驚訝狀斥為怪論，或則

全盤西化，但難題始終是難題，卻無法解決。本人這次來講學，很不禮貌地說，就是為了來解決這些難題。昨天在人大講的〈由破解王學難題探討中國的核心思想〉，從西方哲學來看，就是本體論。但中國哲學裡的本體，其意義、內涵等與西方哲學中的本體，是全然不同的，我在以前好多著作中都剖析過了，今天不便多談。

今天的講題是〈從理學開出四種人生境界看中國思想的發展方向〉，也可以說從中國人的人生觀談起。明天在北師大講方法論，這三講是緊密關連的。在沒有正式開講之前，我要談談你們北大老校長胡適之先生的一些往事。胡先生聰明絕頂，十三歲讀《資治通鑑》，中國公學畢業後，去美國康奈爾大學及哥倫比亞大學深造。留學回國僅二十六歲，就作北大文學院院長（當時蔡元培任北大校長）。胡適三十歲左右，就成了全國響噹噹的名教授，紅遍大江南北。民國廿六年七月對日抗戰開始，胡適又作駐美大使，抗戰勝利（民國卅四年八月）後就作北大校長。當時我從川大中文系出來，在空軍工作。一日聽說軍區司令部（在北京慶王府）邀請胡先生來演講。講題是〈人生的意義〉，和我今天講的題目似乎很接近，但是我講的內容和他講的不一樣。在此之前，我未曾見過胡適，只知道他的白話文寫得很流暢。我以

為他的北平話講得很標準，可是一聽，使我大吃一驚。胡適是安徽績溪人，鄉音非常重，我只得耐心聽下去。我還依稀記得這麼幾句：一草一木都是存在的。連我們吐口痰在地上，也是存在的，不會消失的。他的意思很像現今存在主義的說法。其中又提到〈三不朽論〉，更可作為存在主義的佐證。最後抬出王荊公的〈題夢詩〉作結。詩云：

　　知世如夢無所求，無所求心普空寂。

　　還似夢中隨夢境，成就河沙夢功德。

這首詩代表胡適的觀點，也是他講人生意義的結論。這首詩的背景他沒講，也沒作解釋。這首詩含有佛學哲理，而胡先生不懂佛學，又是他自己承認的。據說，有人問他：胡先生，你的《中國哲學史》上卷已出版多年了，中卷和下卷該出書了吧？他說：我對隋唐佛學不懂，對宋明理學不懂，怎麼寫得出來？胡先生倒很坦白，不懂就是不懂。這是學人的可貴處。

　　胡適不懂佛學，確是事實；但這首詩卻與佛學有深厚淵源。它的背景是這樣的：王安石作宰相，變法，弄得一團糟，逼得下臺，宋神宗對他很禮遇，派他作金陵節度使。宰相下臺作節度使，稱為使相，仍然聲望很高，又不負政治責任。於是王安石就在金陵蔣山（今南京鍾山）學佛。由這首詩可

以看出，王安石學佛的確有他的境界。當時我也不懂，後來寫《陸象山研究》一書時，才把這首詩的出處查出來。宰相垮臺，政治上當然失意，對人生有很深的感觸，才寫出這首詩來。大意是說：政治上的恩怨得失如同夢境一般，沒有什麼值得計較的。既然看得開，放得下，那如虛空般的、寂靜無聲的、光明透頂的本體世界才會現前（什麼叫空、寂？就是佛家的真如本體，跟理學家講的本體是一樣的。）這就是人生的歸宿處。既然人生如夢，還不如像追逐夢境一樣，成就恆河沙數般的功業和德業，人生也就無憾了。這首詩，表面看來很消極，但要真正了解它的意義，也就很積極了。這時的王荊公，又像一位道學先生了。胡先生理解到什麼程度，我雖不得而知，但以王安石這首詩來作結論，含義不免太隱晦了。

胡先生的知識很淵博，但在中國思想精深一面的造詣，似乎很有限。胡適有句名言：「為學要如金字塔，要能廣大要能高。」當時一般年輕人都把它作為座右銘，做學問要博大，又要精深。我們今天看來，胡先生的學問似乎還沒達到這個標準。

另外，我還要提到北大名教授馮友蘭先生。在學問上，馮先生和我的關係非常密切。我雖然沒有聽過他的課，但他

的著作我年輕時候卻讀得很多，我了解中國哲學就從他入門。讀中文系的人不一定對哲學感興趣，但我對哲學發生濃厚的興趣，在中國哲學方面能下幾十年功夫，馮先生的啟迪和引導是沒齒不忘的。經過長期的努力，到了五十年後的今天，再回頭來看馮氏著作，不禁嘆息道：馮先生講得不對呀！大有問題。你們無緣聽他的課，不清楚。我今天批評前輩先生，對不對？我認為是對的。因為學術是公器，講不得人情，老師講錯了，也要委婉地批評，我講得不對，你們也可以批評。學術是非，對就是對，不對就是不對，不管他是什麼名教授或權威學者，只要寫文章時筆下留情就行了。

　　還有一位曾教過燕大、北大和清華的錢穆——錢賓四先生，也是名教授之一。他在史學方面很有見解，在中國哲學方面比馮友蘭深入，據我看來，他還是只看到表層。他跟胡適一樣學問很淵博，以致在中國哲學方面就不夠深入了。我在臺灣給他通過信（錢氏任香港新亞書院院長時），見過幾次面。諸位現在上博士班，也只是為今後做學問奠定了基礎，還要努力十年廿年，才可能知道前輩學人的造詣如何，這是我的經驗之談。我年輕時代讀前輩先生的著作，似懂非懂，但五十年後，再來看他們的著作，就覺得完全不同了。

　　現在書歸正傳，來講我自己的看法。昨天在人大講〈由

破解王學難題探討中國核心思想〉，涉及到宋明理學，以及
禪宗、華嚴、天臺與唯識哲學等等，由此又上溯到老莊哲學，
把中國思想裡很難理解的核心思想，差不多都貫穿起來了。
試問：中國的核心思想是什麼？就是一個形而上的本體世
界。他是無限大的、光明透頂的、富於靈知智慧的、像太空
一樣的東西，與西方哲學所講的本體截然不同。在我的前輩
先生中有深刻認識的，可能只有一二人。如以研究唯識知名
的熊十力和走程朱理學路線的馬一浮，可算是解人。其他等
人可能就不足數了，甚至還是一片茫然。我曾經在《李二曲
研究》一書中，把本體的意義和內含分析的很清楚。研究理
學其中關鍵人物，就是清初「關中大儒」李二曲。我鑽研理
學，就是從他入門的。先由王學折入禪宗，以二曲學作橋樑，
又回到王學及陸學，再橫通程朱哲學，整個宋明理學可以貫
穿起來，才算通了。於是由禪宗會通華嚴與天臺，解決了佛
學問題。再上溯老莊哲學，始知老莊之「道」與佛理和理學
無殊，才找出中國哲學的核心思想來。而中間最關鍵人物，
就是這位「關中大儒」李二曲先生。他曾說：「吐人不敢吐
之隱，洩人不敢洩之密。」理學的奧秘，他都吐露出來了。
我持論多與時人不同，即由此而來。本體的特性很多，但李
二曲歸納起來可概括為四種，值得矚目。他以「虛明寂定」

四字來概括，並加以確切地說明。如云：

　　虛若太空，明若秋月，寂若夜半，定若山嶽。

他的意思是說：本體的量是無限大的，就像太空一般。他放射出來的光芒，像秋月一樣，那麼皎潔，那麼明亮。他又似夜深人靜時，萬籟俱寂的情景。他更有山嶽般的定力，在那裡屹立不動。李二曲描述本體的特性，極具創見。他是從靜態一面講的，非常細膩，生動明白，令人一目了然。在此之前，王陽明更從動態一面去描述，故有「變動不居，周流六虛」之說。很早以前，北宋程明道卻就本體之量刻畫得維妙維肖。如說：「放之則彌六合，卷之則退藏於密，其味無窮，皆實學也。」這是程明道〈中庸解〉的關鍵語，朱子《四書集註、中庸章句》開頭引述「子程子曰」那段話，就是程明道〈中庸解〉裡面說的。清代以前一般士人參加科舉考試，朱子《四書集註》為必修科目，一般士人真解其中哲理嗎？我看未必然。其實〈中庸〉原義並不怎麼高深，經過程明道的解釋，就變得深玄莫測了。對理學如果沒有深入研究，程明道這兩句話的真實含義，是無法理解的。在這兩句話之前，是這麼講的：「其書始，言一理」，理就是本體的代號；本體發射出來，可以充塞宇宙，其量無窮，但收攝回來，又可藏在人們的心靈中，他人不知，唯己獨知，非常地隱密。

這是程明道從另外一個角度來闡釋本體的特性，可用「至大無外，至小無內」這兩句話來形容亦極貼切。西方哲學不管是唯心論或唯物論，所講的本體與中國哲學是截然不同的。我們的前輩先生把西方哲學搬過來，說陸象山是唯心論，王陽明是絕對唯心論。這樣比附解釋，實在擬於不倫。嚴格講，陸王哲學根本不是什麼唯心論。因為西方哲學所講的不是「心」，而是意識、意象、觀念等等，當然可以統攝為心的作用。中國哲學所講的「心」（限於佛老與理學），是指此形而上的、靈光四射的本體，絕非觀念、意識等可比。它的層境是在觀念、意識等之上的。前者是可認識的，後者是超認識的，全靠慧眼和工夫，才能認清他的真貌。我認為研究西方哲學不難，研究中國哲學可就難了。要認識本體的真面，邏輯使不得，此時邏輯已無能為力。如從文義著手，縱使文義上可以了解，其中哲理亦未必真正懂得。

現在舉個例來說吧！王陽明自龍場驛「悟道」後，四十二歲在滁州督馬政，有〈送蔡希顏詩〉三首，其中一首這麼說：

悟後六經無一字，靜餘孤月湛虛明。

從知歸路多相憶，伐木深深山鳥鳴。

這是陽明敘述龍場悟道的真實情景及此後的工夫進境。諸位

想想，為什麼會「悟後六經無一字」呢？「靜餘孤月湛虛明」，又是指的什麼？至於進一步的工夫，就更不必說了。如果對理學家如何「悟道」或「見性」的真實情景沒有徹底了解，陽明這首詩是說不清楚的。這就是理學的難解處。而王陽明卅七歲困居龍場驛，究竟悟的什麼道？真正知道的人，恐怕很少很少了。這只是王學難題的開端，以後走下去，還不知道要遭遇多少難題。我如果跟著前輩學人走，照樣對這些難題一籌莫展。幸好我找出自己的治學路線來，以攻堅的方式，才解決了這些難題。而這些難題中正反映出中國的核心思想。

假如對以上所講的中國核心思想不了解，那麼由此開出的人生境界，乃至中國思想今後的發展方向，可能仍然模糊不清。我聽說大陸上四十、五十歲的教授們，希望中國思想文化在廿一世紀領導世界，發光放熱，他們的雄心壯志值得佩服。然而中國思想文化的偉大價值在哪裡？可能是你說一套，我說一套，議論紛紛，莫衷一是。如果僅從形下學方面看中國思想文化，很容易理解，但不高明，更談不上什麼偉大的價值。只有把形上學的深奧哲理搞通了，很有條理地表述出來，才是偉大價值之所在。這並非一人之私見。因為中國的核心思想，即中國思想的價值之所在，也是它的偉大

處，能一一發揚出來，很像今天重實證的科學一般。不僅我講是如此，你們懂得了，按照中國思想的方法或工夫去做，也會是如此。近人認為中國缺乏邏輯觀念，思想沒有條理，多半是語錄式的，缺乏系統，因此，要用邏輯方法來分析，馮友蘭先生就是這麼研究的。但據我的了解，中國哲學如以上所舉部份難題，其真實意義，僅靠邏輯是推不出來的。孔孟有自己的方法，老莊更有自己的方法，演變到佛學和理學也是如此。宋明理學家把老莊、佛學和先秦儒家思想融合起來，並汲取佛老的方法，才鑄成他們自己的思想，境界極為深玄。如果不從他們的方法或工夫入手，單憑邏輯是推不出來的；如果認為邏輯可以推演出來，那只是自信，馮友蘭先生就是一面鏡子。昨天我在人大講學時，引用了他在對日抗戰時期有關禪宗的一則故事（見前講），馮先生對禪宗悟道僅憑邏輯詮釋，認為「禪宗中底人，以其所知道的表顯其所不知道底。」這是什麼意思？誰知道？簡直是在玩文字魔術，什麼也沒有講。我不反對邏輯，但邏輯的使用有個限度，在某個範圍內是需要的。必須通過理學、禪學的工夫或方法，認清中國哲學的真面後，腦子裡好像一團爛麻似的，此時就要用邏輯來分析，令其概念清晰，定義明確，加上文學的手法，使文字生動活潑一些，那麼所言的哲理就容易理解

了。所以邏輯方法要在對哲理了解過後才能使用；缺乏邏輯就沒有條理，東一句，西一句，貫穿不成有系統的思想。這是西方哲學的長處，我們要把它汲取過來。我的著作就是這樣寫出來的。

我們今天必須認清：宋明理學是儒、釋、道三家思想的大融合。熊十力先生很了解這一點，他說：宋明儒如不反對佛老思想，那他們的成就會更大。我的態度跟熊先生一樣，是不排斥佛老的。我認為佛家有佛家了不起的成就，道家有道家了不起的成就，先秦儒家也有它了不起的成就。宋明理學家能把它們融合起來而鑄成理學，這就是理學家了不起的成就。試問：佛學有何了不起的成就？單就禪宗而言，儘管各人措詞不同，但他們所講的本體，與理學家如李二曲、王陽明、陸象山、程明道等等所講的都是一樣的。華嚴宗的「法界觀」把理境層次解釋得十分清楚，天臺宗的「一心三觀」，雖以圓教立論，但仍可與華嚴、禪宗會通。唯識宗從現象分析到本體，最後「轉識成智」，即成「大圓鏡智」，的確道出了本體的特性，尤屬難得。道家老莊的「道」，也是本體的異名。老子講的「道」很難形容，如云：「道可道，非常道」；但在其他處仍用「寂兮寥兮」、「恍兮惚兮」來描述，可謂極盡形容之能事。到了北宋時代，有位高僧壽涯把老子

形容道的精要語，簡括為詩句，如云：

　　有物先天地，無形本寂寥。

　　能為萬物主，不逐四時凋。

於是老子的道就更醒豁了。現在要問：老子的道是怎麼來的？我可以斬釘截鐵地回答：全憑「致虛極，守靜篤」的工夫而來。馮友蘭先生似未深入研究，竟把老子的「道」解釋成「宇宙的最高原理」，粗看是對的；但進一層追問：什麼是宇宙的最高原理？馮先生就答不出來了。這是把希臘哲學搬過來解釋老子的，這樣解釋是大有問題的，甚至是絕對錯誤的。馮先生把老子自己解釋「道」的內涵及其工夫語等拋在一邊，竟用希臘哲學來解釋，是很不妥當的，中國哲學的真面也就隱晦了，價值也看不出來了。如他的名著《中國哲學史》，寫到最後，以四川經師廖季平作結，認為中國哲學沒有什麼價值。至於馮著《中國哲學史新編》，其末卷至今雖未出版，但我在海外略知一二，除大力倡導民主外，似乎還是沒有什麼價值可言。說實在的，並非中國哲學沒有什麼價值，可能是馮先生對中國哲學的研究還不深入啊！

　　大家都知道，今日西方的偉大成就是科學，在中西對比之下，中國哲學到底有什麼價值、有什麼成就呢？這須得從理學的工夫與本體說起。因理學、禪宗與老莊的工夫是一樣

的。清初「關中大儒」李二曲有兩名句言：「有工夫纔有本體」、「有真工夫纔有真本體。」此工夫與本體之關係，可視為理學之定律。由此可知本體是靠工夫證驗出來的，與西方哲學用邏輯推演的本體觀念，是絕對不同的。由有工夫就有本體，便可證明這三家所講的「道」是一樣的。莊子講的「道」，手法很高明，他不是用老子直接敘述的方式，而是用擬人化的方式，寓哲理於寓言故事中，卻不明白說出來。像「至人」、「神人」、「真人」等等，實際上，就是莊子的化身。如〈齊物論〉開頭講的南郭子綦，也就是指的莊子本人。而莊子之道，也是用他的基本工夫如「其神凝」、「吾喪我」、以及「心齋」、「坐忘」等等證驗出來的。理學家把禪宗、華嚴、老莊與佛老思想融合而成理學，哲理境界就比先秦儒家高深得多了。

試問：理學的價值何在？一言以蔽之，就是內聖外王之學。為己為人之學或全體大用之學。這是我們對它的價值作基本的評估。當時有人問程明道：程先生，你講的是什麼學？明道回答說：我講的是「內聖外王之道。」按「內聖外王之道」一語，是從《莊子・天下篇》來的，儒家孔孟沒有這麼講。孔子只講「修己安人」、「為己為人」，理學家卻把自己的學問定性為「內聖外王之道」，是寓有深意的。朱子把

知識範圍擴大了，擴展為「全體大用之學」，學問境界就更宏闊了。由此就可以闡釋理學的價值在哪裡？據我畢生的研究，是理學開出了四種人生境界：第一是藝術人生境界，第二是宗教人生境界，第三是道德人生境界，第四是科學人生境界。茲分說如次。

所謂藝術人生境界，是指「樂」的享受而言，這正是為己之學的精神所在，也是內聖學的第一支柱。追本窮源，須得從「孔顏之樂」說起。為什麼？諸位讀過《論語》，就知道《論語》中有講到孔子、顏回之樂的。只要反省一下，就知道孔顏之樂沒有什麼高深的哲理，孔子顏回過著清淡貧困的生活，安貧樂道，當然是人生之一樂。但從周濂溪起，把孔顏之樂加以哲理化，就變成莊子式逍遙自適之樂。試問：莊子逍遙自適之樂，是靠什麼條件支持的？或者說是靠什麼工夫產生出來呢？唯一的，就靠「其神凝」的基本工夫。所以王敔（王夫之子）說：「其神凝三字，一部南華大旨。」何以這麼重要呢？這就是莊子的基本工夫啊。有此工夫，才能形成莊子之道、莊子的思想。而莊子這項工夫，又與老子「致虛極，守靜篤」的工夫是一致的。故老莊之道，都是由工夫鑄成的。而禪宗的「禪功」，理學家的「主靜」，都由老莊的基本工夫而來。如果我們不從工夫入手，是無法理解

老莊、禪宗和理學工夫是一致的。如果僅從文義上分析，它們說的好像都不一樣，實際在工夫的作法上都是一樣的。在「有工夫纔有本體」的理學定律規範之下，老莊、禪宗與理學所講的「道」或「本體」都是一樣的；唯一的差別，可能是哲理層境高低之不同而已。我們能認識到這裡，就可闡釋莊子逍遙之樂是個怎麼樂法了。如以禪宗為喻，就是禪宗說的「禪悅食」。何謂「禪悅食」？就是以「其神凝」或「心齋、坐忘」的工夫達到「入定」的境界，便可享受無窮的快樂，而且不受任何條件的限制。如何樂法？只好用禪宗說：「如人飲水，冷暖自知」的話來形容，才最為貼切。諸位，我不是單講理論，也是在講我自己的工夫啊！你們如果也有幾分踐履工夫，也就明白了。此一入定之樂，決非孔顏之樂可比。在享樂的程度上是有高下之分的。莊子的逍遙之樂，要從這方面去體會，才能深入理解。同時必須以孔顏之樂作基礎，加上莊子的工夫，逍遙自適之樂就可出現了。其他一切的快樂，無論精神的或物質的，都是有條件限制的；唯獨這一無窮的逍遙之樂，是沒有條件限制的。因為它是內發的，與其他外來的，全然不同，所以不受任何條件的限制；而且工夫愈深，其樂的程度亦愈大，時間亦愈長。理學家特名為「孔顏之樂」，為沖淡佛老思想，不無昧失本真之嫌。

現在，我們不妨追問：這一無窮的逍遙之樂是從哪裡來的？它是從本體顯發出來的，所以王陽明有「樂是心之本體」之說。有人問我：由本體顯發出來的「樂」，又是個什麼境界呢？我說是一個超越精神的智慧境界。這個境界很難形容，用西方哲學會通中國哲學來詮釋也不行，因為西方哲學沒有達到這樣的境界。為什麼稱為智慧境界呢？因為它是光明透頂的。佛家、道家的神通智慧即由此而出，理學家多避而不談，只講點「前知」工夫罷了。這種神通智慧是超越時空限制的，可以穿透一切障礙物的阻隔。道行愈高，超越和穿透力越強。其中也就包含了無窮的逍遙之樂。若能體驗至此，享受無窮之樂，該是人生最大滿足了。前引程明道的話說：他的學問是「內聖外王之道」，可見他的深意了。理學家把孔顏之樂哲理化、深度化，就鑄成內聖學或為己之學的一大支柱。這一面，多被近人忽略了。

第二是宗教人生境界。人的一生，由生到老，有生就有死，這是受自然律的限制，必經的過程，也是無可奈何的事。為此，我們先哲的確想出了一套高明的辦法來解決這一人生問題。在孔子之前，有魯國叔孫豹提出人生「三不朽論」一即立德、立功、立言，確是一項創見，值得讚揚。但仔細一想，要真能做到「三不朽」的地步，談何容易？況且德業、

功業和學術成就，是留給後人看的，本人不一定知道。所謂
「千秋萬歲名，寂寞身後事。」古人早就看穿了。人生勢必
墮入悲觀一途；其實不必悲觀呀！理學家早就解決了這一難
題。它是從佛家、老莊來的。因為人人都有這個光明本體，
而此光明本體又是永恆存在的。《莊子・齊物論》講「天地
與我並生，萬物與我為一。」就達到了這種境界。以後如果
沒有禪宗和理學的發揚，這項人生真理就很難令人理解。禪
宗把這光明本體特名為「真我」。人出生以後，無論生理心
理都在不停的變化，以至衰老為止，這是無可奈何的事。可
是，若向「真我」道路去追求，情況就迥然不同了。因為這
個永恆不變的、真實存在的「我」，既不受「歲月不饒人」
的影響，也不受自然律的限制，而是永恆存在的，所以叫做
「真我」──真實的「我」，永恆不變的「我」。試問：這
個「我」又到哪裡去了？道行很高的人，當然知道去處的，
一般人就不知道了。生死大事，人之常情。我們如了解箇中
哲理，也下番修證工夫，能向這一境界邁進，越深入越有信
心。此時，你會知道：生與死和「我」就沒有關聯了。理學
家達到最高的境界時即說：「心如太虛，本無生死。」他本
人看他自己是沒有生、沒有死的，這就很難得了。甚至要「走」
了，還可控制生死，達到來去自如的境界。有的更可當面告

訴你：「我走了」。南宋朱子的老師李侗——李延平就有這個本領。李延平的名氣不大，可是道功極高，當時福建地方長官汪玉辰（也是一位理學家）派專使請他去福州講學，那時延平已七十多歲了。他與專使談話完畢，說：「我走了」。這與高僧的「坐亡」沒有兩樣。這則故事，黃梨洲、全謝山合著的《宋元學案、豫章學案》李侗小傳中，特別記下來，頗值得矚目。試問：李延平去那兒了？他本人一定知道，只是祕而不宣罷了。我們如真知確有了生脫死之一境，縱然做不到，也可獲得無上的安慰，在變幻無常的現實人生中，確可找出一永恆不變的「真我」來。我們有閒暇時，不妨自己下番修證工夫，如能達到某種程度，人生也就滿足了，生死問題對我們也沒有威脅了。今天的年輕人可能不會想到這一問題，而老年人是要考慮的。那我自己呢？我對生死問題看得很淡，因我對這方面的哲理懂得太多了。計畫這幾年把道講完了，書也寫完了，可以閉門不出，專門去做修道功夫。

　　西方人靠基督教來解決這個人生大問題。中國人呢？佛教要人去成佛，道教要人去成仙，理學家卻要人去成聖。這些名稱儘管不同，實際上，都是要人達到這一宗教人生境界。既能把生死問題解決了，又可獲得無窮的逍遙快樂，這就叫做「為己之學」，是完全為自己打算的，也是自私的，

但自私得很高明。（按：程伊川評佛老自私，即就此立論。）而藝術人生境界與宗教人生境界，實為內聖學的兩大支柱，另外一大支柱，就是道德人生境界了。

　　第三是道德人生境界。由道德人生境界開出外王學，也就是「為人之學」。以此作橋樑，使內聖學與外王貫穿起來，亦即把形上學與形下學融成一個學問的整體，在表顯精神面貌上，就與佛家、道家截然不同。如果僅從內聖學去實修實證，那就是佛家，當和尚去，隱居叢林；道家入山修道成仙，不問世事。但理學家絕不如此，還要做儒家的治平事業，像王陽明要帶兵打仗，掛帥出征，做四省總制，官拜兵部尚書，這與佛家、道家的形象都不一樣了。以出世的心態做入世的事業，這是理學家的人生態度，就歸宗到先秦儒家了。

　　現在，進一步考察，這一境界又該如何變化呢？須從程明道說起。程明道的〈識仁篇〉開頭即說：「仁者渾然與物同體，義禮智信，皆仁也。」前面一句話，是用莊子「萬物一體論」，前一講有詮釋，可參閱；後一句，則是用董仲舒「五常」的話，問題是：如何由形上學的本體世界與形下學的「義禮智信」等道德條目銜接呢？這是一大問題，程伊川想到了，他汲取禪宗「體用一源」的理論來解決。就禪宗說，六祖慧能早就說過：「定是慧體，慧是定用」；「定慧一體，

不是二。」以後圭峰宗密據此闡發出「體用一源」的哲理，程伊川把它汲取過來，解決了明道的難題。茲按體用問題，層境講得最清楚的是清初「關中大儒」李二曲。他析別為「天地之體用」與「人事之體用」，是為雙重的體用關係，意義就更明晰了。所謂天地之體用，即境界的體用關係，是一超精神的智慧境界。佛、道二家的神通智慧，即由此顯發出來。神通妙用，就是用。而此妙用，又由本體顯發出來，故稱「體用一源」。須知這是形而上的，與道德知識毫無關連，必由此轉變為人事體用關係，這就與道德知識銜接了，是為雙重的體用關係。道德主體由此確立，由形上學落實到形下學，在證知者的主觀心靈上遂開出人文世界與科學世界來。這樣的道德人生，是踏踏實實的「為人之學」，也形成外王學的架構。孔子說：「古之學者為己，今之學者為人。」在理學中遂形成為己之學與為人之學，亦即程明道所嚮往的內聖外王之學。而理學所以為「明體適用之學」，亦由此透顯出來。

第四是科學人生境界，在認識方面，程朱主「性即理」說，加以適當修正，即可延伸到科學領域。程伊川說：「涵養須用敬，進學則在致知。」前者是指證驗本體，後者則是探討知識。如是，知識範圍就擴大了。且伊川講「理」的層境，亦涉及到「物理範圍」。朱子繼其後，由「致知」又強

調「格物窮理」，於是程朱派理學在方法上，更可直接伸入科學領域。到了清初李二曲，學問之淵博勝過朱子而主「適用」，當時有關科學書籍其亦多涉獵。如是，科學與理學的關係就更密切了。再就我本人來說，少年時代更受過科學洗禮，科學與理學又結下不解之緣。

我們必須認清：唯有科學才是致用之學，為人之學，亦才是外王學的主要內涵。林語堂先生主張「科學立國」，這一觀點，絕對正確。過去大力提倡宏揚中國傳統文化的先生們，對科學的認識不足，對科學的重要性多被忽略了，尤其胡適之先生由美回臺作中央研究院院長，主管長期發展科學，似無成績可資稱道。而胡先生不懂科學，又主管長期發展科學，今天看來，未必不是一大諷刺。大陸上這幾十年來發展科學，尤其是發展國防科學，成績卓著，這是有目共睹的事實。近廿年來更注重民生工業的發展，成績亦頗有可觀，向富國利民道路邁進，不但科學可以立國，科學更可以興國了。這是一面，科學確實發揮了它的顯著功效。

然而，另一面，我們亦必須了解，科學並非萬能，它的力量仍是有限度的。科學只能改變物質環境，創造物質條件，而由科學引發出來的後遺症，科學是不能解決的。美國是科技最發達的國家，尤其電腦更是尖端科技，普遍應用於

各個部門，電腦工程師這一行業的人才，自然需要得很多，待遇較其他各行業亦高。照理說，作電腦工程師也該心滿意足了，其實不然。我有個年輕朋友陳君年前對我說：「林伯伯，我們搞電腦，只是工具之學，除製造工具外，從電腦中找不到人生的意義，人生究竟有什麼意義呢？」陳君發現的人生問題，正是學科技的後遺症。我答覆他：「你的問題問對了，人生的確還有它的意義和價值。我的《李二曲研究》一書正再版中，印出來，送你一冊，你細讀後，就可能解決你的人生問題了。」我的兒子亦是學電腦的，他對電腦的看法跟陳君一樣。他的人生有時空虛、徬徨，好像墮入虛無主義的深淵而不能自拔。在我離美去西安講學前夕，他亦提出人生有何意義？人生是為了什麼等問題。我告訴他：等我西安講學歸來，錄音稿印成專書，你仔細讀後，就會找到答案了。電腦的應用普及於各行、各業、各領域，已成為人們日常生活的一部份。科技對現代人類文明太重要了，但必須了解科技力量的最大限度，僅可以改善物質生活，充實國力。一旦國家富強了，人民生活優裕了，進一步精神生活又該怎麼安排？如何使我們人生更幸福、更美滿，這時，科技力量一籌莫展，就要靠理學來解決了。

　　以上所講藝術、宗教人生境界的安排，可以清除現實人

生的徬徨、迷惘、苦悶與絕望等心理障礙，開出一條光明道路，使人感到還有更高的人生境界去追求，使人生獲得最大的滿足和覓得人生的歸宿。這就是內聖學或為己之學的偉大功能。至於道德和科學人生境界，完全屬於外王學或為人之學的範疇。前者可稱為智慧之學，後者則是致用之學。致用之學以科學為骨幹，才能達到致用之目的。這兩套學問必須密切配合，付諸實踐，人生也就滿足了，沒有什麼缺陷了。我們能認識到這裡，就會對科技作重新的評估，人生也就不會消極悲觀了。

　　前面已經提過，美國物質文明雖然很發達，但精神生活卻很空虛。填補精神空虛的，全靠宗教。上自總統，下迄販夫走卒，大多數都信教。即使國防科技專家，還是離不開宗教信仰。有位朋友寇君是專研國防科技的，過後因為信仰關係，去作教會長老，一心傳教了。而大科學家愛因斯坦信教之虔誠，已如前說。由此可以說明西方人士，非但哲學家離不了「上帝」觀念（前引大哲康德即是如此），而科學家同樣也離不開上帝觀念。他們要提高精神境界，除上帝外，似已無路可走。無怪西方有識之士想以禪宗替代西方宗教，確具創見。中西思想兩兩對比，西方哲學家、科學家都無法解決人生問題，中國哲人早就把它解決了。由此可以說明西方

的輝煌成就在科學，中國的偉大貢獻卻在哲學，可以東西輝映，絕無軒輊。

　　以上所講的如果懂得了，那麼中國思想價值在哪裡？也就明白了。藝術人生境界可以享受無窮的快樂，這是為己之學的重心。其次是宗教人生境界，可以追求「真我」，實證「真我」，可以解除死生的威脅。這是為己之學的另一大支柱。單就這兩種人生境界來講，就是中國哲學思想偉大的成就。西方哲學，不管康德也好，還是現今流行的存在主義也好，都是望塵莫及的，它們都未進入這一思想領域。再次是道德人生境界。我們不可光為自己打算，還要為人謀哪！從道德人生境界中，就可樹立為人之學的架構。它的上半截是形上學，下半截則是形下學，靠「體用一源」的哲理及雙重體用關係就可把這二者融貫起來。科學人生境界就在這裡栽根了。這是就純理論說，應如此；但理學家不愛講理論，重實踐，那這四種人生境界融合在一起，又可塑造成一個什麼樣的人呢？恰如陸象山所說：

　　　　舉手攀南斗，迴身倚北辰。

　　　　出頭天外望，誰是我般人？

又說：

　　　　我無事時，是箇不識不知底人。

當有事時一出來，又是箇無所不知無所不能底人。

諸位想想，陸象山描述他自己是個什麼樣的人，恐怕只好拿莊子的「至人」、「神人」來比擬了。

最後說出本講的結論。我的結論是什麼？最重要的，就是從理學開出四種人生境界，如何鎔鑄中國新文化新思想？我們今天面對西方文化西方思想，我們不必自卑，我們要認清：中國文化思想自有它的偉大成就，正如上面所講的四種人生境界，這就是中國文化思想重大價值之所在。科學是西方獨占鰲頭，它代表的是自然真理或科學真理，中國則發明了人生真理或人文真理。西方的科學真理只能解決一部份問題，中國的人生真理又可解決另一部份問題。如把這兩方面融合起來，人生即可獲得無上的滿足，開出幸福之門。把此二者融合在一起，即可鑄成一套新思想、新文化，絕不同於中國的傳統文化，也異於今天的西方文化。它不但是中國的新文化，也是西方的新文化，更是世界的新文化。

回顧「五四運動」倡導新文化的先生們，想得太簡單，以為把美國的民主、科學搬過來，就成了中國的新文化，這怎麼行呢？當年的前輩先生們對新文化的認知太有限了。新文化決非一個簡單的東西。要把我們自己的長處、了不起的地方發揚出來，再把西方的長處、了不起的地方汲收過來，

使兩者融合為一，必然會產出新的東西來。宋明理學的形成，就是一個成功的範例。在中國思想基礎上，把西方科學融合起來，才能鑄成新文化、新思想。這應是中國思想文化發展的方向。廿一世紀，中國的思想文化，要在世界上發生影響力，根據我幾十年的研究，也只有走這條路線了。此外，恐怕很難找出能夠產生影響力的道路來。

# 探討中國思想真相之路線與方法問題

## 在北京師範大學哲學系博士班演講

　　今天到貴校與諸位同學討論中國思想問題，我覺得很欣慰。我雖年近八旬，但精神很好。我先講貴校一則故事。貴校早年有位名教授熊十力先生，他和你們的毛主席有特殊關係。論佛學造詣算一流，令人十分欽佩。他跟我在治學方法上有些關聯。他是湖北人，出身很特別，他是苦學出生的。民初以來苦學出身而又名重一時的有三人，一是梁漱溟，二是熊十力，三是錢賓四（穆），他們都教過北大，熊十力又教過北師大。我的一位同鄉前輩周開慶先生，早年讀北師大，有關熊十力的一些往事，是周先生在一次餐會上提到的。茲綜述各有關資料如次。

　　民國元年，熊十力參加武昌起義的革命運動。後來不革命了，專門在學問上下功夫。他的學歷很低（按：據時人考證，熊十力是小學畢業。）由小學畢業而教大學，在今天看來，幾乎是不可思議的事。熊十力做學問，先從禪宗入手，尤其著重參禪的功夫。他的禪功很特別，據說是蹲在牆邊做

功夫。因此，金陵佛學院院長歐陽竟無罵他是「野狐禪」。意思是譏評他不是禪宗的正派功夫。熊十力成名後，在武昌辦國學院。徐復觀（日本士官學校出身，與何應欽先後士官班同學，曾作過國民黨情報機構副秘書長，兼蔣主席的機要秘書。國府遷臺，任東海大學中文系系主任。）早年即拜熊十力為師，讀過武昌國學院。他曾在文章中說：熊十力先生清寒出身，幾乎一貧如洗，連換洗衣服也只有一套，晚上洗了，第二天早上晾乾後就穿出去。真是衣無二件，褲無二條，其窮困程度可以想見，但在學問上肯下苦功夫。他先從禪宗入門，過後又研究唯識，在唯識哲學方面有獨特的造詣。他的名著《新唯識論》後來在臺灣出版，徐復觀有序推介。

熊十力跟你們毛主席有什麼關係呢？民國卅八年冬，國府在大陸全部撤退，據說熊十力不願留在北平，秘密坐火車到廣州，打算去香港或臺灣，那知消息走漏，毛澤東即派林彪去廣州攔截，才把熊十力接回來。（按：教嶺南大學的陳寅恪教授，也是在廣州被攔回來的。）林彪和熊十力是湖北同鄉，尊稱熊十力為熊老師。熊無可奈何，只得隨林彪回到武漢。林彪開歡迎大會，歡迎這位湖北耆宿榮歸故里。會後，即護送熊回北京。毛澤東瞧不起知識份子，罵知識份子為「臭老九」，可是對熊十力特別尊重，甚至拜熊十力為師，禮遇

到什麼程度，可想而知。毛澤東的工資是人民幣四佰元（可能相當現在一萬元，很值錢。）熊十力的工資跟毛一樣，也是四佰元。享有這樣待遇就非常特殊了。我在西安還聽說，大陸上很多知識份子被清算、鬥爭，可是熊十力卻穩坐泰山，沒有受牽連，也算是異數。

那熊十力跟我在學問上有什麼關連呢？前面提過我的同鄉前輩周開慶先生讀北師大時，熊十力教過他的，熊老師說：做學問一定要用「笨功」！「笨功」！用笨功夫，學問上才有收獲。他老是以用笨功來開導學生，勉勵學生。熊十力的著作臺灣有售，早年讀過。他的書有個缺點，文章太古老，看起來非常吃力，甚至讀不下去。今天年輕人讀他的書尤其如此。他的語錄是用文言寫的，很像古文。宋明儒的語錄還接近當時學術用語，比較白話。可是熊十力講的話，經過刪潤後，就文縐縐的，沒有講話的語氣了。他的語錄和文章都不易讀，很枯燥，缺乏可讀性。這是文字表達上的一大缺陷。在這方面，熊十力的思想很守舊，比宋明儒還要傳統。他的治學方法，也值得爭議。他強調治學要用「笨功」，話太籠統。真正做學問，只用「笨功」能解決問題嗎？絕不是那麼簡單，還要用很多具體的方法和工夫。當時學生們聽了他這句話未必深切了悟；我年紀大了，聽到熊十力說的「笨

功」，當然很明白，惜乎僅憑這兩個字是不能把一生做學問的方法概括進去的。熊十力自己說不清楚，別人更無法了解，這是他治學方法上的一大缺陷。他的長處我吸收了，短處則儘量避免。我寫文章、寫書或講學，總要批評前輩先生。我的前輩先生中，似乎沒有一人把自己畢生做學問用的什麼方法講得很清楚，他們的學生和後代學人，就很難了解他們究竟用的什麼方法。我則從他們籠統的用語裡，找出一些方法來，善加運用而推陳出新。我畢生治學用了很多方法，我的思想絕不封閉。別人的長處我要吸收，短處儘量避免。對西方思想的態度也是一樣，於是才形成了我自己獨特的方法。我是川大中文系出身的，在文學方面有相當素養。一般人寫哲學方面的文章，寫得好的不多，尤其是某哲學大師寫的文章，不但枯澀乏味，而且文詞生硬，很難讀，令人起反感。我則考慮文章的技巧和表達方式，使文章有可讀性。

治學方法如同拐杖一般，沒有這根拐杖，那就像瞎子走夜路只得摸黑了。我在陝師大中研所講學時，有位新疆同學崔君對我說：他教書八年，讀了很多書，自信在哲學、尤其史學方面涉獵很廣，可是，他以後做學問該如何做法？才會有他的學術成就，他始終沒有找出方法路線來，感到前途非常迷茫，他們的老師從來沒有講過。今天聽了林教授的治學

心得，以後該走哪條路？他也明白了。

我自信一生做學問的路子跟時人不同。在我的前輩先生中，不管是馮友蘭，還是錢穆（熊十力除外），自信有我獨特的造詣。他們不懂的地方，文章中閃爍其詞，我把它們找出來解決了。解決過後，我發現和他們有極大差異。如錢穆亦是苦學出身，初中只讀了一年就教小學。由教小學、中學、師範到燕京大學，後來又教北大、清華，成了一位名學人，甚至國學大師。錢先生很自信，於王學、理學方面，「寢饋廿寒暑」，當然下了很深的工夫，但造詣終屬有限。他和蔣總統很接近，蔣總統對他很禮遇，彷彿像你們毛主席禮遇熊十力一般。吳稚輝（國民黨的元老首座，蔣經國曾奉父命拜吳稚輝為師。）去世後，蔣經國即拜錢穆為師。在此之前，蔣總統提倡王學，錢氏就闡述陽明哲學以為回應。可是錢氏對王學的瞭解不夠深入，如《傳習錄》中王陽明說的：「草木瓦石皆有良知」的話，錢氏就困惑不解，故驚訝地說：草木瓦石怎會有良知呢？這位國學大師（民國以來，被譽為國學大師的，第一位是章太炎，第二位大概就是錢賓四了。）對此奧義就傻眼了。他既不能說王陽明講錯了，也不承認自己不求甚解，認為這是王陽明心血來潮，一時發出的怪論，只不便明說而已。茲究其學術淵源，錢先生對這句話的玄奧

哲理，可能不十分瞭解。他的學問是從考據入手的，不易理會其中玄義。殊不知陽明這句話含的哲理很深，如果不解禪宗、不明華嚴哲理的最高境界，在思想根源上，就找不出陽明這句話的思想脈絡來。錢氏認識的「良知」，是屬於形下學的，在形上學方面，他可能還沒想到啊！

民國以來，不少學者都在探討中國思想究竟是個什麼的問題，你說一套，我講一套，每個人似乎都能自圓其說，以為覓得了中國思想的真相。第一個是嚴復——嚴又陵先生。他是清末海軍出身，留英歸來，以譯著馳名於世。他又《評點老子》、《評點莊子》，頗為新奇。實則他是以達爾文的進化論來解釋老莊，十足的西化中國思想，嚴又陵是始作俑者。他的古文寫得好，但對中國思想亦未必瞭解。他評點老莊，我認為過於牽強附會，大失本真。第二位是胡適之先生，早年的北大校長。他的《中國哲學史》上卷，也是西化中國思想的。再次就是被譽為正統派哲學家的馮友蘭——馮芝生先生。早年教清華大學時，即有名著《中國哲學史》出版，可視為西化派的代表作。我講學時，對這部名著多有批評。學術是公器，只論是非，不講人情。對前輩先生多有微詞，完全是為後代人設想的。我覺得中國思想究竟該用什麼方法去研究？該走什麼研究路線？在前輩學人中很少有人考慮

過這一問題。留美的把美國的東西搬進來，留英的把英國的東西搬進來，留德、留法、留俄，甚至留日的，也不外用同樣的手法。我們現在看來覺得很可憐，很寒傖，正如王陽明的詩說：「拋卻自家無盡藏，沿門托鉢效貧兒。」中國人自己不求甚解，去向西洋取經，東洋取經，難道西洋人、東洋人真正懂得中國思想嗎？這是中國幾十年前學術思想界的寫照。我不反對留學，學自然科學必須出國深造，學人文科學如像中國哲學就值得考慮了。必須對中國哲學思想確有深入了解後，再出國觀摩比較，情況就不一樣了。可是，這幾十年來是反其道而行，一切學問都要取法西方，才造成思想上的混沌局面，連自己也迷糊不清了。

我是反其道而行，與近人的思想方法路線是大相逕庭的。我發現中國哲人如孔孟、老莊、禪宗高僧以及宋明理學家等等，凡是在思想上有卓越成就的，必有他們自己的治學方法和治學路徑。我覓得此一思想脈絡後，循著他們的道路走去，才發現中國哲學思想截然不同於西方思想。我們要求深入了解，就必須沿用中國哲人的方法，走中國哲人的思想路線。研究西方思想，要用西方的思想方法，走西方哲學的路線。把中國哲學真正懂了，通了，再去看西洋的，就會發現西洋的東西並不難懂。細心研讀幾部有名的專著和西洋哲

學史，只需兩三年的功夫就通了。總之，務必先把中國思想搞通了，然後再研究西方哲學，在對比之下，你會發現兩者間的絕大差異。中國思想如老莊、佛學、理學等，都以形上本體為核心。本體雖然很玄妙，很難懂，但理學家卻用極湛深的證驗功夫加上文字清晰的描述，我們就容易明白了。如清初「關中大儒」李二曲即用「虛明寂定」四字來概括說明本體的特性（見前講），最具識見，在理學中是不可多得的。又如程明道釋〈中庸〉說：「其書始，言一理。……放之則彌六合，卷之則退藏於密。」其中所謂「一理」之理，即是指本體說的。（按：理學之所以稱為「理學」，本此；也是理學之「理」的根本義。）其功能作用之神秘，真是令人不可思議。這個本體放射出去，可以充塞宇宙，可說「至大無外」了。當他收攝回來，則隱藏於吾人之心靈深處，又是「至小無內」了。再說得白話點，這個本體放射出去是無窮大的，收攝回來又是無限小的。放大與收攝兩大作用，仍在描述本體的特性，程明道釋〈中庸〉，最能代表理學家的意見。（按：程明道的〈中庸解〉，見朱熹《四書集註、中庸章句》篇首引語。）〈中庸篇〉本義未必如此，但經程明道的解釋，〈中庸篇〉的哲理就高玄莫測了。

　　上邊引述李二曲和程明道的話，諸位聽了未必真正了

解，但起碼有個模糊的印象。西方哲學中的本體觀念，想必你們有一些認識，如把它的意涵和我所講的中國哲學宋明理學中本體的種種特性作比較對觀，就會發現西方哲學無論唯心也罷，唯物也罷，絕對沒有中國哲學裡這套高玄莫測的哲理出現。柏拉圖的「理型論」，是把觀念層層疊疊堆砌起來，說明人生世界、宇宙萬物的形成。若用今天科學眼光來看，是大有問題的。當然，也不能說唯心論完全沒道理，但用其解釋宇宙萬物的形成，自然大有問題。講人生界的精神現象，唯心論亦有它的理由，不可一概抹煞。而唯物論呢？由細小的原子形成了宇宙萬物。如就人生界來看，除了一物質世界外，難道就沒有精神現象嗎？所以唯物論也是一偏之見。希臘哲學不外乎發展出這兩種思想。中國哲學，如宋明理學中的本體思想則大異其趣，意涵、作用等等，全然不同。所以中國哲學和西方哲學的本體思想是絕對不可混淆在一起，任意曲解的。可是，近代國人無此識見，卻把它們混在一起了，如認定陸象山是唯心論，王陽明是絕對唯心論，朱子對「理」講得最多，就說是唯理論，甚至有人認為朱子是機體主義者。這些都是皮相之見，似是而實非。由於沒有深入研究，才犯了認識上的錯誤，以致中國思想真相全部昧失，中國人也不知道中國思想是個什麼東西了。

　　所以我特別強調研究中國思想，一定要走中國思想路線，用中國思想方法。研究西方思想要用邏輯方法，研究中國思想，絕不可用邏輯方法。因為中國思想不是憑邏輯推演出來的，而是靠工夫證驗出來的。在研究路線和方法上，我不得不作這樣明確的劃分，因為它困擾我們幾十年了。諸位同學，你們如跟著前人路子走，我不明白指出來，那你們今天還是在摸索中。現在你們還無法認清這一事實。根據我的觀察，你們仍在困擾中，只不自覺罷了。你們如果照原來的方法路線走下去，還是跟前輩先生差不多，不過修修補補而已。這條西化路線和方法是錯誤的，我持否定態度。

　　從民國初年以來，我們研究中國哲學思想，可以說絕大多數都是走西方思想的邏輯路線。我結識一位前輩羅剛先生，早年留美，是蔣委員長旗下講三民主義的理論家。他曾經在信中告訴我說：中國思想就缺乏邏輯觀念，沒有思想系統，我們要矯正前人的偏失，非採用西方邏輯不可。這項意見最具有代表性，但我並不贊同。我不反對使用邏輯，可是用邏輯應有個限度，某種情況可以採用邏輯，但遇到某種特殊情況，就不能採用邏輯。羅先生強調邏輯之重要性，和我的見解是相左的，我礙於情面，不便和他爭辯，因為他是老前輩，我要尊重前輩先生的。根據我的實際經驗，邏輯有其

使用範圍，不可漫無限制。我們研究中國思想最大的缺點，是不明白、不重視、不考究中國思想形成的方法及思想形成的過程。一般學人未必有此覺醒，只有熊十力先生例外，但他講的方法又太簡單了。

中國思想從孔子起，到孟子、荀子，代表先秦儒家思想。老莊則代表道家思想。孔孟老莊，都有他們思想形成的思想方法及思想形成的過程。（古人叫做「為學次第」）。孔子講得最清楚，從十五歲志學起，卅而立，四十不惑，五十知天命，六十耳順，七十不踰矩止，其自述成學經歷，多麼完整！此後儒家學者中極為罕見。至於孔子的治學方法（思想形成的方法），《論語》中記載甚多，如學思並重，內省、默識、正名等等都是。因有這些方法和成學經歷，才形成孔子的思想。孟子在這方面講得很簡略，須仔細研尋；但孟子卻說：「博學而詳說之，將以返說約也。」由博返約四字，指出了其治學的門徑，為後代學人所師法。荀子很博學，但深度不夠，他深受名家影響，思想方法很重視邏輯。最難懂的是老莊。墨家甚似西方思想，墨子的「天志」與西方的上帝觀念極為類似。名家思想由墨家演變而來，《墨辯》一書，就是邏輯的濫觴。要研究名家思想，必須用西方的邏輯，因為它們的思想性格是相同的。墨家與儒家、道家的思想相

反，墨子「向外覓理」，重視科學的探討，以後就由墨家思想衍生出名家來。道家思想絕不能用邏輯去分析，因為道家思想很神秘和抽象。《莊子》書中多用寓言故事表顯其哲理，通過這種表述方式，就把莊子成學的經歷講出來了，而且非常深刻透闢。例如〈德充符〉講「無古無今，則入於不死不生」的哲理，最值得矚目。中國哲學在先秦時代，有最高境界的，就數老莊了。其形上學中即透顯出高度智慧來。（即此後佛家的神通智慧。）這種屬於形上學的神通智慧境界，絕非邏輯推演出來的，而是用他們特定的功夫證成的。中國哲人的思想方法有其獨特的地方，與西方思想重視邏輯是全然不同的。孔孟的方法與老莊的方法有些接近。老莊用「致虛守靜」的方法，才形成他們的哲學思想。由老莊直到後來的禪宗、理學講「證悟」、「證驗」等等，可以說是一脈相承的。這種方法，我們稱之為修證方法，即是修持證驗的方法，也就是修證工夫。

要走修證工夫路線，才是研治中國哲學的正確路線。然而近人常用的方法，卻是考據和邏輯，這與中國哲人如孔孟、老莊、禪宗和理學家等所用的方法是相左的，是不相容的，是格格不入的。考據和邏輯，有它使用的範圍和限度，如果超出了它的範圍和限度，考據和邏輯都是無能為力的。

近代學人，一部份深受清代乾嘉學風的影響，認為考據是治學唯一的方法，這是錯誤的。殊不知考據只是工具之學，辨訂古籍的真偽，自然有它的價值；但考據學與思想沒有多大關聯，故考據學者多不了解中國哲理。考據大師戴東原是例外，但他僅能了解形而下的哲理，形而上的高深的東西，仍是一竅不通。他斷定宋儒（指程伊川）「以理殺人」，實是對理學（指理字意義的最高層境）一大誤解。等而次之的，連斷句都有問題，如清末王先慎的《韓非子集解》，有關〈解老〉〈喻老〉等篇涉及老子哲學部份，斷句錯誤，可為明證。

　　另一部份學人深受西風影響的，卻又極端重視邏輯。認為除邏輯外，就沒有第二種有效的方法了。遠者如馮友蘭，近者如牟宗三，均可作為代表。馮友蘭的名著《中國哲學史》，這幾十年來對國內影響之普遍深遠，自不必說；其譯著早在歐美發行，對歐美學術界也是有影響力的。然而，馮氏這部名著寫得太離譜了（名家部份除外），因受邏輯方法的限制，無怪牟宗三大肆抨擊。實則視邏輯為唯一利器的「哲學大師」牟宗三，與馮友蘭一樣，犯了同樣的錯誤，只是研究比較深入罷了。極端重視邏輯方法，甚至視邏輯為萬能，可以說是近代學人在西潮衝擊之下的通病。總之，不是考據，就是邏輯，近代國人治中國哲學，似乎脫離不了這兩套

東西,難道就沒有第三條路可走嗎?

現在舉邵康節《擊壤集》中富於哲理的詩句,來說明考據與邏輯是不能解決問題的。康節有詩云:

**坐牖知天是常事,不坐牖來亦知天。**

坐在窗戶跟前能看見外面的天空,是尋常事情,自不必說;但不靠近窗戶,坐在屋子的隱蔽地方,也知藍天白雲和裡裡外外很多事情。為什麼?這就是詩中隱含的哲理了。其思想關係與《老子》「不出戶,知天下」的意涵關係極為密切,但邵康節決非抄襲《老子》文句而來,而是他的證驗工夫達到顯現神通智慧的境地,才吟出這樣詩句來。我可以斷定考據先生對此束手無策,哲學大師善用邏輯,亦推不出其所以然之理來。我曾經在香港人生雜誌看到某君用邏輯推演禪宗「參話頭」的玄理,推來推去,也推出一套似是而非的「名理」,在我看來,簡直是歪理。他對禪宗「參話頭」的意義,根本不懂。禪宗的「參話頭」,對禪宗的悟道有何關聯?有何功能?某君可能一無所知,只在玩弄邏輯魔術。

王陽明《詩集》中有詩說:

**人人有箇圓圈在,莫向蒲團坐死灰。**

陽明認為我們每個人心中都有個圓圈——大圓鏡般的光明本體,不要像禪門中人那樣去枯坐、去做參禪的功夫。考據

與邏輯至此起不了任何作用。陽明詩又說：

> 箇箇心中有仲尼，勸君深信莫猜疑。

它的意思是說，我們每個人心中都有孔子，都可以作聖人。考據與邏輯碰上這樣的哲理，可以說一籌莫展。陽明詩又說：

> 拋卻自家無盡藏，沿門托鉢效貧兒。

要人回到自性中去找良知本體，不要像乞兒一樣到處去討飯吃。其所含的哲理，考據與邏輯同樣無能為力。牟宗三視邏輯為萬靈丹，有時講得太離譜，很令人反感。如他講陸王哲學《從陸象山到劉蕺山》，在此書開頭講陸象山哲學，他引述王陽明批評陸象山的話說：

> 象山是用過心地工夫底，只是粗些。

> 但細看，有粗處。

牟氏強作解人說：可能是陸象山與王陽明的風格不同。這句話可說錯到底了。這絕非陸王的風格問題。牟氏若真解陸王哲學，就不會這麼講了。王陽明批評陸象山的話是對的。陸象山倡「發明本心」，其本心意涵，即是此形上光明本體的代號，絕非孟子說的本心那麼簡單。陸象山十三歲時說：「宇宙即是吾心，吾心便是宇宙。」這是象山本心哲學開始發軔不久的話。此後常講「此理充塞宇宙。」所謂「理」即本體的異名（按：此理字為理學中的根本義，也是理的最高層境。）

言本體之量之大可以瀰漫整個宇宙,故如此說。象山往往只用一句話,就把他證悟的哲理全部講了出來,如與陽明比較,即顯得很粗疏,而陽明就講得非常細膩了。如陽明詩云:「悟後六經無一字,靜餘孤月湛虛明。」就全然不同。陽明卅七歲在龍場驛悟道的情景,年譜記載極為簡略,只記「大悟格物致知之旨」,究竟悟得的是個什麼東西?頗費猜疑;可是,到了四十二歲,去滁州(安徽滁縣)督馬政,送蔡希顏的詩最堪矚目。其中有「悟後六經無一字,靜餘孤月湛虛明。」就是上邊引述的詩句。這兩句詩中後面的一句尤其重要。它的意思是說,在龍場開悟時,什麼也沒有了,六經也沒有了,就連我陽明自身也沒有了(按:主客觀事物退避之意,在現象界主客觀事物仍然是存在的。)本體就出現了。本體是個什麼樣狀呢?好像一輪明月似的。這一比喻是從禪宗來的。禪宗形容本體,常以「明月」為喻。實際上,本體是無限大的,像太空一般空洞無物,卻又澄澈無際。陽明長於寫詩,把本體摹擬得維妙維肖,非常細膩,令人一目了然。陽明此詩正確的詮釋,就該如此。再與象山作一比較,不就顯得象山說「此理充塞宇宙」,太粗疏了嗎?牟宗三先生如真解陸王哲學,還會講出這樣不著邊際的話嗎?邏輯到此已無用武之地,先生休矣。

　　再說說考據吧。錢賓四先生的學問就是從考據入手的。他的處女作〈劉向歆父子年譜〉，就是一篇考據文章。以後教北大，又寫《先秦諸子繫年》一書，仍是考據之作。直到他的晚年作國府中央研究院院士，仍是靠這部考據之作提名的。然而錢先生對中國思想的瞭解又怎樣呢？他曾在《中國思想通俗講話》一書裡說：「人生觀就是人死觀。」創意極為新穎，我一時不知其思想根源，現在想來，錢氏仍脫離不了叔孫豹「三不朽論」的見解。三不朽論都是為死後設想的，故有此說。可是，老莊、禪宗和理學早就超越了三不朽論的思想層境，早已超越生死界限，而躍昇到本體世界了。覓求「真我」，實證「真我」，找到人生的歸宿，那時人生觀就全然不同了（哲理分析見上講），怎麼會有「人生觀就是人死觀」的看法呢？很顯然的，錢氏不解中國思想裡形上學之奧秘，才有如此論調。何以致之？不得不歸咎考據學的結果。

　　由此可以證明，考據和邏輯對理學、禪宗和老莊的研究都有限度，跨越雷池一步，考據和邏輯就無能為力了。我使用的方法很多，並不排斥考據和邏輯，要看在什麼場合就用什麼方法。大體說來，分成兩大類別：一是主要的方法，一是輔助的方法。證驗或證悟為修證方法的主要內涵，就是理學家所謂的工夫，為主要方法。其次如邏輯、考據、比較、

歸納、分析,甚至文學的技巧,史學的識見等,都是必備的方法。這些,統稱之為輔助的方法。用輔助的方法可以彌補修證工夫之不足。如上面所舉邵康節和王陽明的詩句,不知者,都是難題。如何去破解這些難題?我是用證驗工夫。我從王學折入禪宗,去做「參禪」工夫,俟有所得,又回到王學。其中有位關鍵人物,就是清初「關中大儒」李二曲先生。我從他的全集中對理學有了透徹的解悟,再看王陽明、陸象山的原著,也就了然於心。由此橫通程朱理學,北宋諸子,亦覺了無滯礙,於是,理學方面,我就通了。再由理學、禪學會通華嚴哲學,上溯老莊思想,也得心應手,釋然於心。原來困難重重的中國哲學思想,我就是這麼一步一步研究的。如何破解種種難題?我也是從這條路線去解決的。(按:如果說沒有難題,那只是欺人之談,強不知以為知的封閉心態而已。)

我既現身說法,有關個人畢生治學之曲折艱難過程,亦頗值得在此一提。當我研究王學困難重重,走投無路之時,因偶一機緣折入禪宗,前邊已經提過。當時對禪宗的哲理似懂非懂,對禪宗的工夫則一竅不通。我由一位佛教居士馬君處,得知禪宗工夫的實際作法。於是我以實驗的心態就折入禪門了。要做禪功並非易事。一般人來說,要靜如止水,是

很難的，甚至是做不到的。一切事情都要看得開，放得下，是最緊要的。即使讀書做學問也要一齊放下來，不思不慮，讓胸中空空洞洞，才會顯得輕鬆自在。陸象山稱為「打掃心田」的初步工夫。當心田打掃乾淨後又該如何呢？這時，頭腦自然清醒，心境自然快適，惟有一念向外馳求，影響最大。要能繫住這一念，才見功夫。禪宗的「參話頭」，亦在繫住一念而已。如何才能繫住這一念呢？也只有把所參的話頭牢記在心，不許再有別的念頭，這就繫住一念了。禪宗的「參話頭」與理學家的「主一」功夫極為類似。王陽明說：「主一，就是主一箇天理。」天理是個什麼東西？只有自己去證會了。李二曲教人「涵詠一句格言」，為主一功夫的具體作法，這與禪宗「參話頭」就沒什麼差別了。不管他們用什麼方法，目的是一致的，不外要求意念集中在一處。簡單地說，就是精神集中。當然，這句話很籠統。禪宗的「參話頭」，就是要人記住一句話。至於這句話是什麼意思，不去管它。例如「庭前柏樹子」，就是參話頭的濫觴。只要反覆去念這句話就行了。如此，便可掃除心猿意馬的心態，使紛馳的思慮收攝在一處，凝聚在一點。這樣下來，只需半小時的工夫，初步慧境即可呈現出來，如朱子「半畝方塘一鑑開，天光雲影共徘徊」的境界一般。我坐火車，可以穿過車廂的鐵板，

看到車外很多景物；我睡覺時，可以穿過層樓，看見天空閃爍的繁星。白天午睡時也會如此。最初我很驚訝，為什麼白天會見星光呢？過後仔細一想，因陽光太強，把星光遮住了。這時，由於慧光發出來，不受陽光的影響，星光自會出現，比夜間的暗淡一點。這種現象，說穿了也沒什麼奧妙，不過靜中「宿慧」顯現罷了。這樣功夫持續下去，所謂「力到功深，豁然迴契」（李二曲語），從此也就開悟了。我是做學問的，不是專門修道的。我有禪功的基礎，再以李二曲作橋樑，返回王學來，解決了種種難題，於是理學就通了。我的靜功不差，對於禪宗如何「悟道」？我明白了。再進一步看大師們悟道後的情景，也了然於心。禪宗、理學好多高深哲理，我就是這麼去解悟的。

在治學過程中，考據方法我也採用，主要是用作思想的考據，不是簡單地文義省察。因為功力的不足，我把禪宗大師們如何「悟道」？理學家又是怎麼「見性」？作排列組合，作比較研究，於是考據之後，又用比較方法，各人境界的高下，立可判出。我發現朱子的境界最低，象山高於朱子幾乎有天壤之別，陽明比象山似又勝一籌。這種方法最有效，理學家中，誰的詣境高下，只需作一比較就清楚了。

當這許許多多哲理了悟以後，又是個什麼樣狀呢？說實

在的，腦子裡就像一團亂麻似的。這時，就非借助邏輯不可；要使不然，就像往昔哲人一樣，思想也是亂。那個弟子問什麼？就答什麼？然後把弟子們的對話整理成書，某某語錄就這麼出來了，思想顯得漫無頭緒。我們今天讀禪宗的語錄，理學家的語錄很吃力，就是因為他們缺乏邏輯觀念的原故。（中國思想除先秦墨家、名家和荀子外，漢代以後的儒家學者，都不重視邏輯的研究，這就限制了哲人們表述思想的方法。）要使思想有系統，觀念很清晰，定義很明確，沒有邏輯的規範是絕對不行的。當你徹底了解中國哲人所用的基本方法（修證或證驗方法），並加以實踐後，接著就要用邏輯來分析、來綜合，使亂麻似的思想得以釐清。邏輯發揮效力就在這裡。如果超出這一限度，邏輯非但不能為力，反而憑邏輯的任意推演會把思想真相全部昧失。我和馮友蘭、牟宗三對邏輯的看法完全不同，因為我研究中國思想不是從邏輯入手的。

　　接下來就是如何表達思想、寫書寫文章了。我是中文系出身的，對文章如何美化？如何修辭？當然不陌生。我們要借用文學的技巧來寫哲學的文章，就與哲學系出身的很不一樣。像牟宗三的文章枯澀得很，可讀性太低，不合中國哲人的美化標準。（按：中國哲人多半擅長文學，可謂中國優良

傳統之一。）唐君毅的文章，亦復如此。他喜歡讀西洋哲學原著，對中國哲學的造詣卻很有限。他的文章歐化太深，很難讀。我很耐心地閱讀時，僅按其思想脈絡去理會，知道它的大意就行了。寫哲學方面的文章，要避免生澀隱晦，要使文筆流暢生動，僅量避免文言化。要讓讀者一看，就覺得有趣味、有意思，可以引人入勝。通過這樣的表達方式，可把高深的哲理顯出來。這是我的方法之一。一篇文章寫就，一部書脫稿，都要用文學的潤色工夫，使文章簡潔美化，增加它的可讀性。還有最重要的一點，就是寫文章氣派要大，識見高遠，境界宏闊，有氣吞河嶽之勢，就不是方法問題了。這要靠學養，靠功力，已超出博大精深的範圍，似非語言文字所能表達。

我的學問，我的思想，就是這樣一步一步形成的。治學方法和治學過程，是絕對重要的。我稱這套學問為「通人之學」。即以高深的形上學作基礎，向下延伸再貫穿形下學，把它們融成一個思想的整體。所謂「通識」（較西方的整體觀念還要明通得多），就是這麼產生的。「通人」並非專家，專家往往只懂一門學問，通人卻要觀照全局，要樣樣顧到。故通人之學，又可稱為「全體大用之學」；實際上，這才是「為己之學」與「為人之學」，既為自己打算，也為人群設

想。（可參閱前講）近代學人絕少講到「為己之學」，都是講的「為人之學」，這是大有問題的。如果「為人之學」沒有「為己之學」作基礎，會怎麼樣？其結局是自私自利到極點，往往以為人作晃子達到攫取一己利益為目的。只有「為己之學」與「為人之學」打成一片，才是學問的整體，才有利而無弊。我的思想達到巔峰狀態，也是這兩套學問鑄成的。再深入分析，為人之學，就是「致用之學」，為己之學，則是「智慧之學」。為己之學在孔孟思想中並不十分顯著，到了宋明理學家才徹底完成。理學家所謂的「前知」、「前識」，佛道二家說的神通妙用，就是從這裡顯發出來的。這套學問的價值很大，作用無窮，最高境界可把哲學智慧融為一體，最低層次又可把科技知識結合起來，以鑄成學問的整體觀念。（現今流行的「整體觀念」，只是在科學範圍內把相互關聯的學問知識，加以融通，加以整合，範圍有限。）這項中國式的整體觀念，前人叫做「通識」，就是通人的識見。諸位是將來培育人才的教授（指北師大在座的研究生們），一定要懂得這一點。把中國這套深奧的哲理搞通了，並儘量汲取形而下的現代科技知識，就這兩方面的學問貫穿起來，即可鑄成學問的整體，比現今西方強調的整體觀念要高明得多。從這個角度來看，不但中國思想可與西方思想融

合起來，而且超勝西方的優越處也找出來了。

　　在中西思想對比之下，我們亦有超勝西方思想的優越處，這也是中國思想偉大價值之所在。中國思想的真相，即從這偉大價值中透顯出來。我畢生研究中國哲學思想，即走中國哲人的修證路線，並以證驗功夫為主要方法，再以考據、邏輯、比較等等為補助方法，才把中國思想的真相探得幾分出來，頗值得諸位同學參考。

# 第一講

## 「大器晚成」，細說從頭

各位同學，今天承蒙貴校邀請我來講學，我覺得很欣慰，也是個人的榮譽。我認為這是我應盡的道義和責任，同時我有一種使命感。我要講的是一部書，想借個機會把它完成。這部書的名稱叫做《我的治學心路歷程》。記得去年四月中旬訪問你們研究所時，我就談到這個問題，當時只是隨便講講，我這次是很有計劃很有系統地把它講出來。

這部書是我畢生治學心血的結晶，我非常珍視它。這裡面牽涉的都是中國思想問題。這是一個很嚴肅的課題。在正式開講以前，我想談談文學問題，輕鬆輕鬆，而這文學問題與我個人，和我這次講學都有密切的關係。我平生喜歡詩詞，也寫了一些詩，這裡有一首詩大概是十年前在臺北寫的，我認為很滿意，現在寫出來讓諸位看看：

> 叱吒風雲誤此生，黃粱夢醒一學人。
> 寒光朗照千秋業，贏得才女伴汗青。

很顯然的，這首詩的主人公就是我自己。另外還有一位女性，我封她為才女，當之無愧。她就是我的妻子張維學女士。

這首詩我自信可以代表我的抱負，代表我學術上的造詣，而且氣魄雄渾，令人有詩如其人的感覺。看了這首詩，讓大家對我這個人有個大型輪廓的了解。所謂「讀其書，不知其人，可乎？」我們先要知其人，怎麼辦呢？即從詩中表現的意境，就可知道這個人如何如何了。這也是我平生讀詩的一點經驗，一點心得。我這個人很隨和，絕對沒有道學先生的面孔。我有時也很浪漫，有時也狂放不羈，所以在風格上和很多學人不一樣。我把這首詩給諸位講了以後，現在書歸正傳。

　　先談談我這部書的重要性。在講述之前，我先給諸位介紹兩位很有名的前輩學者，和他們很著名的兩部書。第一位是馮友蘭先生，第二位是錢穆先生，這兩位前輩都跟我在學問上關係非常密切。回憶三、四十年代，馮先生在中國思想界是很了不起的風雲人物。當時新聞記者封他為「正統派哲學家。」他的著作很多，最有名的是《中國哲學史》。那時他在教清華大學。這部巨著大概於 1936 年上海商務印書館出版，精裝本，很美觀。我年輕時讀的就是這個版本，那是最初的版本。那時很年輕，實在不大懂，似懂非懂，自認為懂的其實還是不懂。五十多年後的今天，我又把這部名著仔細翻了翻，當然這個版本又不大一樣，那是 1956 年香港的翻版，紙已發黃快壞了，但我仍很耐心地把它從頭至尾讀了一

遍。我感覺以我今天的造詣來看馮先生的這部名著，問題多多，他對中國思想，尤其是老莊、佛學、宋明理學，這些中國思想裡最精深的東西，馮先生以西洋哲學的觀點來詮釋，似不無張冠李戴之嫌。我一面看，一面又嘆息。我總覺得這位當年在學術界了不起的風雲人物，怎麼會寫出這樣的著作呢？書的最後一章是廖季平。廖季平是我們四川人，清末民初的一位經師。實際上，我們今天看來他只是一位老學究，根本沒有什麼思想價值可言。只因馮氏當年識力不夠，才把廖季平拿來殿後。馮氏認為清末民初中國學術思想界的幾個重要人物，如康有為、譚嗣同、廖季平等等，以我們今天看來，都是大有商榷餘地的。

廖季平講完之後，馮氏這部書就結束了。馮氏把中國思想講來講去，講到最後就如此而已。書的結尾很洩氣，也可以說中國思想沒有什麼價值可言。所以馮先生這部書以我們今天的學術水平來看，實在令人置筆三嘆。這位大名鼎鼎的正統派哲學家寫書有問題啦！無怪乎牟宗三對這部書也大肆抨擊。另外，這部書最後審查有兩位名教授：一位是陳寅恪先生。陳先生到今天為止，還有很多學界人士對他特別的推崇。他對隋唐史研究是很出名的，他當時與馮先生一起教清華大學，他審查這部書的結果，非常敬佩馮先生的造詣。

的確，在民國三十年代中期，有這樣的一部書問世是很難得的。陳寅恪的文章，被馮氏多處引用，我才發現陳氏的功力，仍在佛學史料的考證方面，至於佛學思想的精微，陳氏似乎還不深入。

審查馮先生書的另外一位名教授，就是金岳霖先生。他是北大、清華的名教授，是治西方哲學的，對這部書也非常推崇。在三十、四十年代，我們中國的學術水平就是如此，當五十年後的今天，以我的造詣來看，一個最大的缺陷就是馮先生對中國儒、道、佛三家和宋明理學的核心思想不免誤解、曲解，因其運用西方哲學及邏輯觀念來解釋中國哲學，西化了中國哲學，也誤導了中國哲學。我很想寫一篇文章來批判，但是我現在沒有時間寫，我也不想寫，我在講書時順便提提就夠了。這是和我關係密切的第一位先生。

第二位有名的前輩就是錢穆先生。我要介紹他的名著《莊子纂箋》。這部書是集古今注解《莊子》之大成，洋洋大觀，錢先生自己當然很滿意。這部書當時銷路很廣，我看到的是第三版，由香港出版。這部書到底有什麼價值呢？研究《莊子》很不容易，一個是好多字太生澀太偏僻，今天我們都不認識。他引用了好多古注來解釋。還有字的音義與《莊子》的文義相配合的問題，讀了這部書後是很有幫助的。但

是有個問題，縱然把《莊子》文義理解了，莊子哲學，我可以說還是不太懂。就以錢先生來說，他對莊子哲學，我認為還是不深入，只看到表層。他引用了古今多少家的註釋，如裡面有北宋理學家邵雍的註釋，他在邵雍的名字下面加了一小段文字說明。他說：莊周跟邵雍一樣，都是觀物哲學。由他所說的觀物哲學，就可看出錢先生在這方面不夠深入。我這部書以後會談到理學，會談到老莊，也會談到佛學，到那時再講。

前面說的這兩部書是名著。錢先生被新聞記者封為「國學大師」，馮友蘭先生是「正統派哲學家」，尤其馮先生這部書，影響力太大，今天講中國哲學的人，大陸上我不清楚，臺灣與海外可以說大多數都受馮先生的影響。而且他這部書，據另外一位留法的朋友告訴我，早年由他的學生把它翻譯成英文，在歐美大量發行。因此，他這部書對歐美學術界亦具有相當影響力。歐美一些學界人士了解中國的思想，大概就根據馮友蘭的這部譯著，所以說它的影響力太大了。馮、錢二先生，在我年輕時代對我的影響非常大，所以我在開場白把他們特別提出來。

我這部書的第一講：「大器晚成」細說從頭。裡面有兩個重要人物，一個是馮友蘭，一個是錢穆，還有一個就是我

的內人。我把前面這些事情講了,我自己先來個總結。自信在研究宋明理學,中國哲學方面有我獨特的造詣。今天中國學術界,大陸上少一輩人我不清楚,臺灣的少一輩人我知道。在前輩先生當中,我自信有我獨特的造詣。今天我敢來你們研究所講學,我很自信,我有這個能耐。現在書歸正傳,就開始講吧!

我這部書共分十二講,每週講兩次,六週講完。第一講就是『大器晚成』,這不是自我宣傳,這是六十多年前我的老師鼓勵我的話。我前面講了這麼多話,主要在說明我這一生做學問,的確做得很艱苦,講了這些後,就容易入題了。不然的話,我一生做學問,我自己也說不清楚。我這一生對我影響最大的,第一位是我讀成都石室高中時的許經宣先生,第二位是馮友蘭先生,第三位是錢穆——錢賓四先生,第四位就是我的賢妻張維學女士。這四個人對我的學問關係非常重大。現在我一個一個地把他們講出來。為什麼要這麼講呢?現在是我的晚年,我把年輕時的往事跟今天的事結合起來,才發現一個人由青年而壯年而中年直到現在的晚年,要取得輝煌學術成就,的確很艱難,很不容易。尤其是當年老師鼓勵的一兩句話,可能影響這位青年的一生。這是我的經驗之談,我現在講出來,對諸位同學也許會有幫助。

　　首先我這裡要講的就是我當年讀成都石室中學的老師許經宣先生。許經宣先生是怎麼樣的一個人呢？他學歷不高，川東師範畢業，他的苦學精神值得敬佩。他到湖北去拜黃侃（黃季剛）為師，黃季剛是章太炎（章炳麟）的高足弟子，可惜三十四歲就去世了。許先生以後對《左傳》很有研究，寫了《左傳義別轉》一書，曾在四川大學教過書。我讀石室中學時，許先生任石室中學訓導主任，教我們的國文。成都石室中學歷史兩千年，為中華名校之一，始建於西漢武帝時期。石室中學文風鼎盛，學生很自由，像大學一般，當年我愛坐圖書館，讀了一年兵法，一邊讀，一邊抄，一年後下來，不知不覺國文程度大進。我寫作文是不打草稿的。高中學生寫文言文三千字，不打草稿是不容易的。因此，博得許老師的擊節讚賞。還記得有篇作文，題目自擬，我用韓愈〈進學解〉的話：「業精於勤，荒於嬉」為題，三千字交卷。許老師評語云：「大發偉論，不蹈恆蹊，非學有根柢者，曷克臻此！」此文校內轟動一時，相互傳觀。許老師對我說，我是他平生碰上的寫作文不打草稿的兩位同學之一，一位姓左，思想左傾，以後不見了。另一位就是我。於是對我期許極高，勉勵我『大器晚成』。這句話，他不是隨便講的，而是用來勉勵一個有為的學生。當年聽到這句激勵語，就銘記

在心，終生不忘。所以這句話對我的一生影響非常大。現在想來，許老師頗有「人倫之鑒」。此書如能傳世，那師以弟傳，平添文壇一段佳話，許師亦不朽矣。

第二位對我影響很大的，就是馮友蘭先生。我當年讀川大中文系。讀中文系的人，對哲學不見得都有興趣。我對哲學所以產生濃厚興趣，完全靠馮友蘭先生的指引。馮氏是河南人。他的祖父，前清翰林出身，頗有家學淵源。馮氏早年畢業於北京大學，後留學美國紐約的哥倫比亞大學，專攻西洋哲學。回國後任教河南大學。據說馮氏拙於口才，講話不靈光，但他的文章寫得好。以後又任教清華大學。在此期間，寫成名著《中國哲學史》一書。抗戰時期，又寫了《貞元六書》。這部書對抗戰時期民心士氣激勵很大，尤其是它的對象是委員長蔣介石先生。《貞元六書》（按：此書原名《貞下啟元之書》，抗戰勝利後，搜集整理，彙印出版，始名《貞元六書》）的第一部是《新原道》，即針對韓愈的《原道篇》而寫的。很明顯地，馮氏以繼承中國的道統思想自任，抱負不凡。第二部《新原人》似乎是針對唐代高僧圭峰宗密的《原人論》而作。其中把英雄人物列為天地境界，其次是聖賢境界，又次是功利境界，寓意深遠；第三部《新理學》很重要，這是馮氏哲學的本體論。他之所以稱為《新理學》，主要是

針對宋明理學而寫的。他認為宋明理學已舊了，特寫一本《新理學》來代替。這一點，馮先生是大有問題的。我可以說，馮氏對宋明理學並不甚了解。宋明理學中「理」字的最高意境，他一片茫然，他認為朱子說的「理」和他說的「理」，一般無二。實際上，只是他的一種誤解。馮氏根據他的誤解，才造出《新理學》來。他以圓為例，這個圓之所以為圓之理，即是理想之圓；這理想之圓，實際上是不存在的。這理想之圓，他稱之為「真際」（即真有此空間存在）。實際的圓，就是根據這個理想的圓畫出來的，我認為這是胡謅、是歪理，根本就不存在什麼理想的圓，如果沒有圓規的發明，這個圓是畫不出來的。這一歪理，又稱之為「新實在論」，是從宋明理學中推演出來的。他對朱子所說的「理」的最高層境，並不了解。依他天真的想法，這個「理」，只是一空空洞洞的觀念或意象，於是他所講的圓的「理」，即由此推演來。這一點，以後講到理學時，會有詳盡的剖析。

　　第四部《新知言》是根據孟子講「我知言」而提出來的。主要講述方法論和認識論的問題。至於另外的《新事論》和《新世訓》我認為是講事功的，其用意在規勸蔣委員長。有兩件大事可在此一提：一是指蔣委員長事必躬親，身兼七十餘職，他曾舉例說：趕馬車的人要把馬車趕得很好，就得讓

馬拖著馬車走，千萬不可下車來，自己拖著馬車走。這個比喻的意思，在規勸蔣委員長做全國領袖人物，要把下面的一切部署好，讓下屬去做事，各展其能，各盡其才，不可親自動手。第二件大事，也是針對蔣委員長說的。他把《水滸傳》中的宋江和王倫作了對比，王倫之所以失敗，主要因他私心太重，處處劃分心腹和非心腹，最後被部下殺了。宋江則不然，宋江之所以成功，因為他不分心腹和非心腹，凡梁山泊的人都是他的好兄弟，不分彼此，不分親疏，很得人心。宋江同時又很大方，不吝惜財物，大把大把銀子賞賜有功兄弟。宋江之所以成功，完全由於他大公無私，胸襟寬大，能容人容物，王倫正好相反，結果失敗被殺。這仍是針對蔣委員長而發的，因為蔣氏作風無異王倫的翻版。馮氏這些見解，有其至理存焉，值得領袖人物的重視。

第三位與我學問關係密切的就是錢賓四先生。錢賓四和馮友蘭不同，他們治理學路線絕對相左，我受錢氏啟迪頗多。錢穆，江蘇無錫人，初中讀了一年，正值民國元年武昌起義，出來教小學。他是苦學出身的。民初苦學出生知名於世的，還有梁漱溟和熊十力，他們三人之崛起與蔡元培都有密切關係。錢氏著作等身，以史學最為著名。關於思想史方面，有《中國思想史》及《宋明理學》等書，他的《宋明理

學》，詣境有限，但亦有過人之處。錢、馮二先生治學路徑全然不同，馮氏以西方邏輯來推衍宋明理學，他認為由此可以導入中國哲學之門。然而，這條路子走不通，因為他對宋明理學似乎茫無所知。而錢穆就不同了，錢氏拋棄邏輯路線，重視理學思想淵源。他對黃宗羲、全祖望兩位理學化的史學家極為推崇，因為黃、全二氏就是研究宋明理學思想路線的。由此理學一變而為史學。他們研究的，是宋明思想史或學術史，並非理學之本身。因此，他們對理學的造詣還是有限，尤以走程朱路線的全謝山為然。但是他們的方法路線完全採用宋明理學家的。錢氏正沿著這條路子走去，他書中講的許多話，其實都是宋明理學家們講過的。我們看錢氏這方面的著作，即可發現他的理解不夠深入。他似乎還在理學邊緣徘徊。理學大門被他敲開了，可是他未走進去，只在宮牆外面張望而已。因此，他的著作，多有避重就輕之嫌，碰上深奧哲理，多閃爍其詞。所以牟宗三批評他：錢先生，不要講理學、講中國思想，還是講你的史學吧！可謂一語中的。我早年跟著錢穆路線走，以後才發現問題重重。如對王陽明的《傳習錄》，他的解釋就有問題了。王陽明的《傳習錄》，的確很重要，但也很難懂，裡面有很多深奧的哲理，錢氏多避而不談。所以如此，我認為即因錢氏還在理學大門

之外徘徊，還沒有走進去。因此凡是理學中較深奧的東西，
錢氏很少提及；即使偶爾提到，不是視為怪論，便是以驚訝
語帶過去，避而不談。為什麼？因他還在理學大門外徘徊，
造詣實在太有限了。然而他治理學的路線，卻是跟著黃、全
路線走的，這正是宋明理學家的路線。

　我之所以敬佩錢先生，因為我走宋明儒的路線，就是由
他引我入門的。我之所以批評錢先生，完全由於學術的原
因，站在學術的立場，不得不如此。我發現他的缺失就應指
出來，是為今人和後人設想的。尤其是讓後代中國學人要了
解前人的學術思想的詣境，不得不由另一學人公正地批評，
指出其優長及缺失之所在。我認為這在學術思想上是很有價
值的。

　再說到馮友蘭治學的方式。馮氏的邏輯路線與宋明儒的
路線是相反的，所以他所講的宋明理學，實在太離譜，是不
著邊際的。錢穆是打開了理學的大門，但他還沒有走進去，
遑論登堂入室。而我呢？就是沿著錢穆打開的大門往裡面走
的。至於如何走法？後面各個講題都會提到。明白了這一
點，對研究中國哲學和西方哲學都是有幫助的。

　我們研究西方哲學，對唯心論、唯物論了解後，可以把
它們與中國理學中的本體、佛學中的本體、老莊哲學的本體

或『道』等比較對觀，即可發現，治西方哲學比較容易，治中國哲學就很難了。西方哲學從邏輯入手，可了解其意義，中國哲學卻不是用邏輯方法可以明白的。馮友蘭就是一個例子。還有臺灣的牟宗三先生，被推崇為「哲學大師」，他是目空一切的。牟氏用邏輯方法探究、詮釋中國哲學，雖然比馮友蘭深入得多，但是以我的造詣來看，卻又發現牟氏問題多多，因為他有些東西實在講得太離譜，我為他惋惜。怎麼「哲學大師」可以這麼講呢？明年來講王陽明哲學時，就會提到牟宗三。

　　我對錢穆的史學著作，用了不少功夫，對他講的理學，我用的功夫更多。從小學開始，讀書很用功，現在快八十歲了，自信還是很用功的。我用功到什麼程度，說出來大家就會明白了。我坐火車，看錢穆的史學書入神了，以致忘記下車，直到發現時，早已過了幾個站，無可奈何，只得匆匆下車，改搭下一班火車返回換車地，然後再轉車回家。由這個故事可以說明我用心很專，忘了下車。古人說，讀書有三上：馬上、枕上和廁上，我都做到了。此外，我也喜歡思考問題，一些很深的問題常常困擾著我，獨自一人在深夜裡漫步校園中，我不是欣賞夜景，而是在思索問題。苦思之後，問題不得其解。一夜陡然發生頭頂鑽痛，鑽痛部份，頓成白髮。頭

頂為何成螺旋型的鑽痛？我去問醫生。醫生說是用腦過度。後來滿頭白髮已成老翁了。我這樣用功研究錢穆的著作，才發現了很多問題。於是想把錢氏諸書收集起來，組成一套完整的思想體系。但回頭一想，還是不能這樣做；如果這樣做了，最多不過作錢穆的高足弟子，這樣做，絕不甘心。我想要自創一派，獨樹一幟，我要在學術上有獨特成就，絕不跟著錢穆走。當年我只有三十多歲，就有這番雄心壯志，這和現今的年輕人行徑頗不一致。有位臺灣大學哲學研究所畢業的青年朋友某君，去德國留學前，特來舍間拜訪，我對他說：方東美先生是你最敬佩的老師，你們今天看他高不可攀，只要你下十年苦功夫，照我的方法做去，十年後看法就不同了。再繼續努力下去，一定青出於藍，勝過你的老師。所以，如果想要在學術上有獨特成就，非得下苦功不可。不管什麼大師、權威，如果沒有獨特成就，在歷史長河裡是很難站住腳的。當然，我們也不是要把前人推倒，而是盡量吸取前人研究的成果，再兼收並蓄，取其長而去其短，把各方面的東西融合起來，就會發現一條你要走的路。而這條道路又是與你同時代的學人沒有走過的。這就是你高人數籌之所在。這麼一來，就可能獨樹一幟，創出你自己的學派，形成你自己的學風。

就我個人來說，我對理學、佛學、老莊，乃至整個中國思想的研究，最基本的方法是從錢穆入手的。中國思想重在講功夫，講體驗功夫，這與西方重邏輯的方法截然不同，所以中國的「證悟」、「體悟」或「修證」等方法是我最主要的方法。那麼馮友蘭的邏輯推理我要不要呢？我認為馮友蘭的邏輯推理還是很有用處的。當你把一些高深的哲理或哲學思想懂得過後，就要設法使它條理化，使它顯得更加清楚明白，尤其是要使它概念清晰，定義明確，最後運筆為文，著成專書，一條一條要表述得清清楚楚，那就非用邏輯不可，所以，我不反對邏輯方法。我寫文章自信很有條理，其原因在此，就是運用了邏輯方法。當然，最初探討、理解那些高深哲理時，我是不採用邏輯方法的，而是用宋明儒的功夫或方法體認出來的。當徹底明白後，腦子裡好像一團亂麻似的，這時就要用邏輯來推理了。在治學過程中，邏輯推理的方法對我的幫助是很大的。

另外，有些哲理由於我們的功夫不到家，可能還不大理解，那就運用歷史比較研究的方法。如對中國哲學和西方哲學來說，當你對中國哲學了解得很深入了，同時對西方哲學也有深度的理解，這時可將二者加以比較，就會發現中西哲學所講的本體截然不同。這是一個絕大的發現，千萬不可等

閒視之。有此絕大的發現，近人對中國哲學本體的誤解，便可徹底澄清。我對某些大師學人持反對意見，即植基於此。此外，影響哲學的，還有文學的素養，因為哲學文章一般都較枯澀，我出身中文系，故對文學素養很重視。我喜歡詩詞，不光是讀，興到神來，也寫一些小詩。我寫文章講求流暢，講求生動，只要不失哲學原意，我都會運用文學手法來加以表達。我認為，寫文章是給別人看的，不是給自己看的。假如一篇文章看起來很枯澀、很頭痛，我會把它扔掉。如果一篇文章讀起來很流暢、很清新，我會喜歡它的。這就是今天所說的文章的『可讀性』。

第四個與我關係密切的人，同時也是大力支持我的人，就是我的賢妻張維學女士。張女士聰慧過人，具有異於常人的稟賦，而且獨具慧眼，有過目不忘的本領。遇事總有她自己獨特的見解，這使我由衷的佩服。我認識她時正值錦瑟年華，只有二十四歲，一天她勸我說：「一個人成功有兩個時期，第一個時期是二十到三十歲，你現在已經過去了；第二個時期是三十到四十歲，正是你有為的階段，你能夠奮鬥十年，將來你無論在學術上或事業上，一定會有你的成就。如果你再晃過去了，等到四十歲以後，有妻子、兒女，有了家累，你怎能再有時間和精力，來完成你的學術或事業呢？所

以說到四十歲以後還想獲得很大的成就，是很困難的，甚至是不可能的。」她的這番話對我影響很大，我聽了非常驚訝，因為她當時只有二十四歲呀！以二十四歲的少女能夠有這樣的見解，真是不簡單啊！加上她並沒有很高的學歷，她不過是重慶師範畢業，就有這樣的見解，實在令我五體投地的佩服。她講的這番話，我銘記在心，終生不忘。

另外，關於她的聰明智慧，我講一個故事給大家聽聽。她本人長得相當漂亮，她也喜歡穿漂亮的衣服，雖然沒有學過洋裁，但她自己會做衣服。當年住臺中市郊區，去臺中市逛街時，無論太太小姐穿著流行的衣服，或櫥窗裡掛著漂亮的衣服，只要瞄一眼，她就記得那衣服的樣式，回家後就用鉛筆在紙板上畫下衣服的樣式，然後慢慢思索著剪出樣式來，先用粗布試剪，剪好、紮好，覺得與原樣不差，於是去買精緻的衣料，正式剪裁，很快新衣服就做好了。所以她看見流行的衣服，兩三天後就穿出來了。她聰明絕頂，在仕女群中是不多見的。

還有，她具有超人的記憶力，我再給大家講個故事來說明。大概是 1955 年的事吧。那時香港邵氏公司拍攝一部電影叫《楊乃武與小白菜》，近年來，大陸和香港紛紛拍成電視劇，喜愛的觀眾不少。當時那部影片由兩個著名的演員主

演：一個是英俊小生黃河演楊乃武，一個是美艷女星李麗華演小白菜。轟動一時，觀眾如潮。一天約我的心上人去看《楊乃武與小白菜》，當電影接近尾聲時，楊乃武出獄後，小白菜已經削髮為尼了。楊乃武回到故鄉，回首前塵，不勝唏噓。於是寫詩道：

> 小陌依依憶往年，桃花如夢柳如煙。
>
> 夕陽紅似離人淚，宣武城頭春可憐。

這是一首七言絕句，不論是楊乃武寫的，還是編劇寫的，或者是《楊乃武與小白菜》彈詞作者寫的，我們不去管它，我認為這首詩的確寫得好，楊乃武當時的心境、情感和情景交融的景物，詩都表達出來了，委實令人感動，我很喜歡它。可是，我的記憶力差，只能記上一兩句，我這位過目不忘的心上人就不一樣了，字幕放過，全部記得。電影結束時，我問她，她就把這首詩念出來，一字不差。過一會兒我又忘了，她又念一遍。記得當時我還用紙片把它記下來，幾年過後，我抄的紙片也找不到了，但她仍然記得清清楚楚，一字不忘。由這個故事就可以說明我的那一半，她的聰明智慧是超乎常人的。

她有一對大眼睛，黑白分明，黑眼珠發光，炯炯逼人，宛如「夜貓子」一般，生來一副智慧相，也是聰明的表徵。

在別人看來，總覺得她的眼睛有股殺氣似的。我曾對我的朋友吳君說，我這位太太，如果當政的話，就是今天的慈禧太后了。因其聰明智慧超乎一般女性，我們社區裡好些大學出生的女士，也常常向她請教。加上她貌美，神情酷似影星林黛，所以一般婦女們都喊『看林黛』。還有她的另一聰明智慧，預知壽命之休短，也是不可解的。她有多長的壽命，她預先知道。她曾經給我講述少年時代的故事，她說她十三歲時，一夜在夢中見到她的祖母，屋宇金璧輝煌，宛如宮殿一般。（她的祖母是位女強人，五十多歲去逝，性格跟她很相似）。她的祖母對她說：「么兒，過來我抱抱。」她說：「婆婆，你是死了的，我不要你抱。」於是她的祖母慍慍地說：「你也是要死的。」「你怎麼知道呢？」「你二公在法庭上當秘書，我從他那本簿子上看到的，十六加十七。」至此夢就醒了。她仔細琢磨，自己的壽命不是三十三歲嗎？她告訴我說，有人替她死了，她還會活下去。以她的聰明智慧，配合我的堅強毅力，才有我今天學術上的成就。而她預知壽命六十六，也就言中了。

　　還有她對我說：「她十二歲讀小學時，就有『環遊世界』的夢想。」我回答：「我讀小學時，只在地理課本上知道『世界』這個名詞，那能想得這麼遠囉！」結果她的夢想成真，

你們說奇怪不奇怪？她最特出的，是長於治家和理財。家庭生活不虞匱乏，由小康而富裕，兒女個個教育成人，都是她的功勞。她對家庭有了不起的貢獻，我自愧不如她。

夫妻情感再好，日常生活發生衝突矛盾，總是難免的。她的血型是Ｂ型，我的是Ａ型，一般來說，Ｂ型的人比較重實際，Ａ型的人比較重理想，因此，我們在現實問題上往往會發生一些不可避免的矛盾和衝突，也就是說理想和現實常相齟齬。有了矛盾和衝突，我有自己的原則和處理方法。夫妻爭吵，總有一方不是，只要一方能忍讓一點就沒事了。因此，我對她總是採取一種忍讓和包容的態度，我內心很敬重她。不管怎麼爭論，我始終認為她是一位傑出的女性。我要千忍萬忍，大度包容。這種高度容忍的精神，我稱之為「百忍圖成。」

俗語說：「恩愛夫妻不白頭。」我的夫人已離我而去，三年前，她剛好六十六歲就去世了，我非常悲慟。她有遺言要葬在美國。我和兒子遵照她的遺言，埋骨於舊金山聖馬刁市之百齡園。她生前對兒子疼愛有加，她去世後，兒子悲慟已極，我也時時很難過。她去世的頭一年，除了寫幾首悼念詩篇外，什麼也沒做。悼亡詩五首，茲錄如次。

（一）

週六上墳心沉沉，園中古柏何森森？

鮮花漸淚兒長跪，碧海青天母子情。

（二）

慘慘悽悽拜新墳，百齡園內冷清清。

耳邊難耐狂風吼，何處遺蹤覓玉人？

（三）

驅車迤邐渡關山，芳草茵茵碧連天。

母病回臺空遺憾，痴兒飲泣跪墳前。

（四）

茫茫生死兩堪哀，半載頻頻入夢來？

醉飲痴兒無限憾，哭聲動地喚母迴。

（五）

孤懸高臺萬重山，煙波浩渺無窮天。

長眠福地如卿願，父子哀思立墳前。

想到生前夫妻的恩情和生活中的點點滴滴，不禁使人悲從中來，很難做到「泰上忘情」。

我一生敬佩的三位先生和一位女士，都已先後作古，回首前塵往事，難免不無悲愴之情。許經宣先生勉我「大器晚成」，影響我的一生。馮友蘭先生導我入哲學之門，至今仍

念念不忘。錢賓四先生敲開理學之大門，使我登堂入室。賢
妻張維學女士伴我一生，也恩愛一生，戰鬥一生，激勵我百
忍圖成。我在學術上如有獨特的成就，他們和她都是我的良
師益友。馮、錢二先生早已名垂青史，許經宣先生得師以弟
傳，而維學才女伴汗青，亦可以不朽矣！

賢妻張維學女士

# 第二講

# 另闢蹊徑，難關重重

　　各位同學，上次講的，是我五十年前怎樣做學問？怎樣跟大師們接觸？又怎樣發現種種難題？那時年輕氣盛，雄心萬丈，志氣恢宏，總想超越大師。我就不服氣，大師在我面前沒有什麼了不起，我不佩服權威學人。我有萬丈雄心，總想在學術上獨樹一幟，絕不跟著大師們走，那我該怎麼做呢？唯一的有效方法，就是要在學術造詣上超越他們，非但高人一等，而且更要高人數等。這樣，就可達到超越的目的了。因此，大師們在我的心目中，也只是平平常常的一個人，沒有什麼了不起；學術權威嗎？也一視同仁，不分高下。

　　諸位，在你們看來，什麼名教授、什麼大師、什麼學術權威，好像一座山似的，不可動搖；但是，在我看來，就不一樣了。

　　我不是不敬重他們。我敬重他們的人格，肯定他們的治學精神，但我對他們的學術造詣表示懷疑。對他們的學術成就，我要採取懷疑態度，甚至採取否定態度。我不會迷信古

人，也不會盲從今人，我要走我自己的治學路線，這就是我治學的基本態度。

我上次講到兩位大師，一位是馮友蘭先生，一位是錢穆——錢賓四先生。馮友蘭先生在北大講學幾十年，因為政治上的影響，處境很難，他在北大的情況，海外人士非常了解。但是，他受政治影響是一回事，他的學術地位始終很高、很高呀！（由於政治因素，臺灣學術界不大提他。）略懂中國思想文化的西方人都很崇拜他，因為他的名著《中國哲學史》英譯本早年在歐美發行，影響力很大。海外的中國學人和歐美人士都很推崇他。

馮氏《中國哲學史新編》，我們在海外早有所聞。最末一卷為全書之總結，至今仍未在大陸出版發行。年前據有關消息，馮氏《中國哲學史新編》的總結，強調中國須要實行民主，此外，什麼也沒有講。在我看來，還是脫離不了「五四運動」那一套，我不敢苟同。馮先生做了一輩子學問，竟得如此結局，我不免為他慨嘆，為他惋惜！然而在歐美學術界卻有他的影響力啊！

幾年前，馮先生大概已屆九二高齡，榮獲他的母校紐約哥倫比亞大學頒贈的榮譽博士學位，是他女兒陪他去的。這可證明他在美國學術界的影響力。

　　美國學術界對馮友蘭這麼尊重，自然有其原因；但在我看來，對他的學問卻不敢恭維。我是他的私塾弟子，生前沒有機會向他請益，也沒有機會和他通信。若我有機會和他見面或通信，我會跟他說：馮先生，你的著作有問題呀！我要給他指出來。縱使面對前輩先生或權威學者，除了表示敬意外，我們應該有自己的見解，敢於提出問題來。從三四十年代以來，在中國學術界始終有他的地位，對馮氏著作提出不同見解的人，實在不多啊！

　　就我所知，凡是北大畢業的，以後作教授，他們講中國哲學、講《老子》、《莊子》，都是根據馮友蘭的基本觀念來講的，從未提出不同的見解。我認為學術是天下公器，是非得失，自有定評。學術是不講人情的。雖然馮先生在中國學術界有他的影響力，但是，我對他的一些哲學觀點和見解，始終不敢苟同，始終持否定的態度。

　　還有一位大師，就是胡適之先生，我對他的學術態度也是一樣。記得讀小學時，國語課本上就讀到他的名句：「學問要如金字塔，又要博來又要高。」這兩句白話詩，當時青年人大都知道，可見其影響力之大。據我的了解，胡先生的學問非常淵博，這是海內外學人都公認的。但他因受方法的限制，學問還沒達到精深的地步。因此，不管他是什麼大師

也罷，什麼學術權威也罷（例如胡適之先生縱然擁有卅幾個榮譽博士頭銜，但他的學問的精深面是大有問題的。），只要認為他們的學術造詣有值得懷疑的地方，就要提出來，千萬不可迷信權威。

剛才講了，胡適之先生的治學方法不夠完整！怎麼不夠完整呢？民國初年，胡適之即任教北京大學，曾寫《中國哲學史》上卷。上卷出版後，還有中卷、下卷沒有寫出來。直到胡氏中晚年，駐美大使回國，抗戰勝利，出任北大校長，有人問他：「胡先生，幾十年啦！你的那部《中國哲學史》上卷早已出版，中卷、下卷更待何時出版呢？」他回答說：「難囉！隋唐佛學我不懂，宋明理學我不懂，怎麼寫下去？」此時，胡適快近六十了，他很坦白寫不出來。這是胡先生的率真處、可貴處。同時又說明了胡適對中國哲學如老莊、佛學、宋明理學等，最多只知道一點毛皮，他的《中國哲學史》中下卷怎麼續得下去？他的學問尺度是：「學問要如金字塔，又要博來又要高。」他的學問很淵博，但不夠精深啊！

由於胡適之在大陸時代倡導民主自由思想，中共對他評價很低；但在臺灣、在美國，仍然是很有聲響的。他曾做過國府中央研究院院長，可見蔣介石先生對他禮遇之一斑。現在單就胡先生的學問來講，是博而不精的。縱然他擁有卅幾

個榮譽博士頭銜，可謂集榮譽於一身，在近代中國學人裡無出其右者，然而他的學問不夠精深，又是無可彌補的缺陷。

另外，還有一位大師，大家對他很熟悉，就是陳寅恪先生。據北京友人告訴我說：「陳寅恪的聲望近年已在馮友蘭之上。」對陳寅恪這位大師，我不太清楚。他以研究隋唐史著稱。他的名著《隋唐史稿》，我沒看過，但馮友蘭的《中國哲學史》有關隋唐佛學部份，有好幾處引用陳寅恪的文章，我都仔細讀過。陳寅恪這位先生，很了不起，據說，他懂幾國語言，到現在為止，他的聲望還是很高。他一直在清華大學、北京大學教書，過後又去嶺南大學任教。他六十左右，不幸雙目失明。據海外報導，他雙目失明後，仍然在嶺南大學講學不輟。

隋唐史最突出的是佛學，陳寅恪精研隋唐史，他這方面的功力到底在哪裡呢？我認為主要在考據方面。佛家有關文獻，他考據很多，下過很深的功夫，我從馮友蘭的著作引文中看出來。但是，他對佛家的核心思想，似乎只知其表層。他對佛家的「真如本體」、「理法界」，以及禪宗的哲理，似乎知得很有限。

馮友蘭、錢賓四、陳寅恪等等，都是大師級學人，都是我的前輩先生，極負盛名的。這些前輩學人，窮其一生之力

做學問，我很佩服，他們有他們的成就；但以我今天的學術水平來衡量，他們的學術造詣在某方面，仍然問題很多。我本來不該求全責備，論其是非短長，但好友吳自甦教授曾對我說：「林兄，你的年紀這麼大了，你的造詣又這麼高，你該寫些評論文章，你該講話了。你若不寫，那後代學人看不出前輩做學問究竟達到什麼程度？後代學人對這個時代就無法評斷誰是誰非。以你的學術造詣來公平論斷這些前輩學人造詣怎麼樣？把人情包袱摘掉，純從學術上作客觀公正的評價，不講人情，這對當代學人、對後代學人，都有貢獻和助益。這才是對學術的負責態度。」這位好友的建議，我只好勉力以從。我對學術的態度，是就事論事，對什麼大師、什麼權威，我是不講人情的。年輕時代，我對他們很佩服，現在可不同了。他們的人格，我很敬重，但在學問上不敢苟同。比如學生對老師要尊敬，但學生對老師的尊敬和學問的探討是兩回事。講到學問，可以說老師未必處處皆對；有不對處要批評，需要懷疑的地方要懷疑。比如我們講錢穆，我們就該指出錢先生的缺失在哪裡？問題的癥結又在哪裡！可以明白指出：「錢先生，你哪裡哪裡講錯了……」他去世好幾年了，他今天若健在，我會指出其缺失，糾正其錯誤，想必他也沒話可說。所以在學術造詣上，希望弟子趕上老

師，我希望你們將來比老師強呀！所謂「師高弟子強」嘛！要一代比一代強，要「青出於藍而勝於藍」，那學術才能不斷進步嘛！

我的學問如前面所講，是從錢穆入門的。對錢氏之學，我下了不少功夫。我暗暗自忖，我再這樣下去，將來最多只能作錢穆的高足弟子，但我是不甘心的。我要獨樹一幟，我要創自己的學風，在學術上有自己獨特的見解。我那時卅來歲，雄心勃勃，豪氣干雲，要一心開創自己的學術天地，就這樣，我背離了錢先生，走我自己的學術路線，找出做學問的門徑來。所以第二講講題叫〈另闢蹊徑，難關重重〉。雖然氣魄雄偉，鬥志昂揚，實際上，這只是一種精神激勵作用，要徹底做起來，絕非易事。因此，難關重重，的確很難！很難！究竟難到什麼程度呢？我在講題綱要裡已經標示出來了。等講到時，再作說明。

正如前面所說，我的學問是由錢賓四入門。錢賓四學無師承，苦學出身，初中只讀一年。民國元年武昌起義，他就開始教書了。先教小學，再教中學、師範，又教燕京大學。之後又任教清華、北大。此人出身很特別，全靠苦學，才能成為中國近代有名的史學家。錢穆在學術界與梁漱溟、熊十力齊名，他們的自學背景也類似。

梁漱溟，中學讀了五年，相當於專科畢業。民國元年武昌起義時，梁漱溟參加革命運動。後來不革命了，專門閉戶讀書，潛心佛學。幾年有得，寫了一本佛學著作。那時蔡元培任北大校長，胡適留美回國，任文學院院長（一說陳獨秀任文學院院長）有人向蔡元培推薦梁漱溟這本佛學著作，蔡元培不懂佛學，便把書交給胡適，胡適極為重視，於是梁漱溟就教北大了。

蔡元培任北大校長，倡導自由學風，成為北大的優良傳統。蔡元培，前清進士出身，留學德國。曾做北方政府教育總長，後任北大校長。蔡元培因倡自由學風，在學術上沒有偏見，什麼中學、西學，他都能接受。不論學歷高低，只要在學術上有造詣的，他都歡迎去北大任教。這就是蔡元培的學術自由作風。像長辮子教授辜鴻銘，海軍出身的嚴復，搞變法維新的梁啟超，自學有成的王國維，還有清末經師劉師培，以及外國留學的胡適等等，都歡迎去北大任教。梁漱溟就在這種自由學風下，才進北大教書的。

還有梁漱溟跟你們的毛主席也有關係哩！據說毛澤東的岳父楊濟昌，即楊開慧的父親，他教長沙師範時，就賞識毛澤東的才華。後來楊濟昌教北大，毛澤東隨著到了北京。楊濟昌兼北大圖書館館長，毛澤東當圖書館管理員。那時胡

適之已名滿天下，毛澤東則籍籍無名。卅幾年後，胡適之回臺灣，一次去臺中演講，正值毛澤東逼迫胡適的兒子鬥爭胡適的時候，胡適憋不住了，在演講時脫口而出：「我教北大時，毛澤東還是我的旁聽生嘞！」這段歷史，胡適不講出來，我們也不知道。胡適並未挖苦你們毛主席，只是在講歷史。那梁漱溟與楊濟昌又有什麼關係呢？據說，楊濟昌和梁漱溟關係密切，梁經常去楊家做客。這時毛澤東正在楊家看大門，還未作楊家女婿，當然，梁漱溟沒把毛澤東放在眼裡。哪曉得廿幾年後，毛澤東成了中共的領導人，梁漱溟卻在他下面擔任什麼政協委員。所以說，人事滄桑，世事難料囉！

另外，熊十力跟毛澤東也有密切關係。熊十力也參加過武昌起義的革命運動。他小學畢業，鑽研禪學，從參禪功夫入門。金陵佛學院院長歐陽竟無罵他是「野狐禪」。後來又研究「唯識學」，著《新唯識論》一書，頗多創見，於是熊十力跟梁漱溟一樣，也去北大教書了。後來熊十力又教北師大。臺灣有位同鄉前輩周開慶先生，唸過北師大。他說：「當年熊十力在北師大教書時，老是對我們說：『做學問，一定要用笨功，不能投機取巧。用笨功、笨功，學問才會有成就。』我們今天看來，熊十力的笨功並不笨呀！做學問，唯有下番苦功夫，才能有自己的成就。」

熊十力跟毛澤東有什麼關係呢？據周開慶先生說，熊十力是毛澤東的老師，我本來不知道，經他說明後，熊、毛關係也非泛泛了。他說，大陸失守，熊十力不願留在北京，直奔廣州，轉香港避難。那知熊奔廣州消息走漏，毛澤東即派林彪前去攔截。經過一番折騰，熊老師前，熊老師後，才把熊十力從廣州接回來。林彪在漢口開歡迎大會，歡迎熊老先生榮歸故里，隨後即護送回北京，仍在北大講學。毛澤東對熊十力非常禮遇。據說，當時全國工資毛澤東最高，每月拿人民幣四百元。那時人民幣四百元很值錢囉！全國上下只有熊十力和毛澤東拿同樣的工資，可見毛對熊敬重之一斑。毛澤東是具有慧眼的。熊十力的佛學造詣高深，才博得毛澤東這麼敬重。毛澤東拜熊十力為師，也由這個故事而來。據大陸友人告知，毛澤東鬥垮了很多名教授，但對熊十力始終很禮遇，問題就不簡單了。

比梁漱溟、熊十力較晚的錢穆——錢賓四又是怎樣崛起呢？他的處女作叫〈劉向歆父子年譜〉，這是一篇考據文章，跟思想沒有多大關連。這篇文章發表後，博得北大教授顧頡剛的賞識，引起當時考據學者的注意。因此，錢穆由教小學而中學、師範，跳到燕大、北大，成為一代學人。他的名著《先秦諸子繫年》，也是一本考據學的書，是他教北大時寫

的，顧頡剛極為賞識，錢氏聲譽雀起，可謂壯年有成。這部書的確很有價值。他把先秦諸子如孔子、老子、墨子、孟子、莊子、荀子以及法家、兵家到戰國末期所有重要人物的事跡，都有詳實考證。今天我們要明白先秦時期這些人物的事跡、年代、學術淵源等，是很有參考價值的。所以這部書一出來，錢穆就作北大教授了。

說來也奇怪，熊十力跟毛澤東關係密切，錢穆跟蔣介石的關係也非泛泛。幾年前我在臺北問香港新亞書院退休教務長程兆熊先生，我說：「程先生，你在新亞書院教書多年，錢先生和蔣總統的關係，你一定很清楚，說說看。」他回答：「錢穆曾寫《國史大綱》一書，獲得國民黨的青睞。因為這部書極端反對滿清王朝，擁護國民革命，遙承明末遺老反清復明的革命路線，與孫中山的思想吻合。孫中山逝世後，他自然擁護蔣介石。蔣氏很看重錢穆這部書，所以他們的關係就密切了。以後錢穆在香港辦新亞書院，蔣給以財力支持。這樣，他們的關係就更密切了。」難怪吳稚輝去世後，蔣經國又拜錢穆為師。蔣經國做了臺灣總統，特聘錢穆為資政。資政的頭銜可不小，類似宋朝的「參資政事」，也就是副宰相。因其不過問朝政，又稱「中山宰相」。在近代學人中，跟國府關係之密切，禮遇之優渥，地位之特殊，錢穆算是第

一人。

現在回頭來講錢穆的學問。如起先所講，錢穆的基本學問是考據，深入的是史學。由於是史學，他研究的宋明理學，是走黃梨洲、全謝山路線。黃、全合著的《宋元學案》為宋元學術史或哲學史，正是錢氏史學的焦點。然而黃梨洲、全謝山又怎麼樣呢？黃梨洲的老師是劉宗周（又稱蕺山先生）。劉蕺山為明末理學大師，走陸王路線，造詣很高，黃梨洲就比他的老師差遠了。黃梨洲擅長寫學術史，如前面說的《宋元學案》，就是他和稍後的全謝山合作寫成的。黃梨洲跟乃師一般，也走陸王路線，可惜造詣有限；全謝山則走程朱路線（全氏進士出身，與朱子學有密切關連。）造詣更差。我在近著《宋學探微》一書中，對全氏多有微詞。

錢穆走黃、全路線，其結果如何？我們就不難想像了。錢穆的學問，可稱為「通人之學」。他把理學中各個不同意義的理字歸納為理境的四個層次，即天理、人理、事理與物理，簡稱「天人事物」之理。理學家不是常常講「天理」嗎？這是理學中理字的最高層境，也是理學的基本定義。次之為「人理」，屬於今天的人文科學。又次為「事理」，屬於今天的社會科學。最低層境的是「物理」，屬於今天的自然科學。融合天人事物之理為一思想整體的，就是錢穆的「通人

之學」。他講「經史子集」四部時，便是藉用理學中的「理」字所含各個意義來歸納的。這樣歸納為四個理境層次，把宇宙人生一切學問統統包括進去了，並融合成一個學問的整體，才鑄成了錢氏的通人之學。我汲取過來，儘量加以發揮，作為這次講學的總結，便成了我的通人之學。通人與專家相對。專家只懂一門學問，通人則不然，他能把各門學問融合起來，什麼都懂得一些，並以高深的哲學作主導，才能鑄成通人之學。

今天看來，專家只懂自己的專業知識，對其它行不懂。通人則不然，他能把各門學問融會貫通，找出它們之間的相互關連，以及各自的功能、作用和重要性等，這叫做「通識」。專家只研究一門學問，其他都不懂，所謂「見樹不見林」，正是指專家說的。但專家有其重要性，絕對不可缺少，尤其在今日分科細密、研究專精的科學時代，各行專家更居於重要位置。但需在通人的領導之下，各行專家才能發揮其最大功能和效果。譬如一所大學吧！學問很複雜，院系很多，學生上萬人，師資需要量龐大，如何能把這所大學辦好，很難！很難！進而要求文科與理科並重，求其均衡發展，更難。如果校長是個通人，他能把各門學問融合，貫通起來，才能領導這所大學作最有效的發展。假如一位專家來當校長，只懂

一門學問，別的東西不懂，就容易產生偏見。假如他對理工很重視，而對哲學、史學、文學、藝術等往往忽略，就不是一位好校長。一位通人的看法則不然，縱然他不深入理工，但知理工的重要性，如文學院、法學院、商學院、理學院、工學院、農學院、醫學院等等，都有其重要性，要作均衡的發展，不致有偏見。我這項見解怎麼來的？就是從錢穆思想轉化出來的。通人固然重要，專家也同樣重要，二者缺一不可。錢先生講通人之學，卻是史學專家。他講通人之學時，揭出「專業化的通才」，最具識見。

　　而今天的講題是，〈另闢蹊徑，難關重重。〉錢先生是通人，我當年最佩服他，但是，我還是要開闢自己的路線，離開錢氏路線而獨樹一幟。可是真要這麼做，實在很難啊！諸位，試想想，一個人要在學術上開闢自己的路線，成一家言，不依門傍戶，是很難很難的呀！你們現在很年輕，我相信你們還不懂，你們並未碰上這種種難題，不會有我當年「四處碰壁」的苦況。我當年如何碰上這種種難題呢？先從懷疑著手。諸位同學，你們勤學固然很重要，持懷疑態度同樣重要。正如南宋理學家陸象山所說：「小疑則小進，大疑則大進。」就是教我們做學問要抱持懷疑態度。你若從小處懷疑，就有小的收穫；從大處懷疑，就有大的收穫。象山這句話，

對後代學人頗有啟發，我亦深受其影響。我是從懷疑入手的，才有今天的造詣。

我在前面說過，我是從錢穆的理學入門的，發現了很多難題；難題從哪裡發現的呢？我看宋明諸儒原著，如王陽明、陸象山等等的原著，好多地方看不懂，讀不下去，我該如何解決？我既然懷疑，很多地方又讀不懂，每每自問，我該怎麼辦？諸位，如果向前輩大師請教，他們也未必真懂，這種處境很難囉！要走自己的路線，讀不懂原著，到底該怎麼辦？真是難關重重，困煞人也。難關何在？我自己明白，大師靠不住，只有自己解決了。要如何才能讀懂宋明諸儒原著？這才是問題的關鍵所在，這就是我碰上的重重難關。

試問：難關又在哪裡？只有自己知道難關在哪，也只有自己去解決。為何原著讀不懂？下面舉幾個例子來作說明。

王陽明《傳習錄》有云：

**樂是心之本體。**

什麼叫「本體」？什麼叫「心之本體」？什麼又叫「樂是心之本體」？打破砂鍋問到底，問題就是這麼多。

陽明《傳習錄》又說：

草木瓦石皆有良知。

「知是知非」是良知，容易明白；為何草木瓦石皆有良知呢？不僅我不懂，好多大師也不懂，這就可難了。

又如《陸象山年譜》說：

宇宙便是吾心，吾心即是宇宙。

「宇宙」與「吾心」，何以會劃一等號呢？不管是什麼心？何以會與宇宙同其量呢？這個問題很難啦！諸位，這是象山先生十三歲時寫出的名句。年紀這麼小，就寫出這麼高深哲理的話來，實在令人大大吃驚。我當然不懂，好多名教授、大師級學人還是不懂。

又《象山年譜》記載，他十四歲時則說：

纔一警策，便與天地相似。

象山自己警策一番，怎麼會與天地相似呢？同樣難囉！

下面說程伊川。程伊川在理學中很有名呀！他就是程朱派的代表。伊川的理學造詣怎麼樣？一定要用這句精要語來解釋。《伊川語錄》說：

沖穆無朕，萬象森然已具。

這句話，哲理很深啦！一般人不大引用，我卻愛引用，因它與禪宗關係很密切。這句話明白了，下面很多難題即可迎刃而解。如果真要了解這句話的意義，需用禪宗功夫和華嚴哲理來解釋，才說得清楚。

我們又引程明道的話來作例證。明道在〈定性書〉中說：

......用智，則不能以明覺為自然。

明是光明，覺是靈知，自然是指老子哲學中之自然。諸位想想，光明靈知怎麼會是自然呢？這仍是理學中的難題。類此難題多多，我只引用了一部份，不僅我當年不懂，也難倒了好多大師們！他們恐怕也不懂啊！

類似以上這些難題，還多得很，當年難得我沒辦法，步步陷入學問困境，無以自拔。而這些難題在《宋元學案》及《明儒學案》中，都可看到，我讀不懂，自問我該怎麼辦？我要如何走出來？或則說，我要如何解決這些難題，才能脫離學問困境？現在回想起來，難呀！真是難呀！適如李白詩所說：「蜀道之難難於上青天」。那麼難。如果這種種難題能夠得到解答，我的困境就解除了。諸位，那時我沒辦法，百思不得其解。去問前輩先生嘛，未必能得到滿意的答覆。這條路子，看來似乎推車碰壁，此路不通了。

我的前輩先生們，似乎比我幸運得多，好像沒有碰上這些難題，也不必解決這些難題，我卻碰上了，你們說難不難？你們不信，可以把這些難題去問你們的指導教授，這些難題該如何解決？我相信他們面對這些難題，跟我一樣難。我是過來人，跟你們不一樣，我要走自己的學問路線，才發現了這麼多難題。這一大堆難題，如果我不解決，我就垮了，從此學問與我無緣。但是，我的奮鬥意志堅強，絕不為這些難題所困倒。縱然我碰上這麼多難題，可憑我的堅強意志和奮鬥精神，以及當年許老師勉勵我「大器晚成」的話，使我的精神振奮百倍，一步一步走出來，擺脫了困境，衝破了難關。

回憶當年的我，處在這樣困境中，到處碰壁，幾乎絕望。就在此時，奇蹟出現了。「皇天不負苦心人」，只要不斷努力，刻苦自勵，鍥而不捨，一定會有收穫的。

我相信老天是很公平的。當你深陷困境、徘徊歧途時，可能有人為你指點迷津。可能由一個偶然的機會，經過一些轉折，黑夜過去，一定光明現前。

所謂：「山窮水盡疑無路，柳暗花明又一村。」這是富於禪機的詩句，引用起來，最為貼切，千真萬確，一點不假。當你遭遇困難重重時，千萬不可垂頭喪氣，心灰意冷。只要繼續努力，奮進不已，就會產生一個很大的轉折。我終於絕

處逢生，經過很大的轉折，慶幸所有的難題都解決了。

我解決了這些難題，我的學術前途，也就露出了曙光。至於如何解決這種種難題，下一講再說。

# 第三講

## 李二曲揭穿宋明理學的奧秘

　　上面說的幾位前輩先生，我無意批評他們。他們都已作古，我只是把他們引來作例子，便於解說。我的用意主要在告訴大家，做學問除了細水長流，奮發不斷外，還得講求正確的路線和方法，還得有超乎常人的意志和毅力。一般學人的固執和迂腐是最要不得的。我自信我跟他們不一樣。因我早年醉心兵法，雖然沒有衝鋒陷陣，卻能運籌帷幄。中國的兵法，從太公《六韜》《三略》到明代的戚繼光《練兵紀實》，揭子宣《兵經》等等，都有所涉獵，隨讀隨抄，筆記不少。深受兵法熏陶的年輕人，極易擴展胸襟、抱負，而且極易出現英雄色彩。喜讀兵法的青年人，可能雄心勃勃，容易產生調兵遣將、統帥全局的夢想。年輕人有這個夢想可以昂揚志氣，堅強毅力，不會一遇挫折就垂頭喪氣，失魂落魄。年輕人要抱負不凡，方有向上爬的衝勁。至於爬的結果怎麼樣，那是另一回事。只要有這種一往無前的精神，就已經很突出了。所以我自覺有高昂的鬥志，深受早年愛讀兵法的影響。而且現在的我，與一般老教授也不同，一般老教授，退休後，

總覺人到暮年，徬徨無主，心靈空虛，甚至有自殺的念頭，人生沒意義，人活著到底為的是什麼？中國哲學解決了人生問題，但他們不懂，以致消極悲觀，輕生厭世。要不然，就去皈依宗教，祈求上帝保祐心靈的平安。我在這方面卻不一樣，我始終很積極，很進取，所謂：「天行健，君子以自強不息。」這是我的人生信條，因此，在自己的人生道路上，始終自強不息，奮鬥一生。

上次講到「山窮水盡疑無路，柳岸花明又一村。」到了無路可走時，卻又絕處逢生，發現一條光明道路。這條道路，是由於一次偶然的機會找到的。在我一生中，好多事情都是因偶然的機會促成的，事先根本沒有什麼安排和計劃。只要發現一點曙光，我就會把握這個機會，照此方向走去，在一段黑暗的路途中，就能走出光明道路來。我當年由於學問上的困惑，感到心灰意冷，由於一次偶然的機會，使我茅塞頓開，走出自己的道路來。

記得當時有位馬君跟我聊天，他是位虔誠的佛教徒，講的是禪宗。那時，我並不懂禪宗，只是對禪宗的術語略知一二，僅知一點皮毛而已。禪宗哲理，可說一竅不通。馬君講了禪宗一些故事，尤其講到禪宗打坐的方法，我特別有興趣，一談幾小時，十分契合。也許是由於跟禪宗有緣吧！以

前也沒有打過坐，現在只是因朋友聊天，偶爾提到，就想試試吧！於是我把原來知道的東西，包括馮友蘭、錢賓四等等，統統放下來什麼都不管，就去專心打坐吧！打坐功夫，需要靜定專一，靜如止水地坐著，如泥塑木雕一般。結果靜坐的當天晚上，我就發現一些奧秘，人家都說我慧根高，說我跟佛家的淵源深，也許真是這樣吧！以後我就坐下去。晚上做功夫，睡午覺時也做功夫，這樣一來，就看到了好多意想不到的東西。如睡在洋樓底層，我會看到洋樓外面許多東西；坐火車也做功夫，又可看到車廂外面的一些農作物。你們沒有這種經驗，肯定會感到很驚奇，其實也沒有什麼，這就是「慧」，每個人都有的，叫做「靜慧」靜中發出來的智慧。當你靜如止水的時候，它會顯發出來。功夫越深，發出的慧光也越多。這方面的功夫我大概有一兩年時間。一般人研究禪宗多半在讀禪宗語錄，了解禪宗公案。而我卻不然，不讀語錄，不研究公案，專做參禪的功夫，此外，什麼書都不看，就和老僧閉關修道一般，謝絕人事，專門作修持工夫。這樣下來，收穫不少，自覺這方面佛緣不淺，我看到的禪宗文獻如《憨山大師集》、《虛雲老和尚年譜》等等，別人看不懂，我卻一目了然，還要講給別人聽。如虛雲老和尚如何「悟道」？悟道後如何修持？以後禪理如何變化？禪功又如

何躍升？我一看了無罣礙，都能冥契於心。有些深研禪學的居士，不禁黯然失色，也要前來虛心求教。

進入禪宗，契會禪理，對我的學術道路是一個很大的轉折。假如當年不折入禪宗，學問上的種種難關可能很難衝破。過後我才發現，折入禪宗為什麼會有這麼大的收穫，完全是由王陽明哲學、陸象山哲學和李二曲哲學的特點所促成的。雖然陸、王、李的哲學與禪宗哲學並無直接關連，但他們所用的功夫與禪宗一樣。理學家所說的哲理造語新奇，措詞精簡，禪宗也是這樣。兩者比較對觀，就會發現他們中間是相通的。

我折入禪宗以前，正是二十多歲的青年，讀馮友蘭的著作，尤其是《中國哲學史》，關於佛學部份，他介紹得不少。當時讀了似懂非懂，如華嚴哲學有名的華界觀，如「理法界」、「事法界」、「事理圓融無礙法界」及「事事圓融無礙法界」等等，雖然讀不懂，可是這些名稱，我是記得的。我知道理法界就是本體界，事法界就是現象界。馮先生解釋得很正確，然而以後理境怎麼變化，馮先生就沒有再提了。儘管這麼簡略，我對佛學也打下了一點基礎。馮先生對中國思想的探究似乎不怎麼深入，但他講禪宗部份卻引用了不少高僧的話語，縱然沒有精確的詮釋，我們是可以理解的。馮

先生對禪宗的理解畢竟不夠深入，當年看了不知道，以後才發現馮氏學缺失在哪裡。從馮先生的書中使我對禪宗有了粗淺的認識，現在折入禪宗，去做禪修的功夫，在此過程中，獲得不少經驗，看到各種境界，還有一般人無法理解的，我也領悟了。因此，從學問上來講，禪宗這方面與理學家王陽明、陸象山、李二曲等等的哲學思想極為接近。正因為如此，有了禪學的基礎，理學家的著作讀起來就不費力了。根據當年禪宗靜坐的功夫，理學中許多疑難問題就容易解決了。

在沒有折回理學以前，禪宗方面有兩位大師需要特別提出來，一個是活了 140 多歲的虛雲老和尚，另一個是明末憨山大師釋德清。虛雲老和尚是在大陸去世的，他從清光緒年間起遁入禪門，直到民國，再到新中國的政府建立，可謂佛門中的「三朝元老」。虛雲老和尚修道的經歷，其《年譜》記載甚詳。他五十歲時在揚州高旻寺「悟道」的情景我特別注意。他說：在沒有開悟以前，一天晚上，在靜坐中，看見一位師兄在花園裡剪草，一位師弟正在上廁所，次日問他的師兄弟，一點不差。此外，又看到江帆點點，來往如織。這些情景，我們一般人是看不見的；他卻看到了。這便是開悟前的徵兆，也就是開悟前慧光顯發出來的作用。由此說明，「靜慧」或慧光發射出來後，可以穿透一切障礙物，與 X 光

相似。這些情景，有功夫的人看來，平平常常，不足為奇，反之，就覺得很玄秘了。還有，若干年以後，虛雲老和尚年事已高，正是他德高望重的時候，復返廣東曹溪寺。這是六祖慧能圓寂之所，年久失修，虛雲重建山林，大事宏法。一夕出門，有僧問道：月黑風高，老和尚要不要燈籠，虛雲回答：不要，我頭上不就是燈籠嗎？這句話小和尚聽了，未必真懂。其實他的意思是說，他頭上發出的慧光，比燈籠還要亮，簡直可以化黑暗為光明，小和尚沒有這項功夫，當然不理解，但我一看《年譜》文字敘述，就知道他的真意。剛才講過，虛雲老和尚五十歲時才悟道，悟道的情景相信很多名學人，恐怕也是撲朔迷離，並不清楚。而悟道這一關，又是很重要的。《年譜》說，虛雲老和尚夜間看見師兄弟和江上來往船隻後，次日「打禪七」，繼續「跑香堂」，適逢一位師弟送茶來，不小心，茶杯打破了，他頓時開悟，說道「茶杯打碎也，山河大地是如來。」這時什麼都不見了，唯一所見的，就是「山河大地是如來。」「如來」就是本體的別稱，佛學中叫「如來」，理學中叫「本體」，也就是光明智慧境界，一個光明透頂的無限大的智慧境界。在理學中，它的名稱很多。從周濂溪起，到王陽明、劉蕺山止，都有各個不同的名稱，禪宗也是一樣，名稱很多。華嚴也有自己特定的名

稱。其實說穿了，指的都是同一個東西，都是指的從功夫中激發出來的一個東西。虛雲老和尚「悟道」，道即本體的代號，自然是從功夫中激發出來的。這只是禪宗的破初關，不過成佛的基礎，以後還有重重的境界向上爬，謂之「破三關。」所謂「山河大地是如來」，只是破初關而已。實際的情景又怎麼樣呢？山河大地都看不見了，那裡去了呢？其實山河大地，還是山河大地，還是存在的，一切客觀事物是絕對存在的，只是在悟道者看來，一時退隱罷了。當開悟之時，唯一所見的，是從悟道者心性中放射出來一圓形的、太空般的、無限大的、靈光四射的本體。這個本體就是一光明體。其光明程度與功夫成正比。也就是功夫越深，射得越遠，強度越大。正如陸象山說的：「此理充塞宇宙」。「理」是什麼意思？不是別的，就是本體的代號。究其極致，本體之光明可充滿宇宙，亦屬可能。因有各種神通智慧之顯現，故稱為慧光或智光。理學家為沖淡佛老意味，叫做「前知」或「前識」。名稱各異，實指無殊。　　　　　　　　　這些道理，對一個初學禪宗的人來說，不大清楚，初入理學之門，更不清楚。只有各方面的經驗綜合起來，加以融通，才可理解。和尚悟道與理學家「見性」，二者之間，沒有什麼差別，因為他們講求的功夫是一樣的。禪宗的功夫，主要在靜坐，

理學家的功夫也是如此。從周濂溪倡「主靜」之說起，以後到程明道、程伊川、陸象山、王陽明等等無一不主靜坐的。可以說從理學的開山祖師周濂溪起，沒有一個不主靜坐的。靜坐功夫從根源上講，是從佛教禪宗和道家老莊來的。禪宗功夫如此、理學家的功夫也是如此。理學家的功夫，源於禪宗，禪宗功夫，又從老莊演變而來。前面講《莊子·逍遙遊》「其神凝」，靜坐也正是其神凝的功夫。不管怎麼說，就是要把精神集中在一點，不要東想西想，不要意念向外奔馳。務必要把意念凝聚於一點，在一定時間內，功夫到家，也就開悟了。李二曲說「力到功深，豁然迥契。」也是開悟的意思。王陽明的弟子王心齋，略識文字，亦可悟得「良知（本體）」。王心齋，江蘇泰州人，鹽丁出身。去江西拜會王巡府時，王陽明正講致良知哲學，聞心齋來訪，待以上賓，禮遇極隆。巡府與鹽丁論道，在官場中絕無僅有。談論之後，心齋自愧不如，乃執弟子禮，以後為陽明大弟子之一，創泰州學派，極為興盛。樵夫、網匠、陶匠等等下層社會人物，均去問學，均成為王學學者，使王陽明哲學儘量社會化、大眾化，最具特色。王心齋「居仁三月半」，就開悟了，也就是只做了三個半月的功夫，悟得良知（本體），正和虛雲老和尚一樣，本體顯現了。這就是前邊所講的，理學中的陸王

派與禪宗非常接近的道理。一旦理解禪宗，陸王哲學自然也
就明白了。如從陸王哲學入手，去研究陸王，研究程朱，那
是很困難的。如果單刀直入，研究程朱，要知其底奧，幾乎
不可能。我的路徑，就是先從禪宗著手，由禪宗而陸王，再
及於程朱，這條路子探索起來，就容易得多了。以上是講虛
雲老和尚悟道的情景及其與理學陸王的緊密關連。至於悟道
的實際情形，我的《李二曲研究》這本書裡有專門闡述，其
中的〈釋見道〉一章，把虛雲老和尚和各個理學家有關資料
統統納入，並詳加解釋。如此整理後，如何為「悟道」？（「見
道」或「悟性」，意義完全一樣），以及悟道時呈現的本體
像個什麼東西，都可明白了。儘管你們不知道什麼叫悟道，
你們也沒有悟過道，可是「悟道」這一名稱，你們或許聽過。
禪宗悟道又叫「開悟」。開悟的意思是說，我們每個人原來
好像懵懵懂懂，漆黑一片，現在把漆黑抹去了，「道」就領
悟出來了——一個光明本體透顯出來了。禪宗的術語很多，
現在我要講一個術語，叫做「打破漆桶」。大家先看這兩句
詩：

　　頻呼小玉元無事，只為檀郎識得聲。

這是當年馮友蘭先生在《新知言》裡引述禪宗一則故事中的
詩句。有位宦人去參拜圓悟佛果禪師，佛果禪師對這宦人說：

當時聽到隔壁吟出兩句豔詩來，老僧聽了，就「打破漆桶」，從腳跟下親見得了，佾人卻不知曉。詩中的「小玉」指的是位漂亮小姐的丫環，「檀郎」指的是小姐的心上人。就詩語分析，這是一首豔詩，也即是情詩，與悟道有何關連呢？那位小姐頻頻呼喚丫環小玉的名字，本來沒有什麼事情，只是為了讓情郎辨識她美妙的聲音。卿卿我我，儼然情人的對話。實則不然，老和尚聽了這兩句情詩就開悟了。為什麼叫做「打破漆桶」呢？這句話是有特殊寓意的。就我們平常人來說，在沒有悟道前，什麼也看不見，只憑藉自己的智慧和眼睛觀察事物，可是一旦悟道，就可靠自己的慧眼，即由本體發出來的慧光去觀照萬事萬物，也就是說用我們的慧眼可以照察宇宙萬物。諸位想想，漆桶裡面黑漆一片，什麼也看不見，現在把它打破了，讓漆液流出來，陽光射進去，就可看見外邊事物了。當然，這是一個比喻，實際上指的是「悟道」。故「打破漆桶」就成了「悟道」的另一名稱。那麼，這裡的「悟道」與前面的豔詩有沒有關聯呢？當然有，當老和尚聽見隔壁念這豔詩時，心裡猛地一怔，就馬上開悟了。只是老和尚的開悟並非由於豔詩的內容而起，而是老和尚聽了豔詩聲音的刺激，豁然開悟，本體現前，也就是「山河大地是如來」整個宇宙光明透頂，頓成無窮無盡的透明世界。

　　這個故事，馮友蘭先生是怎麼解釋呢？他說：「禪宗中底人，往往以其所知道的表顯其所不知道的。」這是廢話，等於沒有解釋。此外我還要講憨山大師修道的故事。憨山大師釋德清是明朝末年的一位高僧。我讀《憨山大師集》有很大啟發。理學家的「悟道」，我知道了，禪宗的「悟道」我也知道了。他們都以靜坐為主，然而在我們的生活環境中不能光是靜坐呀！那麼處於動態環境中是否也可悟道呢？運用思想的考證方法，再配合自己的修持功夫，動態中也可悟道。憨山大師駐錫廣東曹溪寺，一日下午在田間散步，一邊走，一邊做功夫，突然間本體現前，他絲毫不覺驚奇，仍然散步如故。這就憨山大師當年所經歷的動中出現本體的情景。由此可知，本體不但可以在靜態中體悟出來，而且也可在動態中出現。虛雲、憨山等禪宗高僧是如此，理學家也是如此，這一點對我啟發很大。

　　籠統地講，因為我對禪宗悟道的情景知道得很多，於是我又從禪宗跳出來，回到了理學。由於一個偶然的機緣，李二曲出現了。我在圖書館發現關中書院出版的《李二曲全集》，如獲至寶。細讀之餘，對靜中見道的情景，知道得更為清晰明白。尤其二曲「堅苦力學」，無師自通，令人肅然起敬。欽佩之餘，由書中了解二曲的「見道」，衝破了理學

第一個難關。而且熟讀《二曲全集》，了無滯礙，受益無窮。要說明如何衝破理學第一難關，的確不容易。即使博學鴻儒，亦多茫無所知，我自信弄清楚了。奠此基礎後，我就與眾儒分道揚鑣，獨樹一幟了。

我走投無路，折入禪宗，然後再返回理學，找到《李二曲全集》，由二曲「見道」情景，便揭穿了理學的奧秘。

接下來從王陽明的「悟良知」，亦即陽明之「悟道」，也就容易了。解決了理學家「見道」或「見性」問題，實為衝破了理學第一個難關，也是打開理學大門的一把鑰匙。根據我幾十年來艱苦治學的歷程，這一點也是必須強調的。

其次，要講的，就是李二曲成學的全部經歷。關於他成學前的經歷，這裡不作敘述，大家看看我的《李二曲研究》這部書，便可一目了然。至於他成學後的經歷，可分以下幾個階段來講。一是「明性見道」，即指「悟道」，已如前說。二是「虛明寂定」，在說明本體四大特性。李二曲用四句精要語來說明，最能表達本體的四大特性。即「虛若太空，明若秋月，寂若夜半，定若山嶽。」李二曲將前人有關本體的描述作一總結，維妙維肖，刻畫入神，這就是理學家所謂的「內聖之道」。三是「經綸參贊」。四是「無聲無臭」。

由這四個階段，可以發現理學家跟禪宗，跟老莊是有很

大區別的。禪宗修道是為了生脫死，即身成佛；老子態度有入世傾向，一變而為黃老。莊子主張逍遙自適，不食人間煙火，與現實政治社會絕緣。單就形上本體來說，老莊、禪宗、華嚴、天臺，甚至理學，都是一樣的，沒有太大差別。唯一不同的，理學家要做儒家的治平事業，要去「經綸參贊」。「經綸參贊」這四個字來源於〈中庸〉，意思是說，一位偉大政治家，當其在位，可以運用政治權力，為全民服務，為國家興利除弊，這在理學家來說，稱為「外王之道」。假設一個國家的元首，同時又是一位理學家，那這個國家就有救了，人民就有福了。為什麼？周濂溪曾說「塵視軒冕，芥視珠玉。」指的是把政治權力和政治地位視若塵土，把金錢財富視同草芥一般，沒有什麼價值可言。由此可知，理學家是遠離政治利益和權力、財富的。他們把權力地位看得很輕，把金錢財富看得很淡。這才是〈大學〉講「治國平天下」的最基本要求和先決條件。一旦際遇到來，理學家就會發揮內聖外王的本領，以達到修齊治平的目的。然而李二曲所以貧困一生，並非因為他的本領不夠，也不是因為他沒有機遇，而僅僅因為他是漢人，他不願意到滿人統治的政府去做官。

至於李二曲成學的第四個階段，就是「無聲無臭」。它的意思是：當他從事經綸參贊的外王事業以後，必須回到「虛

明寂定」的本體世界，以恢復本體之湛然常明。這個本體世界，理學家與佛道二家一模一樣，絕無差別。只為理學家儘量儒學化，才把〈中庸〉末章「無聲無臭，至矣。」這句話搬出來，作為理學造詣的最高境界。非但二曲如此，其他理學家亦復如此。

現在我們再來看看二曲成學的第五個階段，即「到頭學力」。這是他的理學造詣的最高境界。根據我一生的經驗，我認為做學問猶如登山一般，尤其是理學家的成學路徑，更是如此。登山是從山腳一步一步地往上爬，從山腳到山腰，一步一步地爬上去，然後到山頂。做學問也是一樣。李二曲這位「關中大儒」，能夠達到登峰造極的地步，也是一步一步攀登上去的。「到頭學力」語出黃梨洲，意思是指二曲的思想達到顛峰狀態，亦即到了「心如太虛，本無生死」的境界（這是明末程朱派理學家高景逸（攀龍）的話）。二曲認為理學最高詣境就是這樣的。這裡的「心」，並非一般人所說的有思維能力的心，而是指的本體。本體之大，宛如太空一般，無邊無際，如長駐本體世界，那來生死觀念的糾纏呢？這些話哲理很高深，一般人是很難理解的。先就一般人來說，要維持生命的存在，必須要生活，且需要許許多多的生活條件，但對理學家來說就不一樣了。當修道功夫達到最高

境界時，常川般的安駐本體世界，沒有物質條件的需要，甚至不食人間煙火，正如《老子》說的：「人之大患，在吾有身。若吾無身，吾有何患？」我認為《老子》這句話很有道理，他把人生看得很穿。一般人為了生存，為了權力，為了地位，為了財富，奔波勞碌，耽心受怕，飽經風險，甚至還遭殺身之禍，這些都可謂之「大患」。舉凡人類的物質或精神兩方面的種種欲求，也可稱之為「大患」，正是由於人的自身造成的「大患」，最後可能把國家社會搞得一團糟。假設沒有身體的存在，那來這些大患呢？

　　《老子》講的這種境界，就我們一般常人看來，簡直是不可思議。理學家的極詣，就是要達到無生無死的境界，早就沒有大礙了。這個道理怎麼說呢？當他高度入定以後，心如太虛一般，就像冬眠狀態一樣，物質消耗極為有限，功夫越深，支撐的時間越久。因此，一個人的道功到達極高的境界，只靠高度的定力來支撐自己，一直撐下去，常川般的安駐本體世界，也就無所謂生死了。這時，早已超脫生死觀念的糾纏，進入另一世界了。而此世界無以名之，姑稱之為「超精神的精神境界」或「智慧境界」。理學家的道功入於極詣時，更可控制生死，來去自如，今天不走，明天再走。走到哪裡去？他們一定知道。這在一般人來說，是不可思議的。

這種情況，就如高僧「坐亡」一般。

「心如太虛，本無生死」，要達到這一最高詣境，是很不容易的。人生擁有這樣的高妙境界，也是最難得的。我們研究中國哲學，就該深入到這裡，做不做得到，那是另一回事。

有關李二曲哲學的要點，還可申說如下：

一、二曲的「體用全學」為「明體適用之學」又稱「全體大用之學」或「內聖外王之學」。

二、二曲學問淵博，超越朱子，而主「適用」，為朱子所不及。

三、二曲終極境界，勝過陸王（二曲享高壽，得年七十九歲）。

四、融合程朱、陸王，開拓理學的第三條路線，可視為宋明理學之總結。

總之，我們對二曲學了解以後，把它宏揚出來，猶如一盞明燈──一盞哲學的明燈，可以照耀人類世界。

我們今天真要徹底了解宋明理學，必須以李二曲作橋樑。二曲學研究通了，宋明理學也就通了，宋明理學的奧秘也就揭穿了。這是我畢生治學的經驗之談，值得各位參考。

# 第四講

## 破難關，解決王學種種難題

　　我在上一講說了很多話，最重要的一句，就是理學家的「見道」。我相信你們的老師不會這麼講，我的前輩先生、老教授們也不會這麼講。為什麼呢？因為他們也沒有見過「道」。更重要的是，他們還沒有意識到這個問題。我從他們的著作中發現了很多問題，以後衝破重重難關，才把問題解決了。解決了問題，只是探討理學的第一步。

　　理學家的「見道」（又叫「見性」），禪宗稱為「悟道」或「悟性」。然而，「道」究竟是個什麼東西呢？我廿幾年前寫了一本書，叫《李二曲研究》，是臺灣商務印書館出版的。我在這本書裡，把「道」（也就是本體的代號）說得非常細密，非常清楚。兩年前，我航空寄來三本，送林樂昌教授一本，送陝師大圖書館一本，又送周至縣（李二曲故里）圖書館一本。你們可以向圖書館借來看看。我現在不可能像那本書上詳細地講，我只能告訴你們，本體是個形而上的東西，看不見（指肉眼的視覺言）的，摸不著的；但它卻是圓

形（乃慧眼之見，以下同此）的，無限大的，太空般的，靈光照耀的光明體，也是人生的最高境界。這個境界是從人們心靈中顯發出來的，的的確確是可以實證的。這個無窮大的光明體，老莊叫做「道」，佛家叫做「真如本體」，華嚴哲學叫做「理法界」，禪宗叫做「真我」或「真心」，理學家叫做「道」，又稱「本體」。這個東西實在很重要，我必須再次強調。從人們心靈中顯發出來的「本體」，是人生的最高境界。就人類現有的智慧所知，不可能再有比這更高的境界了。老莊的「道」如此，佛家的「佛」如此，理學家的「聖」也是如此。這是理學的核心思想，是可以實證的，而不是邏輯推演出來的。在認識上，這一點很重要。

我們人一旦有了這個東西，人生就不一樣了。在處理人生問題時，就和一般世俗的人完全不同。因為這種超世俗的人達到了人生最高境界，他對人生的想法和看法就高於一般人，和一般人絕對不一樣。例如周濂溪，他是理學的開山祖師。他有兩句名言：「塵視軒冕，芥視珠玉。」「軒」是高車，即大官的轎車。「冕」是穿著官服時戴的烏紗帽。「軒冕」，象徵政治權力和政治地位。從古至今，假若有機會登上政治舞臺，很難得有人會把政治權力和政治地位看得很淡，都是要緊緊抓住，到死方休。而周濂溪這位理學家則不

然，他把政治權力和政治地位看得像塵土一般，絕對不迷戀
它，抓住它。「珠玉」在古代是最有價值的東西，在周濂溪
這句話裡象徵的財富，如同現在的黃金美鈔一般。就一般人
的慾望來說，沒有幾個不希望發財，沒有幾個不希望控制大
批財富。追求黃金也罷，追求珠玉也罷，都是人之常情，一
般人都是如此。惟獨理學家如周濂溪則不然，他把財富看得
像芥草一樣不值錢。為什麼理學家對政治權力、地位和財富
的態度與一般人完全不同呢？惟一的理由，就是因為理學家
對人生有更高境界的追求。擁有大批財富，可以滿足財富
慾，固然是一種享受。政治地位高，權力大，可一呼百諾，
可滿足權力慾，也是一種享受。而理學家因有人生最高境界
的追求、驗證和滿足，認為它比起權力、財富來更有價值，
對人生更有意義。正因其如此，理學家才會把權力、財富看
得很淡，才有「塵視軒冕，芥視珠玉」的人生態度。

　　由於人生最高境界發出來的最大享受，使理學家才把世
俗的權力、財富都看淡了。然而，理學家並非不重視權力，
對權力看法並不消極：因為必須擁有適當的權力，才能為社
會謀福祉，為國家求富強，為人民求安樂。理學家如果在位，
他會全力以赴，盡最大努力去完成任務，為國家為社會，為
人民做出最大的貢獻。一旦去職，他絕不戀棧權力，立刻掛

冠而去。公私分明，屬於自己的財物帶走，公家的分文不取。我們以過去或現在的標準來評斷，像這樣的人物，都是清官，都是標準公務員，也是值得大家敬仰的政治人物。我想，周濂溪在少年時代，不見得不要權力和財富，但經過理學工夫磨煉後，醒悟過來，理學造詣高了，整個人生都變了。理學家之所以重視權力，是重視權力的功能作用，而不是控制權力為私產。

當然，我不能和周濂溪相比。我在認識上，雖然很深刻，把那些問題辨析得清清楚楚，但實際的證驗功夫是有限的。我對財富看得也很淡，該我的我要，不該我的我不要。可是一般人是看不淡的。比方說，我請你們同學吃吃飯，我有這個經濟條件，你們的老師就不行，吃幾頓飯就吃垮了，他的家人就不要吃飯了。當然，這些都是些須小事，不值一提。我所以把這方面看得淡，也是深受理學的影響。雖然做不到「塵視軒冕，芥視珠玉」的地步，但我把權力金錢看得淡，也是很不容易的。一般人做不到，即使大學教授也未必做得到，在大學教書是一回事，一旦掌握了權力又是一回事。如果掌握了權力，人的財富慾、權力慾就暴露出來了。沒有權不能辦事，但有了權力不可濫用權力。有理學修養的人上臺掌握權力，和一般人絕對不一樣，他可為國家、為人民賺取

大量財富，一旦任務完成，需要下臺就下臺，絕不明爭暗鬥，鞏固權力。有這樣修養的政治人物，是很難得的。

以上所講，理學的核心思想亦即人生的最高境界—形而上的光明本體是非常重要的。理學家視「見道」為理學修養的第一關。「見道」之說，從老莊、禪學到宋明理學，就出現了很多名稱，究其底裡，仍不外這個形而上的光明本體，也是他們所證成的人生最高境界，而且又是很玄妙的境界。如果你們有這個能耐，也可以去嘗試，去證驗。因為這個光明本體，不單是別人的，也是你們自己的；但證驗起來是煞費工夫的。如能識到這裡，又能行到這裡，那權力、地位、財富等等外在附加的東西，統統都看穿了。北宋理學家程明道說：「堯舜事業如浮雲過目」。何必留戀呢？這只是實踐理學的第一關。要衝破這一關，又是很重要的，必須的，理學家叫做「戡破名利關」。我經歷了種種曲折過程，下了不少功夫，才把它摸索出來。我不僅在文義上下功夫去瞭解它的意義，而且更折入禪宗從事禪功的修持。目的就是想要看看這個本體究竟是什麼模樣？經過一番證驗功夫後，再配合清初「關中大儒」李二曲的詮釋，才把問題解決了。本體是動的，不完全是靜的。他不會停止在一個階段上，而是逐步向上躍昇的。打個比方，就像登山一樣，從山腳一步一步向上爬，達到山腰，再繼續爬上去，直抵山頂，

才算登峰造極。我在《李二曲研究》一書中，很細密地把它表述出來。不僅探究理學是如此，進而探討禪宗、華嚴，上溯老、莊，亦應如此。我們如直接面對老莊，很難探得老莊的奧秘，因為老子、莊子的時代離我們太遠了，我們可以通過較近的禪宗、華嚴和理學來索解，就容易得多了。這是研究老莊哲學的一條捷徑。

講過這些以後，我現在就可以回答前面提出來的種種難題了。這種種難題，就是我當年碰上的難題，我們老一輩學人並未解決這些難題。例如王陽明說：「草木瓦石皆有良知」這句話，可說是陽明哲學中難題之一。我細讀錢賓四理學著作時，可以想像他摘述《傳習錄》時的表情：什麼「草木瓦石皆有良知」！驚訝質疑之後，意指為陽明的怪論。我當年看到這句話，也是莫名其妙，深惑不解，怎麼草木瓦石會有良知呢？但經過一段苦學經歷後，我把理學家怎麼「見道」？「道」又是個什麼？形而上的光明本體到底是個什麼東西？這些問題理解了，又把這個本體怎麼逐步躍昇直到最高境界？也理解了，這時，才徹底洞知王陽明這句話的真實意義。試問：這句高玄莫測的話到底是什麼意思呢？這就要用華嚴哲學來疏解。華嚴的觀點，認定宇宙萬物（我們人類也是萬物之一）都有本體（佛教教義認為：「眾生皆有佛性，

故眾生平等。」華嚴觀點即由此演繹而來。）此本體，華嚴命名為「理法界」，即是「本體界」。它的哲理講得非常精深細密，縱然剖析入微，但要證驗出來卻很難；即使去證驗，也未必及身而成。但有條捷徑從禪宗入手，因為華嚴哲理與禪宗一般無二，是可以會通的。禪宗不講佛經，不講高深的哲理，只下證驗工夫。「一旦力到功深，豁然迴契」（李二曲語）本體呈現於目前，也就開悟了。禪宗有句術語，叫做「打破漆桶」，即是禪宗之「悟道」。悟道以後，功夫不斷精進，本體遞次躍昇，究其極致，即可達到華嚴「一多相涵」的最高境界。非但禪宗如此，理學家亦有此能耐。如黃梨洲《明儒學案》〈楚中王門〉有蔣道林一條，可作最佳例證。蔣信字道林，湖南常德人。先拜王陽明為師，後又問學於湛甘泉。晚年講學桃花岡，其〈絕筆詩〉有云：

吾儒傳性即傳神，豈向風塵滯此身？

分付萬桃岡上月，要須今夜一齊明。

這首詩在理學中並不出名，可是，它最具有代表性。蔣道林七十餘歲時，自知將歸道山，特寫此〈絕筆詩〉，以示其極詣。我們如真懂理學，洞知理學思想的巔峰狀態，細讀這首〈絕筆詩〉，即別有會心。我們揣測詩的意境，蔣道林把理學極詣已全部表述出來了。黃梨洲把這首詩記入蔣道林的小

傳裡，必有其深意。黃梨洲怎麼理解這首詩？我不知道；但他能把這首詩記下來，可以說明它的重要性。你們能把這首詩所含的高深哲理透徹理解了，宋明理學也就通了。

「吾儒傳性即傳神」，是批評道家神仙思想的。道教把老莊哲學演變成神仙思想，自有其淵源。關於神仙思想，我過去下了不少功夫去研究，怎麼修證成仙？一步一步一地，一個關口又一個關口怎麼通過？我都了解得很清楚，曾寫一長文，題曰〈揭穿神仙思想的神秘面紗─從老莊哲學的演變說起〉，刊在臺灣東方雜誌，後輯入拙著《孔孟老莊與文化大國》一書，臺灣商務印書館出版。這篇長文，我細剖了道教修證成仙的理論與方法，是怎樣由老莊哲學轉變成道教的神仙思想。從初關開始，「煉精化炁（即氣）」，可以返老還童。進入「中關」，「煉炁化神」，各種神通智慧出現。最後則為「上關」，「煉神還虛」。修證完成，「元神」（即俗稱之神仙）出竅，即可邀遊太空。這些都是可能的，絕非迷信。這種修煉工夫做起來很難很難，所以只有極少數人可以修證成仙。假如修證很容易，豈不是人人皆可成仙了？而神仙思想中蘊含極高深的哲理，絕非荒誕不經之談，是可採信、可實證的。我們在認識上把理論與方法搞通了，可以明白告訴世人，神仙思想有它真理的存在，是不容否定的。

一旦元神出竅時，即可遨遊太空，他的功夫越深，遨遊的時間就越長，人間什麼事物，都可一一了知。太空旅遊之後，元神仍須返回人間。破上關後，雖然修證成仙，但只是元神的嬰兒期，還需面壁長期修煉，直到「煉虛還無」時，才算功德圓滿，連這軀殼也熔化掉了。長駐太虛，不落凡塵。如有機緣，則可現身救世。歷史上的記載，亦屢見不鮮。如問：這是什境界？我只能回答：這已超越哲學範疇，不可思議了。

理學家的態度極不客觀，一向反對佛老思想，蔣道林尤為激烈。他這首〈絕筆詩〉的前兩句：「吾儒傳性即傳神，豈向風塵滯此身？」就是反對神仙思想的。但蔣道林對神仙思想的認識，似未鞭辟入裡，尚有一間之隔。茲剖析如次：

佛家如禪宗主修性不修命，道家如道教則主性命雙修。理學家修證路線，與禪宗極為接近，與道教則不同。何謂性命雙修呢？蓋「性」即本體之泉源或本體之原始狀態。「命」即生命、壽命之意。因道教主性命雙修，故可長生久視，老子之說，亦可實現。依蔣道林的看法，傳性就是傳神。神是什麼？是未證成仙之「元神」，亦為修證成仙的「精、炁、神」三要素之一。在修證過程中，就此善良本性昇華為形而上的光明本體；此光明本體，蔣道林認為就是「元神」的出竅，故有「吾儒傳

性即傳神」的看法。實際上,距元神出竅還有很多工夫。由於性命雙修,故元神可以現身,可以長生久視;反之,單修性不修命,即使元神可以現身(應為陰神,並非陽神)亦難保持長生久視之永恆存在。仙學與禪學及理學之分野在此。故傳性與傳神,二者之間不無區別。蔣道林認為「傳性即傳神」,於仙學之解悟,似有一間之隔。蔣道林是站在儒家立場立論的。他把二者混為一談,認為既證成了此形上光明本體,就無異元神之出竅,又何必再苦苦修煉呢?

詩的第二句「豈向風塵滯此身?」這是批評道教修證成仙後,又何必把軀殼留在塵世呢?這可用朱子記載的一則故事來說明:

> 有位道士對徒弟說:我要出去了,我的身體留在這裡,半個月後回來,千萬不可移動我的身體。半個月後,我若未回,才可埋葬。徒弟們不解其意,竟把師父埋了。某道士如期回來,不能返舍,大為震怒。夜間寫字於壁,大罵徒弟糊塗莽撞。如此夜夜吵鬧不休……。

這是元神出竅的一個例子,但不是最高境界,元神仍須返舍,覓求安身之所。蔣道林對此持否定態度,故說:「豈向風塵滯此身」也。理學家如蔣道林者,不願成仙,說走就走,

很乾脆，很灑脫。

〈絕筆詩〉的後兩句：「分付萬桃岡上月，要須今夜一齊明。」才是詩的主旨所在。所謂「萬桃岡上月」，應指萬樹桃花的本體。因本體與月近似，故以月喻之。蔣道林要萬樹桃花的本體，今夜一齊大放光明，依照常理說，是不可想像的。但用華嚴哲學來詮釋，就容易理解了。華嚴哲學認為宇宙萬物皆有本體，而蔣道林的工夫進境，已達到華嚴「一多相涵」的極詣。故萬樹桃花的本體均可從蔣道林的本體中一一顯露出來。非但如此，即宇宙萬物各自的本體，亦可藉此顯露出來，非僅萬樹桃花而已。故詩「一齊明」的景象，不僅指桃花，而是以桃花作代表，可涵蓋其他一切事物，所以從這首詩的意境來剖析，已達到華嚴「一多相涵」或「事事圓融」的最高境界。再明白地說，蔣道林的功夫臻於極詣，由他發射出來的本體，可把萬樹桃花的本體以及周遭一切事物的本體，皆能一一顯現出來。其發光的強度與光譜的色彩，酷似空中明月一般。故說：「分付萬桃岡上月，要須今夜一齊明」也。因萬樹桃花顯露出來的本體與蔣道林的本體一模一樣，絕無差別，但又可涵攝於蔣道林的本體中，故華嚴有「一多相涵」或「一即一切，一切即一」之說。這首〈絕筆詩〉徹底了解後，華嚴哲學也通了，王陽明良知哲學也通了。

　　剖析至此，我們便可回答「草木瓦石皆有良知」的問題。因草木瓦石，乃萬物之一，就華嚴觀點言，不論有生命或無生命的東西，皆各有其本體，蔣道林就理學立場證實了這項哲理的永恆價值。陽明說「草木瓦石皆有良知」，其良知涵義，即理學中的本體，也就是良知本體，而不是指形而下的良知或良心言。就華嚴哲學來看，王陽明這句話，絕對正確無誤。因草木瓦石，皆係萬物中之一物，和人們一樣，都有本體的具足，禪宗也講這項哲理，蔣道林用理學或禪宗的工夫把它證實了。並顯示出華嚴哲學的最高境界。所以「草木瓦石皆有良知」這句話，就華嚴哲理來分析，是絕對正確的。而華嚴與禪宗又是相通的。蔣道林的〈絕筆詩〉都一一證實了，這是它的可貴處。

　　國學大師錢賓四先生似未理會至此，故而看到陽明這句話時，不無驚訝的感觸。這絕非陽明的怪論。其實正因錢先生既不解華嚴，也不真懂禪宗，不知道這正是陽明意謂：可普遍顯示萬物的本體──「一多相涵」的描述。即使不然，單從華嚴哲理來看，也是對的，絕無問題，只因錢氏不知罷了。

　　剛才講的是禪宗、華嚴和理學的哲理最高境界，我實在花了很深的功夫，一邊去證驗，一邊去思索，磨煉多少年，才解悟這項艱深的哲理，也是理學中最難解的問題。

上面講的蔣道林這首〈絕筆詩〉，你們要是明白了，那要了解中國哲學裡最艱深的哲理也就容易了，不會再有很多難題了。我為什麼要以王學作基準呢？因為我早年就從事王學的研究，從王陽明的《傳習錄》入手，結果發現困難重重，讀不下去，只好借一機緣折入禪宗，兜了一個大圈子，才把難題解決了，也衝破了重重難關。

下面，我們看講題的第一項：馮友蘭西化理學，誤解理學。我不是無端批評前輩先生，實在是事有必至，理有固然，不得不爾。恕我直言，「青出於藍而勝於藍」，我可以看出前輩先生的缺失。如果造詣不到這個地步，就無法評估其得失了。為何前輩先生中除少數一二人外，其他的大都對理學最高境界，似乎一片茫然，甚至全屬誤解？我認為這是深受清代考據學的影響。考據學只做文字上的考證功夫，其最大貢獻在於對古籍真偽的鑑定。至於無甚哲理的書籍，尚可以考據法行之，如碰到高深的哲理，可以說一籌莫展。這是考據學的長處和短處。我發現考據學者對中國哲學書籍某些處斷句都成問題。我曾經讀過清末考據學家王先慎註的《韓非子》，他對《韓非、解老、喻老》的斷句就有問題。這可說明考據學家不懂哲學，王先慎就是一個例子。我又發現臺灣世界書局出版的《明儒學案》和《宋元學案》這兩部名著，

斷句問題甚多，其原因不外乎跟王先慎一樣。還有臺灣正中書局出版的《明儒學案》、《宋元學案》潔本，用新式標點斷句，所發生的斷句問題，跟前面一模一樣。由這些小處可以說明清末民初，甚至民國以來，在考據學風籠罩之下，一般學者對宋明理學甚至中國哲學，有真知灼見的，恐怕就不多了。

　　近代學者如康有為、梁啟超、章太炎、嚴又陵（嚴復）、蔡元培、胡適之等等，以及清末的經師們，絕大多數是如此。因當時一般學術水平就是這樣，無從鑑別其高下。理學方面，可以說斷層了三百多年。自乾、嘉考據之風盛行後，理學方面就很少有人去下功夫了。走程朱學派的士子們，是作官路線與理學無緣。走陸王學派的章實齋以史學名世，於陸王之學似未深究。考據大師戴東原，只知形下學，於形上學一片茫然。咸、同以來，融合義理、考據、詞章、經濟於一爐的曾國藩，老於軍旅，雖然做過理學工夫，但造詣極為有限。曾國藩以下就更無人了。民國以來，真解理學的，又有幾人？所以說理學斷層三百年，確係事實。在明末清初李二曲時代，理學沒有什麼高深難懂的，凡有涉獵者一目了然，可是今人就不同了。今人覺得太高深、太難懂，原因是時間隔得太久，三百多年了。考據學者之治理學，也只涉及皮毛，

沒有深入進去，更嚴重的是，造成理學的斷層。在如此情況
及考據學風籠罩之下，國人讀不懂中國哲學書籍，只有西化
一途了。

　　嚴復、胡適，首開西化之風。嚴復於清末留英學海軍，
深受西方思想影響。他的譯著《天演論》，就是譯的達爾文
的進化論。他以進化論觀點詮釋老、莊，如《評點老子》、
《評點莊子》，我很不以為然。他以幼童出國學海軍，哪裡
懂得老、莊哲學啊！現在不提嚴復，以天才哲學家王弼（三
國時代魏國山陽高平人）為例，可以說是真解老學。王弼註
《老子》，很有名，但對老子哲理僅知它的表層。如《老子》
首章說「道可道，非常道。」王弼並不怎麼理解。因常道很
難形容，老子乾脆以「無」代之。可是「無」的意義也容易
混淆啊！於是又以車輻為喻。他說：「三十輻，共一轂，以
其無，有車之用。」這車輻之間的空間，老子稱之為「無」。
老子這樣形容，實在是無可奈何之事。因為車輻之間的空間
或無是形而下的，而常道或本體之無，卻是形而上的。王弼
是玄學家，他用玄學的方法來理解老子之「無」，只看到形
而下的部份，沒看到形而上的部份。因形而上的部份，王弼
無法理解，只因玄學家的「名理」——「清談」——中國式
的邏輯，把他限制了。再談胡適（字適之），據說胡適十三

歲讀《資治通鑑》，很聰明，但他對中國哲學知道的實在很有限。曾經有人問胡適：胡先生，你的《中國哲學史》上卷出版多年了，為何下卷還不出版呢？胡適回答：「隨唐佛學我不懂，宋明理學我不懂，怎麼寫得下去呀？！」嚴復和胡適對中國哲學都不甚解，卻用西方哲學來詮釋，開啟了中國哲學西化之風，把中國哲學全盤西化了。第二個開中國哲學西化之風的是日本學者。日本人不懂中國哲學，他們是用西方思想來詮釋，野宇哲人的《中國哲學史》，最有代表性。近人把它翻譯過來作為大學的教本。其實，日本人寫的也不對，只是把中國哲學西化罷了。

馮友蘭的《中國哲學史》，是西化中國哲學的代表作。馮友蘭讀北大時，蔡元培、梁啟超、嚴復、胡適、陳獨秀、辜鴻銘、梁漱溟、熊十力、章士釗，以及經師劉師培等等，可能都教過他。其中除一二人外，老師們也不高明呀！馮友蘭在這樣教育環境中又怎樣去認識中國哲學呢？

馮友蘭留學美國，在紐約哥倫比亞大學專攻西洋哲學。回國教書，走嚴復、胡適的老路，用西方思想來解釋中國哲學。例如《老子》首章「道可道，非常道。」照老子的意思說：「道」是不可說的；可說的道，就不是「常道」了。單就文義解釋，「常道」應是永恆不變的真理，不受時空限制，

不隨時空變化的，是形而上的。那究竟是個什麼東西呢？《老子》以後有關各章卻有說明，不具引。馮友蘭在其名著《中國哲學史》裡解釋說：「常道」是「宇宙萬物的最高原理」。這話，咋聽起來很有道理，但仔細一想，他的解釋是浮泛不實，不著邊際的，跟沒有解釋一樣。如果進一步追問：「宇宙萬物的最高原理」究竟是什麼？他只能回答說：「不知道！」他這一回答，來自西方哲學。希臘哲人如蘇格拉底、柏拉圖、亞里斯多德等在進行哲學思考時會提出如下的問題：宇宙萬物為什麼會這樣？他們也弄不清楚，只好認定有個最高原理在主導。這個最高原理很空洞，他們只相信有這個東西存在。至於這個東西到底是什麼？他們也不知道。亞里斯多德的「第一因」，就是「宇宙萬物最高原理」的縮影。馮友蘭把希臘思想搬回來解釋老子的「常道」，非但徒勞無功，反而滋生誤解。

　　馮友蘭用西方哲學來詮釋老莊之道，宋明理學之道，還能順理成章；可是，禪宗講的，華嚴講的，又是另外一套。禪宗講「真心」，講「真我」，華嚴講「理法界」，講「性海圓明」，碰到這些問題，馮友蘭就傻眼了，西方的法寶不靈了，只得閃爍其辭，一筆帶過了事。實際上，老莊之「道」，華嚴之「理法界」，禪宗之「真心」、「真我」，以及理學

家之「道」，說的都是一個東西，就是形而上的「光明本體」，只是名稱不同罷了。此光明本體，是可實證的，是人人都有的。它是形而上的，靈光四射的。這個形而上靈知之本體，才是中國思想的核心，也是老莊、佛學、理學的最高境界。馮友蘭這方面的造詣太有限了。假使他能深入了解到這裡，他的著作肯定要徹底改觀。無怪牟宗三大肆抨擊馮友蘭的《中國哲學史》，認為除闡述名家部份有價值外，其餘都是錯誤的。牟宗三的批評是有理由的。牟宗三也是走的邏輯路線，儘管他比馮友蘭深入得多，但在重要關鍵處，卻仍是撲朔迷離，恍恍惚惚，甚至不無張冠李戴之嫌。

此外，走中國思想路線的有熊十力、錢穆諸人。熊十力對唯識哲學很有研究。據說，早年從禪宗功夫入門。他的禪功很怪異，當時金陵佛學院院長歐陽竟無罵他是「野狐禪」。意思是說熊十力不是正派的禪功，而是旁門左道。是否正派禪功？並不重要；但熊十力對禪學造詣，在民國初年極為突出，是不可否認的。錢賓四走黃（梨洲）、全（謝山）的學案史路線，黃梨洲的理學造詣有限，尤其全謝山學宗程朱，似無所得。故走黃、全路線的，其結果如何？也就可想而知了。

我潛心學問幾十年，才有今天的成就。我批評馮友蘭、錢賓四，批評牟宗三，甚至黃梨洲、全謝山，是根據我的造

詣和標準，才能指出他們的缺失。錢先生有部鉅著，叫《朱子新學案》。他對這部書的評價極高，他認為這部書對中國文化將來的影響，比他辦新亞書院還要大得多。我曾經見到這部書，幾鉅冊，很難讀。我很耐心讀第一冊，只讀了一半，實在不耐煩，索性不讀了。我發現他對朱子的形上學並不怎麼了解。他不是在闡釋朱子思想，而是細說他自己的意見。朱子解釋本體—「理」的最高層境，他似乎一片茫然。雖然他很敬佩朱子，似未深入朱子之學。例如朱子說：「理祇是箇淨潔空闊底世界……」。又說：「山河大地都陷了，此理還在。」這些話都是對的，與王陽明說「草木瓦石皆有良知」，是一個意思，只是理的層境高低之不同，錢先生似不甚解，反問朱子：理怎麼會是這樣呢？錢氏所知的，只是理境的形而下的部份，形而上的，他可能不知其底裡。朱子的理學詣境如何？錢氏似未深究，那《朱子新學案》不管怎麼寫，總是一部有尾無頭的書，越讀越糊塗，還是不讀的好。

現在回頭來講王學的難題。前面講了很多話，都是在講解決王學的難題。尤其是仔細剖析蔣道林的〈絕筆詩〉，其目的仍在解決王學的難題。不但可以解決王學種種難題，連宋明理學中的若干難題也一齊解決了。現在緊貼本講講題，把前面提到的王學種種難題，解答如次：

（一）王陽明卅七歲在龍場驛「大悟格物致知之旨」，究竟
　　　悟得的是什麼？

　　　答曰：悟得良知本體是也。

（二）王陽明〈送蔡希顏詩〉有「悟後六經無一字，靜餘孤
　　　月湛虛明。」是什麼意思？

　　　答曰：描述此良知本體之形態性質而已。

（三）王陽明《傳習錄》說：「樂是心之本體」，是何意義？

　　　答曰：要在良知本體上求解答。熊十力有句名言：「即
　　　體顯用，即用攝體。」是陽明此語的最佳詮釋。

（四）王陽明在《傳習錄》中又說：「草木瓦石皆有良知」，
　　　作何解釋？

　　　答曰：前面講得很多，其義已明，不必再說。

　　　王學的難題很多，我不過舉幾個例證而已。諸位能把蔣
道林這首〈絕筆詩〉的深奧哲理明白了，王學的難題統統解
決了。我衝破重重難關，才把王學的種種難題解決了。古人
說：「學貴自得」，你們還是自己去體會吧！

## 附記：回答問題

問題（一）

問：道家（應指道教）標榜的神仙，在現實生活中是否存在？

答曰：在現實生中，如果有人想修證成仙，這是他個人的願望，也是人生的一種嚮往。他想長生不老，想修證成仙，這是他個人的事，與你無關。尤其生活在今天民主自由的社會，我要修神仙與你無關。但是，我們站在研究哲學的立場，認為他有理論、有方法、有步驟、經過修證後，可以達到人生的妙境，這是科學的，不是迷信，更不是幻想。我不修神仙，而是站在求知的立場，揭開神仙思想的神秘面紗，要明白告訴世人，修證成仙，不是不可能，更不是虛妄幻想，而是可以實證的。

問題（二）

問：本體是否可以科學證明？或只是邏輯推演的結果？

答曰：本體可以證明，但與科學方法不一樣。例如電視是由電磁波透過天線的發射、接收，在空氣中成波形的傳遞，有一定的週率可以計算，也可以實驗證明的。但本體的證明不一樣，本體為人人所具有，只得靠自己去證明。使用的方法很多，還是要靠自己，不能依靠別人。我只能講述它的哲理，指出一條路徑，你要自己去走，不能馬上證明給你看。科學講的是外在的物質，我講的本體是內在的，是指我們自己，

要靠自己去證明，兩者方法不一樣。你可用以下的方法，自己去證明，可以達到同樣的境界。朱子〈觀書有感〉說：「半畝方塘一鑑開，天光雲影共徘徊。問渠那得清如許？為有源頭活水來。」這首詩沒有什麼高深的境界。如果看成是寫景詩，沒有多大意義。朱子又是以寫詩見長的。根據我的經驗，「半畝方塘一鑑開」，只是比喻；「天光雲影共徘徊」，是寫實、寫景，尤其是寫靜中之景物。我早年在辦公室只需靜坐卅分鐘，詩的景物全部出現了。有人說，是朱子的「見道」詩，胡說，那來什麼道？只要你能放下一切，靜坐幾十分鐘（靜臥亦可），這一境界自會現出來，沒有什麼神祕的。這就是證明了！

　　這只是初步的靜慧的顯現，隔「見道」還有十萬八千里。要真的「見道」，是很不容易的。所謂「見道」，就是要以自己的慧眼見得這個靈光四射的本體；要見得這光明本體，非放下一切，死心踏地去做工夫不可。由此可以說明：西方科學是外在的，中國哲學如儒、道、佛三家和宋明理學，都是內在的。西方科學用物來實驗的，中國哲學是靠人來實驗的，尤其靠自己來實驗。故從重實證、實驗方面講，中國哲學與西方科學倒有些接近，與西方哲學的差距就太遠了。故知本體不是用邏輯推演出來的，而是靠自己證驗出來的。

# 第五講

# 悟禪理，會通華嚴、天臺與唯識

　　今天的講題是〈悟禪理，會通華嚴、天臺與唯識〉。在正式開講以前，我想先給大家講述一項重要的哲理。中國的藝術與中國哲學所講的最高境界有些關聯。中國的文學，詩詞，書法，繪畫等等藝術形式的最高境界，叫作空靈境界。這裡的境界與我以前所講理學中的最高境界是有很大差別的。雖然都講空靈，但理學的空靈境界與玄學的空靈境界是截然不同的。如書法、詩詞、繪畫等是屬於玄學的空靈境界，並非理學的空靈境界。這是必須嚴格劃分的。

　　玄學是透過老、莊到魏晉一路演變下來的，老、莊的空靈境界與佛家（如禪宗）和理學的空靈境界基本上沒什麼差別，但是玄學中的空靈境界就大大不一樣了。玄學不是用老莊和佛家的主靜功夫來達到空靈境界的。像著名的玄學家，如王弼、郭象以及竹林七賢等人，雖然表面看來很豁達，酷似老莊的風格，實際上並不是這樣的。老莊的思想，是以他們特定的功夫形成的；玄學家如王弼、郭象、向秀、阮籍、

嵇康以及東晉的陶潛、戴安道、顧愷之等等，他們也有他們
自己的方法，一般稱之為「名理」或「清談」的方法。玄學
家就是以這種方法達到其空靈境界的。「名理」一詞來源於
戰國中期主張邏輯的名家學派，如惠施，公孫龍，即其著者。
名家專在名言上兜圈子，講道理，故又稱為「辯者」。玄學
家叫做「清談」。他們所講的道理，主要是從談話過程中得
來的，即以清談的方法談出來的道理，就叫做「玄理」。當
然，這種方法也有一定的合理性。由此也可看出當時玄學家
們具有的聰明智慧。他們可以從人生現實的物質世界中，提
煉昇華出高度的精神境界來，這是一般人想像不到的。而玄
學家開出的精神境界對一般人來說，是大有補益的。它教人
們不要只看到現實的物質世界，要從物質生活中把我們的精
神向上提升，達到另一高層次的空靈世界。所以稱為空靈
者，意思是：「空」，如虛空一般，「靈」指的是智慧。正
如陶潛〈飲酒詩〉所描寫的：

> 結廬在人境，而無車馬喧。
>
> 問君何能爾？心遠地自偏。
>
> 採菊東籬下，悠然見南山。
>
> 山氣日夕佳，飛鳥相與還。
>
> 此中有真意，欲辯已忘言。

在陶潛看來，詩中所講的情景，就是他的人生最高境界。其實這一境界，在我看來，沒有什麼特別高明處，我們只要沉思一想，都能理會出這一境界的含意來。這一境界就超越了人生現實的物質世界，開出了玄思的空靈境界。這一空靈境界，有助於我們嚮往人生更高層境的追求。

在魏晉玄學家看來，老莊哲學的最高境界也是如此，其實大謬不然。首先從方法來講，老莊追求的最高人生境界，絕對不是「談」出來的，他們是用極湛深的修道功夫證驗出來的。這種方法與禪宗和理學的方法是完全一樣的。其次，玄學家與老莊的人品，也絕不相同。在玄學家中如阮籍、嵇康等人還是挺不錯的，可是郭象其人就太差了。郭象這個人的品德，簡直糟透了。郭象的《莊子注》，是剽竊他的友人的著作。據有關記載，向秀曾注《莊子》，向秀早死，郭象剽竊過來，點斷文句，再加補注〈至樂〉等二篇，便成了自己的著作。郭象的行為，確是很不道德的。郭象為人也是很勢利的。他如果真正懂得莊子的話，就該明白莊周之逸塵絕俗，是常人無法比擬的。對於人間的財富、權力、地位等這些世俗徵逐之物，莊子是不屑一顧的。與莊子對比之下，郭象可謂一不堪入目的勢利小人。他在政治上專走權貴路線，我們一讀《晉書》中的〈郭象傳〉，就會發現郭象是一個小

政客，不得善終。當趙王倫（西晉八王之亂，趙王倫是禍首，郭象則是幫凶。）失敗以後，郭象也被殺了。

郭象的人品，姑且不談，單就郭象所注的《莊子》來看，水平也很差。如〈逍遙遊篇〉中關於大鵬與學鳩的對比，郭象似乎認為：大鵬是莊周自喻，學鳩（即小鳥）則比喻世俗小人的。大小之差，不啻霄壤。大鵬如莊周自許極高，郭象自知只能算是一只小鳥。但是他認為，儘管大鵬與學鳩相差極為懸殊，生活天地也有大小之別，只要它們能「各適其性」，也都可以逍遙了。也就是說，人與人之間縱然差異很大，只要每個人都能滿足自己的生活需求就行了，也就逍遙了。如此解釋，無異是為郭象自己辯解，實在大乖莊子本意。

像郭象這樣的人，怎麼能注釋《莊子》呢？他對《莊子》可以說一竅不通。由他歪曲解釋，可以看出郭象的意識中，莊子其人也不過如此。莊子的思想，莊子的功夫，經郭象這麼一解釋，都變得沒有多大意義了。不論郭象是真不懂《莊子》，還是有意為自己辯護，總之，郭象其人其學，真不堪品評了。

以上講了這麼多話，目的都在說明玄學家與理學家之間的區別。玄學家如郭象之流，最招人詬病的，即「曲學阿世」，也就是迎合世俗的心理，才對《莊子》加以曲解。玄學家的

空靈境界有的從表面觀察，的確是很迷人的，如陶淵明的詩即是。然而究其實際卻不然。因為這種境界，我們每個人可以想像得到的。它的空靈，是虛擬的，是意象的，是可以認識的。我們只要按著特定的思路去想，就能達到這種境界。這便是玄學的空靈境界，也是中國的文學、藝術、書法、繪畫等的最高境界。

　　而我們講老莊，講佛學，講宋明理學，其中常常提到的本體世界，也是空靈境界。如虛空般的無邊無際，又有靈知智慧，神通妙用，當然是絕對空靈的。此「空靈」二字，最能表述出這一境界的基本特徵。因為理學、禪學、老莊所講的空靈境界是重實證的，是由特定的方法證出來的，是由精湛的功夫領悟出來的。一旦本體現前，那空靈境界或智慧境界就體現出來了。由此可見，理學所講的空靈境界與玄學所講的空靈境界不論就方法或特性講，都是截然不同的。從方法上說，理學的空靈境界是可以實證的；從特性上講，理學家講「前知」或「前識」和佛、道二家所說的神通智慧，了無差別，一模一樣。玄學的空靈境界中絕對沒有這一特性。因為玄學的境界或者意境是相當簡單的，要達到這一空靈境界並不很難。可是要證成佛學或理學的空靈境界，那就很不容易了。

講到這裡，我們書歸正傳。

## （一）胡適之對禪宗思想不求甚解

我認為胡適先生對禪宗思想實在不怎麼了解。胡適對禪宗歷史的研究，的確很有貢獻，因為禪宗的人不大重視歷史的傳承，只注意禪學思想的發展，尤其自六祖慧能以後，更是如此，只重語錄而輕視歷史。胡先生著重禪宗歷史的研究，是很有價值的。然而，由於考據方法是胡氏認定的科學方法，因受方法自身的限制，影響胡氏對禪宗思想的內涵不甚了解。胡先生有句名言，即「大膽假設，小心求證。」這句話是針對清代考據學提出來的，從科學的觀點來看是毋庸置疑的。但考據的方法，是無法對禪宗思想有深入的了解的。胡適曾說：慧能大字都不識，怎麼可能講出《六祖壇經》這樣高深的哲理呢？所以在胡適看來，慧能講述壇經哲理，是絕對不可能的。那麼胡適的這一大膽假設對不對呢？不對。禪宗和尚不識字是一回事，可是一旦悟道以後，如慧能其人，智慧是非常高的，也遠遠超越一般和尚之上。

也許大家不知道，慧能祖上是做官的。由中原貶官到嶺南——廣東，以後便定居下來。慧能一日打柴，經過寺廟，聽見老和尚講《金剛經》，頗有憬悟（按：《金剛經》很深

奧，如果對佛教哲理沒有基礎，是聽不懂的。慧能對佛學一無所知，可是一聽老和尚講《金剛經》，竟然全部懂了，可見，他的慧根很高。）從此，他決心出家修行，辭別母親，到湖北黃梅寺參拜五祖弘忍，五祖派他去碓房舂米。慧能舂了半年以後，五祖弘忍要傳衣鉢，叫弟子們寫出參悟的心得來，於是大弟子神秀寫道：

> 身如菩提樹，心似明鏡臺。
>
> 時時勤拂拭，勿使惹塵埃。

表面看來，神秀寫的偈語，好像是開悟了，實則不然。於是慧能又寫道：

> 菩提本無樹，明鏡亦非臺。
>
> 本來無一物，何處惹塵埃？

　　慧能這首偈語的意思就全然不同了。當開悟以後眼前什物，什麼都沒有了（即退隱之意），還談什麼菩提樹，什麼明鏡臺呢？只要本體現前，清靜自在，此外一無所有，哪裡來的塵埃呢？這種境界，禪宗叫做「悟道」。於是五祖弘忍對慧能大為讚賞，肯定他在舂米過程中悟道了。當天晚上便將衣鉢傳給了慧能。慧能回到南方弘法，以後逐漸發展形成禪宗的主流。

　　以上所講，無非在說明胡適認定《六祖壇經》並非慧能

所作，這是沒有根據、沒有理由的，是以常識經驗來判斷的。他之所以有這樣的認知，還是由於胡適對禪宗思想不求甚解的原故。

如果對禪宗思想有所了解的話，就會發現禪宗裡面出現了一些怪人物，有些人慧根很高，卻一字不識，慧能就是其中之一。《六祖壇經》是慧能宏法時所講的哲理，經其弟子修改潤飾後而成的。慧能有一位著名的弟子叫神會小和尚，即以後的荷澤禪師。六祖曾說：「我有一物，無頭無尾，不知是個什麼東西？」神會答道：「就是神會自己。」六祖對此大加賞識，認為可作「知解宗徒」。的確，禪宗講「即心即佛」。一旦開悟後，本體現前，就是一無頭無尾的東西。十三歲的神會能領悟到此，真是聰明絕頂，以後編纂禪宗的語錄，闡述禪宗的哲理以及撰寫禪宗的歷史，神會都做出了很大的貢獻。胡適根據神會的路線，對禪宗的歷史加以研究，由是，胡適就認為《六祖壇經》為神會所寫，這是沒有道理的。

### （二）錢賓四對禪宗思想的理解

錢賓四先生是怎樣通禪學的呢？據他自己說，抗戰期間，任教川大和華西大學，一年夏天去青城山避暑時讀了《指月錄》，就通禪學了。我深表懷疑，充其量略知一點禪理而

已。為什麼呢？我讀他的《中國思想史》一書，專章論述禪宗的地方很多。以我今天對禪宗哲理解悟的程度來看，錢氏的著述，我很不禮貌地說，他對禪宗的理解，實在太有限了。

　　錢先生是位史學家，對歷史有他獨到的見解，而且長於通史。所謂「通」，指的是通觀全局，通向全面的意思，這是通史別於專史的地方，也是錢氏史學的優勝處。專家們往往只見樹不見林，而史學家們卻能以廣博的知識來觀照全局，這就是通人之學。錢氏正是以通識的觀點來研究禪宗的。從東晉起，到唐代止，錢先生都有一系列的研究和論述。這一點，我對他很敬佩。

　　錢氏認為「生公似孟子，六祖似陽明」，他這一認知頗有見地。所謂生公，即南北朝時代著名的高僧竺道生。在中國佛教思想史上，他是一位頗具卓見的人。他闡述「頓悟成佛」義，最為有名，故錢氏以生公比孟子，以六祖比王陽明。由孟子到王陽明的思想演變發展，便與從生公到六祖思想的演變發展極為類似。至於如何演變發展，錢先生就很少解說了。錢氏曾經與胡適辯論禪宗思想問題，在我看來，這一爭辯沒有什麼價值。因後者對禪宗思想似無所知，前者所知亦極有限，在這樣的基礎上，展開思想上的爭辯，是不足觀的。

### （三）我通禪學的經過

在上一講中提過，由《虛雲老和尚年譜》我明白近代禪宗高僧「悟道」的情景。此外，我還說到明末憨山大師動中本體現前的情形。憨山大師對〈大學〉篇首「定、靜、安、慮、得」一段話有精闢的闡釋，他主要是用禪宗「破三關」的哲理來解釋〈大學〉這幾句話，在一般人看來很難懂。也許由於我的悟性不差，所以一看就明白了。禪宗修道有「破三關」之說，可是如何破三關？講得清楚的人就不多了。

我早年讀《憨山大師集》，發現憨山釋〈大學〉恰是講禪宗「破三關」的哲理，冥契於心。於是以王陽明的〈大學問〉與憨山文對比闡釋，因作〈由陽明、憨山之釋大學看儒佛疆界〉，副題是〈並由禪宗破三關會通華嚴與天臺〉一長文，刊香港《人生》雜誌，後輯入拙著《明學探微》一書，由臺灣商務印書館出版。過後又理出脈絡來，所謂「破三關」，唐代高僧馬祖道一早就講過了。如說：

1.「即心即佛」——悟道，破初關。

2.「非心非佛」——悟道後高一層境界，謂之「金鎖玄關」。

3.「不是心，不是物，不是佛」——禪宗哲理的最高境界，叫做「生死關」。至此了生脫死，便可成佛。

相當於這三關的另有一說，就更清楚了。

1.「截斷眾流」——初關悟道。

2.「涵蓋乾坤」——金鎖玄關，從本體中顯出萬象來。

3.「隨波逐浪」——即生死關，可了生脫死。

所謂「即心即佛」，語出《六祖壇經》，意思是說，佛就在我們的心中，不必求諸西方——印度。一旦開悟後，佛便在我們的心中出現了。這種情景就稱為「悟道」或「見道」，即悟得本體之意，這是初關。所謂「非心非佛」，是破第二關——金鎖玄關，也是禪宗修道躍入高一層境界。這時所見的（慧眼所見）既沒有心，也沒有佛，那又是個什麼呢？此時唯一所見的，乃一無限大的光明體；如明鏡一般，宇宙萬物就從這明鏡中反射（或印）出來。當然這裡的明鏡是比喻本體，從本體中可以顯示宇宙萬象，就叫「涵蓋乾坤」。到了破第三關，「不是心，不是物，不是佛」，又該怎麼解說呢？這是禪宗哲理的最高境界，禪宗稱為「隨波逐浪」。現在改用華嚴哲學求詮釋，就容易明白了。衝破禪宗生死關，就可達到「一多相涵」或「事事圓融」的佛學最高境界。前講提到蔣道林的〈絕筆詩〉，便是「一多相涵」的境界，非但佛學有此境界，理學中亦有同樣的境界，只是一般講理學的不識罷了。

由憨山大師〈釋大學〉一文，使我對禪宗「破三關」的

哲理有透澈的了解。在若干年前，從馮友蘭的《中國哲學史》中，又略知華嚴的「法界觀」。至此，由禪宗如何會通華嚴，就很明白了。我又從臺北的白聖法師處，知道禪理不僅可會通華嚴，更可會通天臺的「一心三觀」的哲理。如此，禪宗、華嚴、天臺都可會通了。此外，又從李二曲對本體的詮釋中，我還知道禪理可以會通唯識哲學。

試問理學如何能會通唯識哲學呢？因唯識哲學中的第八識——阿賴耶識，可「轉識成智」，當修道功夫達到華嚴「一多相涵」時，第八識便轉化為「大圓鏡智」。所謂「大圓鏡智」，乃理學會通唯識之關鍵所在，因有高度神通智慧，故稱為「智」。這一玄妙的境界，就是理學中的本體世界，（按：在未能轉識成智前，第八識又名「圓成實性」。如把儒學佛學化，這「圓成實性」與〈中庸〉的「天命之性」及「自誠明，謂之性」之性，就沒有多大差別了。理學家正是走的這條路線，只是不便明說罷了。）同時，也是唯識哲學的最高境界。它與禪宗的「隨波逐浪」，華嚴「一多相涵」以及天臺的「中道觀」等境界，都是相通的。

### （四）程朱近華嚴，陸王類禪宗

理學難題解決了以後，我就開始著書了。有人曾說：「程

朱近華嚴，陸王類禪宗」，但須補充說明，禪宗跟華嚴，又是相通的。唯獨華嚴哲學析理最為精闢，但其哲理境界，如不通過禪宗的功夫，即無法加以證實。既然華嚴與禪宗可以相互會通，那麼理學中的陸王派與程朱派也就可以會通了。這是我多年來研究禪宗、華嚴與理學的唯一心得。我可以肯定地說：如不通禪學，即難了解陸王哲學；如不通華嚴，即難了解程朱哲學。

　　現在邵康節的「先天之學」又該怎麼解釋呢？循上例以觀，如果不懂天臺的「一心三觀」，即無法了解邵康節的「先天之學」。邵康節的「先天之學」，其主要方法是在靜坐中「觀心」。天臺宗有《止觀法門》一書，即講靜坐觀心的方法。何謂「止觀」？鳩摩羅什釋曰：「心繫一處為止，靜極則明為觀。」前一句即與周濂溪「主靜」，程明道「主敬」，程伊川「主一」，意義無殊。後一句與周濂溪「靜則明」的意義一樣。加上天臺宗的「一心三觀」，在靜中的修證過程就很具體了。所謂「一心三觀」，即空觀、假觀和中道觀。根據臺北白聖法師的詮釋，它與禪宗「破三關」和華嚴的哲理都是相通的。天臺的「中道觀」與禪宗的「隨波逐浪」，華嚴的「一多相涵」一樣，都已達到中國佛學的最高境界。已如前說，這三宗的哲理都可相通了。明乎此，就可解說邵

康節的「先天之學」了。邵康節從天臺宗的「一心三觀」入門，發展出自己的「先天之學」。「先天」二字源於《易傳》。《易傳》說：「先天而天弗違」，這「先天」二字為邵氏哲學的核心，其內涵仍然指的是理學中形而上的、靈光四射之本體。邵康節何以稱為「先天」呢？一則說此一本體，的的確確是由天所賦予，故名之曰「先天」。再則，為獨樹一幟，自創一派，異乎時人或前人，不得不另立名稱，以資識別。三則其所另立之名稱，又與其所體悟之哲理極為近似。如程明道說：「天理二字，是自家體貼出來」，實則天理的內涵與濂溪的「太極」或「誠」《通書》完全一樣，絕無差別，宋明理學家名目之繁多，即由此而來。又如陸象山倡「本心」，王陽明倡「良知」，如不真解禪理，即難洞悉陸王哲學之底奧。邵康節先天之學亦復如此。我們如不明唯識哲學，也很難知曉本體之所以為「大圓鏡智」之由來。這一點，可從李二曲哲學中獲得證明。

中國大乘佛學分為兩大宗：一是性宗，一是相宗。如禪宗、華嚴、天臺都講宇宙萬物的本體，以人為標準，從心性上用功夫，最後證成本體臻於圓融之境，這就是性宗。而相宗呢？剛好相反，是從宇宙萬物的現象講起，一層一層地分析，最後可「轉識成智」，成「大圓鏡智」——大圓鏡般的

本體也就出現了。簡言之，相宗就是從現象說到本體，性宗則是從本體說到現象，雖然方向相反，探討路線各別，可是成佛目的完全一致。如《唯識哲學》，就是代表相宗的。

《西遊記》講唐三藏西天取經，就是指唯識哲學傳到中國的佛教故事。唐太宗時，玄奘法師奉命去印度取經，即把印度的唯識經文移植到中國來。經過翻譯後，玄奘便創立了唯識宗。唯識宗是印度性格的，是用印度的邏輯來解釋現象的。禪宗、華嚴、天臺三宗，是中國化的佛學，尤其禪宗與儒家思想甚為接近，唯識宗是印度產物，與中國思想就有點格格不入了。

## （五）理學與佛學之比較

理學與佛學之比較，可從兩方面來說。首先，就形上學方面說，理學與佛學似無軒輊，儘管理學家否認與佛學、老莊的關係，但就其思想詣境言，大體上，他們的最高境界是一樣的。唯獨程朱派，尤其朱子是例外，因朱子的形上學詣境是極有限的。

其次，從形下學方面來觀察，理學與佛學卻大異其趣。王陽明有這樣的評語：「佛老不能為天下國家」。陽明這句評語，我們今天看來還是很正確的。在形下學的領域中，佛

老思想是沒有顯著地位的。理學家中，如程朱及程朱派學者，大多是反對佛老思想的。王陽明雖然不排斥佛老思想，但亦有微詞，因為佛老境界雖高，是不能用來治國平天下的。有好多理學家兼具政治、經濟、軍事才能，是佛道二家望塵莫及的。儘管佛老思想在形下學方面有其重大缺陷，但在形上學的獨特價值是絕不可否定的。這點，我以後會詳細講述。

最後作一結論，佛學與理學皆有中國哲學的最高境界。在佛學中，如禪宗、華嚴、天臺，其理境之高卓自不必說。而理學中的陸王造詣，視禪宗、華嚴、天臺亦不多讓，同樣都可達到中國哲學的最高境界，即華嚴「一多相涵」的境界。而視之程朱派，則不免大為失色了。

還有最重要的一點，即由禪宗可會通老莊哲學，從證悟過程中，即可明白這一道理。以後講到老莊哲學時再作解說。

# 第六講

# 陸王心學直通程朱理學

　　宋明理學，不外乎程朱、陸王兩大派，陸王指的是陸象山和王陽明，程朱，則指程伊川和朱晦庵。一般稱陸王為心學，程朱為理學。程朱、陸王，這兩大派為宋明理學的重心，其他縱有若干流派，也不過此兩大派之支系而已。為什麼稱陸王為心學、程朱為理學呢？其實，我也不贊成這種看法。因黃梨洲著《明儒學案》時，即把陸王稱為心學，因為陸王，尤其是王陽明談心談得最多，除此之外，他們也說理，故黃梨洲便把陸王劃分為心學。而程伊川常講天理或理，朱晦庵亦然，此外，他們也談談心，於是黃梨洲就把程朱劃分為理學。這一劃分並不十分正確。我認為黃梨洲本人對理學也不太清楚，所以才會作這樣的劃分。比如說，我們如對理學名稱的由來加以考證後，即可瞭解對黃梨洲是莫大的諷刺。陸象山曾有「本朝理學」之說，可見理學這一名稱，最早是陸象山提出來的。在此之前，只有「內聖外王之道」或道學等名稱，卻沒有理學，黃梨洲硬把陸象山、王陽明劃分為心學，

程伊川、朱晦庵劃分為理學，是很不妥當的。黃梨洲所以如此劃分，可能他當時沒有看到陸象山這句重要的話。照我們今天一般說法，我認為如果宋明哲學包括陸王哲學和程朱哲學，照這樣稱呼，就不會發生什麼衝突了。

另外，我在這裡附帶講一點學術方面的常識。我們中國人在學術稱謂上有個習慣，在我們上一代學人，如錢穆、馮友蘭、陳寅恪、熊十力等等對此都很重視。我們中國照過去的習慣都有名諱，有字號。在歷史上的記載，都直書其名，如陸象山稱陸九淵，王陽明稱王守仁。在學術上，卻避其名諱，則稱陸象山和王陽明。因陸九淵曾在象山講學，其門弟子尊稱為象山先生。我們也稱陸象山或象山先生，即由此而來。王守仁在少年時代曾習導引術於陽明洞，故其門徒即尊之為陽明先生。我們今天稱王陽明，亦由此而來。這是我們中國人對當代和前代學人的禮貌問題。表示我們對時賢及先賢的一番敬意。這一點，值得現在一般年輕學者，甚至一些教授們的重視。

現在書歸正傳，先談第一項，即理學、心學命名之由來，也就是追溯理學、心學之淵源。

下一講，我會提到「北宋五子」。程明道、程伊川是周濂溪的門弟子。周濂溪，即周敦頤，字茂叔。晚年任知南康

軍，因疾寓廬山蓮花峯下，以其湖南故居營道濂溪名之，故稱濂溪先生。我們今天稱周濂溪，即由此而來。邵康節比周濂溪年紀小一點，他們同一個時代。康節為邵雍之諡號，人稱康節先生。我們今天稱邵康節，亦由此而來。前面提到邵康節的先知工夫，這裡就好解說了。我們在上一講中，曾談到禪宗工夫破第二關──金鎖玄關時，亦即道教修證神仙進入中關以後，便會出現神通智慧，也就是世俗說的「未卜先知」。修證至此者，便能洞知未來世事之演變，邵康節正有這項本領，現在可以一則故事來作說明。

　　邵康節隱居洛陽，常與名公巨卿交往，聲譽甚隆。歐陽修未識康節面，亦甚慕之。故命其子歐陽棐（字叔弼）去洛陽參拜這位前輩先生，並向他請教學問如何做法？我們可想而知，邵康節對這位晚輩來訪當然很禮遇。歐陽棐迫切需要的，邵康節卻隻字不提，只細說他畢生治學的艱苦經歷，講完之後，便送客。歐陽棐這位青年人實在惶惑不解，大失所望。心裡一想，怎麼他會對我這樣呢？講些與我學問無關的事情。但在臨別時，邵康節特別囑咐他說：二十年後要他幫忙。這位年輕人聽了，更感到莫名其妙，不知其用意所在。又不便詢問，只得告辭離去。那知二十年後，歐陽棐在國子監任太常博士，主管「諡法」的職務。此時，邵康節已經去

世，正由河南尹（河南的地方長官）向北宋中央政府報告，請賜予邵雍一個諡號。按當時規定，應由其家人將他的傳記等資料呈送中央，以備主管單位參考。可是，歐陽棐陡然想起廿年前的往事來，對他家人說：資料不要了，我老早就知道了。於是把他所知道的直接記錄出來，因擬諡號為「康節」。邵康節知道廿年後的事，當然是佛、道二家神通智慧的顯現，這叫「宿命通」。理學家好多都有這項本領，為了沖淡佛老意味，儘量儒學化，特別命名為「前知」（取〈中庸〉「至誠之道，可以前知」或「前識」。不管名稱怎麼變，實際上，仍是佛、道二家的神通智慧，絕對沒錯。只是他們多半秘而不宣，屬於形上哲學範疇；由此，亦可說明理學家與佛、道二家相通處。由於邵康節一而再地把這秘密講出來了，所以王陽明批評他「泄漏天機」。

　　以上講邵康節的故事，只是一個插曲，說明理學家與佛、道二家一樣，多半具有神通智慧。如就表面觀察，與理學、心學命名之由來，似無多大關連；實際上，我們如不了解理學家神通智慧之來源，是無法深知理學的。這和禪宗一樣，如不了解禪宗神通智慧之來源，是絕對無法了解禪學的。

　　現在回頭來再說理學、心學劃分的問題。黃梨洲作這樣的劃分，是頗值得爭議的。程明道對這問題早就有了解答。有人

問道：程先生，你做的是什麼學問呀？他回答說：「內聖外王之道也」。按「內聖外王」這句話，出自《莊子‧天下篇》，程明道援引過來，頗具深意。到了南宋初期，張南軒就名為道學。張南軒名栻，號南軒。他的父親張浚，原籍四川廣漢，後來定居湖南。張浚張魏公，在南宋初期曾任樞密使，相當於今天的國防部長兼總參謀長，後來又做宰相。張浚也是一位理學家，身任軍政要職，大力支持岳飛抵抗金人，立有赫赫功勛。南軒深受其父影響，可謂家學淵源。南軒自幼參贊軍務，隨父出征，理學造詣深厚，曾任湖北方面大員，名重一時。他與朱晦庵、呂東萊（呂祖謙）交往甚密，可惜英年早逝。在南宋初期，南軒既任湖北方面大員，練軍、治民之餘，仍講學不輟，因成湖湘學派，與朱晦庵、呂東萊、陸象山並稱為當時理學四大家。

　　理學自開山祖師周濂溪起，無論邵康節也罷，程明道、程伊川或張橫渠也罷，都沒有定出一個正式名稱來。如前面講的，只有程明道才稱為「內聖外王之道」，這話內涵雖然很貼切，對後世亦有極大影響；但是，總嫌不夠精當醒豁，於是張南軒乾脆命名為「道學」，即講道之學。繼南軒之後，陸象山又稱為「理學」。到了明代王陽明崛起，倡良知之學，於是就命名為「心學」，如說：「聖人之學，心學也。」因

他談心最多之故。

那麼，張南軒命名為道學之後，為什麼又有陸王心學、程朱理學這種稱呼呢？已如前說，這一劃分是源於黃梨洲著《明儒學案》時的見解。這樣的劃分，非常勉強，我在前面已經說過，雖然陸王多談心，但他們有時亦談理，如陸象山說：「此理充塞宇宙」，「此理已顯也」，便是有名的例子。張南軒命名為「道學」，雖有創見，但為別於佛老之道，似乎稍嫌籠統。

黃梨洲稱陸王為心學，程朱為理學，實欠允當。我們今天稱「宋明理學」，是由梁任公（梁啟超）提出來的。梁氏不分心學與理學。而把宋明儒講道之學，統統稱之為「理學」，是有見解的。梁任公命名之後，得到學術界的公認，也就成了近代學人的通稱。我認為如果再通俗化一點，更可稱之為宋明哲學。

下面講第二個問題，即心學通理學之主要關鍵。我們姑且按照黃梨洲的劃分，仍舊稱陸王為心學，程朱為理學。但奇怪的是，程明道與其弟程伊川所講之學，很不一樣。程明道與陸象山極為接近，他談「道」卻不怎麼談「心」，但他所說的哲理，卻與陸象山無多大差別，甚或一致。如在認識上，說「心即理也」，明道、象山，絕無不同。這個問題，

如果不深入研究，是不容易解答的。因為他們各人講一套，像周濂溪早年講「太極」，後來又講「誠」。〈中庸〉說：「誠者，天之道也；誠之者，人之道也。」便是濂溪講「誠」的來源。濂溪著作很少，除《太極圖說》一文外，就是《通書》薄薄的一冊，裡邊是專門講「誠」的。如果以今人著書的標準來說，周濂溪怎麼會成為理學的開山祖師呢？又如果沒有抓住理學的核心概念，僅僅一個周濂溪就困惑不已。因為他年輕時代講的是「太極」，中年以後，又專說「誠」，這二者的區別，他又未加嚴格辨析，後人從哪裡去索解呢？單是一個周濂溪，我們欲求其學說之真相，也就夠煩了。

其次講邵康節。邵康節家住洛陽，與退休宰相富弼及司馬光等名公交往，名氣很大，洛陽人無不知有邵先生者。周濂溪則不然，做官僅及州郡，便去世了。他靠二程兄弟傳其學。縱然二程兄弟以後很少提到濂溪，但濂溪學脈由明道、伊川傳承下來，應為不爭之事實。我們細考濂溪之學，其理學詣境極為深邃，但影響力很有限；邵康節就不同了。他未做官，隱居洛陽，為了展示其道學之凸出，特名其學為「先天」。按「先天」二字來源於《易傳》。《易傳》有「先天而天弗違」的話，便是邵康節創「先天之學」的唯一依據。而「先天」一詞，便成了他思想的核心。邵康節與周濂溪同

一時代，兩位大師所用的名稱都不一樣，於是「太極」及「誠」與「先天」等名詞概念，對後代學人，就造成了更大的困擾。

下面再講二程的道學，看看他們又用了些什麼名稱。先說程明道吧。程明道並沒有沿用周濂溪的名稱，卻直呼其思想核心為「天理」。如說：「吾學雖有所授受，但天理二字，卻是自家體貼出來。」可見其重視之程度。按「天理」一詞，出於〈樂記〉。〈樂記〉說：「不能反躬，則天理滅矣。」便是明道此語之依據。以「天理」概念作為其思想之核心，應係不爭之事實。程伊川也講「天理」，後來乾脆把「天」字去掉，直接稱呼為「理」，於是理學之理，也就有了由來。南宋張南軒稱為「道學」，已如前說。陸象山自創一派，又名其學為「本心」。本心源於《孟子》「勿失其本心」。到了明代，陳白沙（陳憲章）更名為「自然」，作為他理學思想的核心。而「自然」一詞源於《老子》，照近人的看法，認定《老子》為自然主義。自然主義在西方等同於唯物主義，但白沙思想絕不是唯物主義。而理學思想，既不是唯物主義，也不是唯心主義，的的確確，是一種超越心物意識形態之上的思想。而《老子》思想中，當然含有自然主義的傾向，但絕不等同於西方的自然主義。它的哲理很高深，與理學之道無異，所以陳白沙才稱其學為「自然」，並「以自然為宗」。王陽明倡「致良知」，自創

一派，其思想核心稱為「良知」。以後高景逸（高攀龍）稱其思想核心為「中庸」。為什麼呢？他的理由是：「中者，平平當當；庸者，尋尋常常。」故謂之「中庸」，最為恰當。繼之，劉戢山（劉宗周）另立新說，特名為「慎獨」。慎獨，取〈中庸〉「故君子慎其獨也」之義。這些名稱實在太多了。諸位想想，從宋到明六百年間，理學的演變發展，就出現這麼多名稱，如「太極」、「誠」、「先天」、「天理」、「理」、「道」、「本心」、「自然」、「良知」、「中庸」、「慎獨」等等，實在夠煩了。單從名稱方面去考察，就令人眼花撩亂，困惑不解，還能談深入研究麼？如墜五里霧中，不知如何辨識了。在我年輕時代就遭遇這一困境。心裡一想：為什麼定出這麼多名稱呢？如何把它們統一起來？這中間又有什麼關連呢？等等一系列的問題困擾著我，無以自拔。當我發現理學核心思想後，再回頭來看這繁複的名稱，才恍然大悟，原來這麼多名稱，都是理學家們在儒家典籍中找出跟他們思想關連的詞語來，定為其學說名稱的，好自成一家，獨樹一幟。雖然名目繁多，學派林立，但透過這些名稱的背後作深入研究時，不覺有驚人的發現，快慰無窮，如釋千斤重擔。原來這些繁多名稱的背後，有條核心思想都是一樣的，即是理學中形而上的光明本體，絕對不差，以後可用功夫來證明其如此如此。

　　下面就談陸象山「發明本心」吧。陸象山把《孟子》「勿失其本心」的話，拿來作其學說的核心，主張「發明本心」或「復其本心」，又叫「先立乎其大者」。其實《孟子》講的「本心」，就是一顆清清白白的良心，把利欲剝得乾乾淨淨的一顆心，也就是我們常說的「良心」。《孟子》講的本心，講的良心，似無甚深哲理可說；可是陸象山就不同了，把「心體」或「心本體」滲入進去，哲理可高深了。他把「心體」又名為「此理」。他常說：「此理充塞宇宙」，這就費解了。實際上，就是指的這個形而上的光明本體說的。因為本體之量無窮，如宇宙之量一般，故有「此理充塞宇宙」的說法。象山主「發明本心」或「復其本心」，要認識到這裡，才算透徹明白了。為何又叫「先立乎其大者」呢？就是首先確立此心性本體。（按：「先立乎其大者，則小者不能奪也。此為大人而已矣。」源自《孟子・告子上》篇）我們能解悟至此，陸象山的本心哲學就搞通了。

　　其次講王陽明的「致良知」。王陽明所說的「良知」與《孟子》說的「良知」，是有很大區別的。《孟子》說的「良知」和陽明說的「良心」，意義無殊，不外乎一顆清清白白的心，能辨別是非善惡的心。王陽明倡「致良知」之良知，除包涵《孟子》原義外，哲理可高深了。如說「良知本體」

或「心之本體」，即是其高深哲理之所在。這就和陸象山的「心本體」一模一樣，絕無差別。他們都是指的這個形而上的光明本體說的。由是王陽明的良知哲學便躍昇到本體世界，王學中的一切難題也就解決了。例如我們前面提到的，陽明《傳習錄》中說：「草木瓦石皆有良知」。這個良知，是指本體說的，即形而上的「光明本體」這個東西。就華嚴哲學言，萬物皆有本體，草木瓦石為萬物之一，故草木瓦石皆有本體。換成陽明的術語說，就是「草木瓦石皆有良知（本體）」，一點不錯。這項哲理不僅禪宗可以證實，而理學家如蔣道林者，也同樣可以證實。前面第四講引述蔣道林的〈絕筆詩〉：「分付萬桃岡上月，要須今夜一齊明。」就是指的這項高深哲理說的。惜乎錢賓四先生似乎只知王陽明的形下學，尚未深入其形上學，難怪他不解「草木瓦石皆有良知」之真意所在，認為王陽明在發怪論了。由此可以明白王陽明倡的「致良知」與陸象山的「發明本心」，意思一樣。所謂「致良知」，就是恢復良知，與陸象山的「復其本心」，意義無別。那陸王哲學在形上學方面，就沒有什麼不同了。

再次，講程伊川的「天理」。「天理」觀念，已如前說，不是程伊川發明的，而是他的哥哥程明道發明的。明道說：「吾學雖有所授受，但天理二字，卻是自家體貼出來。」這

句話，看似平常，實際上卻是明道成學經歷中的一件大事。其重要性，可與周濂溪的「太極」、「誠」和邵康節的「先天」，等量齊觀。故伊川作〈明道先生碑文〉云：「先生發千五百年不傳之秘於遺經」，其重視程度不難想見。為什麼如此重視呢？以其發明理學家之「道」也。什麼道呢？此道非他，而是此形而上光明本體之道是也。此道非傳自周濂溪，而是明道「自家體貼（即證驗之意）出來」的，故伊川才說出「發千五百年不傳之秘於遺經」的話來。伊川言「天理」，即承襲明道思想而來，不過，伊川有時又直言「理」，意涵就擴大了。除「天理」一義外，「人理」、「事理」與「物理」，亦渾括於其中。故伊川之言「理」，無異為理學思想作進一步的擴展，除涵蘊形而上的天理外，形而下的人理、事理與物理，統統概括進去了。以後朱晦庵遙承伊川之學，所言天理或理，其意涵與伊川無殊，不過哲理層境就大為遜色了。

透過以上層層分析，我們可以明白看出，陸象山主「發明本心」，王陽明提倡「致良知」，程伊川、朱晦庵言「天理」或「理」（指其形而上的理境意義），說穿了，都是一樣的，都是指這個形而上的光明本體說的。至此，陸王心學與程朱理學，在形上學的一面，實在沒有什麼區別，只是理

境層次有高下之不同罷了。（按：陸象山、王陽明理境最高，已達華嚴「一多相涵」境界。程伊川次之，與「事理圓融」無殊。朱晦庵最低，只及「理法界」。）我主張陸王心學可直通程朱理學，其主要理由在此，其重要關鍵亦在此。

下面講第三個問題，程朱、陸王理學詣境之比較，並以華嚴哲學尺度來作衡評之標準。當然，我們必須先對華嚴哲學深入了解後，才能用它來衡評程朱、陸王詣境之高下。經過如此對比後，陸王、程朱在理學中地位如何？也就明白了。根據我幾十年的心得，以我的造詣來看，程伊川的理學詣境可達華嚴「事理圓融」的境界。這一境界，正是禪宗「涵蓋乾坤」的境界。它的哲理以前講過。我如此判斷，完全根據伊川的話而來。伊川說：「沖穆無朕，萬象森然已具。」由這句話的意涵，就可證明程伊川的造詣。其學養所能達到的境界即禪宗破第二關，也是華嚴「事理圓融無礙法界」。何以說呢？沖是沖虛的意思，穆是和煦的意思，朕是徵兆，連貫起來講，就是一片春光明媚、春風和煦般的、無邊無際的境界，事前看不出一點點徵兆來，可是林林總總的宇宙萬象，就從這一境界中反射（或印出）出來（即萬象森然已具之意）。大家想想，難道不是禪宗「涵蓋乾坤」，華嚴「事理圓融」的境界嗎？朱晦庵的詣境就差遠了，最多只能達到

華嚴「理法界」的層境。現在仍用晦庵的話來說明。《朱子語類》說：「理祇是箇淨潔空闊底世界」。這不是華嚴的「理法界」，又是什麼呢？

錢賓四先生似乎還未認識到這裡，只知形而下之理，不知形而上之理，於是對朱子此語，除說：「理怎麼會是這樣呢？」深表驚訝之情外，也就不知其所以了。此處朱子講的「理」，並無特別高深的哲理，就是「理法界」的意思。這麼一來，他就難望伊川之項背了。朱子最愛著書立說，可是其理學詣境可能是最低的。這個道理，要到朱子晚年才悟出來。陸象山如與朱子對比，就無異霄壤之別。象山以「道事合一」為極詣，可能達到華嚴「一多相涵」之妙境。在理學家中造詣算最高的。王陽明與陸象山比較，應無分軒輊，都能達到華嚴最高境界。由此可見，陸王的詣境最高，程明道與陸王不相上下，程伊川次之，而朱晦庵的詣境就最低了。如果我沒有對陸王、程朱的理學仔細研究，沒有對禪宗、華嚴哲學深入探討，我也作不出今天這樣的評斷。

下面再講第四個問題，即在理境認識上，程朱與陸王卻有極大差異。程朱主「性即理」說，在認識上與陸王是截然不同的。所謂「性即理」，可析為形上、形下各個層面的理境和理則等義。如就華嚴哲學來講，性即理說，無可訾議。

因眾生之佛性，即萬物之本體（未證成之本體），理又是本體的代號，故性即理說，沒有疵病。然而，如放在天、人、事、物之理的理學架構中，就發生問題了。如認為人們善良之本性，即人理的根源，當然是對的。因為此善良本性與形上本體界之佛性是相通的，故主性即理說，亦無問題。但是，如擴及到事理與物理範疇，所謂事物之性，應指事物之特性，即事物之理則或關係法則，亦謂之理，剛好浸入形下學範疇，必須加以嚴格限制後，性即理說亦可成立。然而，程朱往往把形上之理與形下之理混淆夾雜，在認識上就發生問題了。這是程朱的一大缺失。

　　陸王主「心即理」說，剛好與程朱相反。按「心即理」說，程明道早就說過：「心即理也」。以後陸象山主「心即理」說，在思想上不必有其淵源，只是暗合罷了。因此，足見象山與明道在認識上都有同樣的看法，都認為「心即理」，是認識上的最高準則。殊不知在形上本體世界，心即理說是沒問題的；但在形而下的各個理境包含的世界，就發生問題了。如人理世界，「心即理」，可暢通無阻，因「心之所安，即是理。」（王陽明弟子魏良器語）但遇事理和物理世界，可就扞隔不入了。試問：事理和物理世界，哪來心呀？豈不是陸王主心即理說之基本缺陷？我們如此剖析，既可看出陸

王、程朱在認識上的根本差異，更可洞悉他們在認識對象上，各自造成的無可彌補的重大缺失。

下面從工夫方面言，又可發現程朱與陸王之不同。程伊川有句名言：「涵養須用敬，進學則在致知。」涵養指的是證驗形上本體，故須主敬；進學則指增進形而下的知識學問，故須用致知的方法。伊川的功夫，主敬與致知同時並進，一面證驗本體，一面增長知識，二者同時兼顧。朱晦庵的功夫，是先格物窮理，然後居敬，無異乎把伊川的致知放在首位，然後再做主敬的涵養功夫，故朱子「見道」甚晚，朱子本人詣境亦低。

王陽明、陸象山的工夫幾乎一樣，都是先做主靜功夫，去「靜處體悟」，然後再在「事上磨練」，陸象山的「及物功夫」，王陽明的「知行合一」都是事上磨煉之意。故在功夫方面，陸王與程朱差異極大，尤其是與朱子幾乎背道而馳。朱子老是向書冊子裡鑽研，向知識路徑探取。朱子之學難以「見道」，主要由於方法上的缺失，這也是朱子常常遭人詬病的地方。

最後講第六個問題，即對程朱、陸王理學詣境之認識。我們從陸王哲學看程朱哲學，即可洞知程朱學之底蘊。為什麼？因為陸王哲學境界極高，已達到禪宗破生死關，華嚴一

多相涵之理境，由是回頭看程朱，尤其是朱子，達到什麼境界？應了如指掌。朱子似不自知，故象山評道：「朱元晦泰山喬嶽，惜學不見道，道自耽擱。」又朱子與象山〈辯無極書〉，朱子自認為於理學、禪學都能詣在於精微，象山卻有極難堪的批評，如說：「兩頭都不著實，只是葛藤。」意謂朱子於理學、於禪學都不踏實。不真解理學者，以為象山老是詆毀朱子，實際上象山的評語也很客觀。

　　若由程朱哲學，看陸王哲學，僅知陸王哲學之表層，為什麼？因為朱子的理學詣境極為有限，怎能從低處看透高處呢？最多只能窺視其表層而已。至於陸王哲學之深度，程朱派多以禪學視之，極欠公允。理學與禪學有極大差異，已如前講所說，怎麼可以籠統視為禪學呢？這是理學家的門戶之見使然。我們今天完全站在客觀的立場，作公正的學術評斷，觀點就不同於前人了。

　　就以朱子、陽明之註解〈大學〉而言，王陽明比朱子解釋得好。朱子解釋〈大學〉，見《大學章句集註》。朱子以他領悟的哲理來解釋〈大學〉「明明德，親民，止於至善。」他以「虛靈不昧之本體」（即形上光明本體或靈光四射的本體）釋明德，之後，就作「親民」（程頤釋親民為新民，朱熹繼承其說）的功夫，最後止於外在事理當然之極則。這條

思路是絕對走不通的，況且朱子於理學詣境之無深度，在這段註文中已全盤托出。陽明則不然。他釋〈大學〉，見於〈大學問〉一文。他以「良知本體」釋「明德」，跟朱子以「虛靈不昧之本體」釋「明德」，意思一樣。以「親民」作「致良知」的功夫，也就是事上磨練。等到良知哲學臻於極詣，亦即「事事圓融」之境，始為「至善」之具體內涵及其實現之目標。王學之深度，於此文中已全盤傾出。錢賓四先生釋王學，似未識到這裡，謂其文字攪繞，不無一間之隔，恐亦未真知王學也。

我今天以公平的態度看陸王哲學，又以我的理學造詣來看程朱哲學、陸王、程朱之高下，早已了然於心。至於門戶之見，往往為門面而爭，為意氣而爭，極不客觀。我今天可以斷言，陸王形上詣境高於程朱甚遠，尤其朱子之學絕難比擬，故象山惋惜道：「朱元晦泰山喬嶽，惜學不見道。」陽明譏刺：「影響尚疑朱仲晦」也。我畢生致力於此，深有體會。要真正了解理學，惟有把工夫與本體視為理學之定律，只有透過工夫才能認識本體，陸王之言「心」，程朱之言「理」，皆可粲然大白。陸王心學與程朱理學，二者缺一不可。由陸王心學即可直通程朱理學。於是理學中可以暢通無阻，再無出主入奴之私見，學術有是非，有定評，從此學術便成為公器了。

# 第七講

## 「北宋五子」講的什麼學？

　　陸王通程朱哲學最關鍵的問題是什麼？就是此形上光明本體，也就是形上哲學。對此形上光明本體，程朱、陸王兩派創有很多名稱，但實質上是一樣的，絕無差別。陸王在這方面比程朱要高明多多。一般學人看不出來，程朱派也不承認這一點，我是站在客觀、公正的立場才看出來的。在此形上本體方面，程朱與陸王是一樣的，只是造詣上有高低之不同。但在方法或工夫上，陸王、程朱間卻有極大差異。我今天講「北宋五子」就會提到它。又在認識上，程朱主「性即理」，陸王主「心即理」，是全然不同的。宋明理學中有個老問題，叫做「程朱陸王異同」。近代一般學者不很清楚。其實理學家們也有門戶之見，站在程朱的立場，老是讚美程朱，菲薄陸王；反之，站在陸王立場，又溢美陸王，鄙薄程朱。這樣講實在不公正，不客觀。我是站在公正的立場，既不偏袒程朱，也不偏袒陸王，講程朱、陸王有什麼相同處，又有什麼相異處。今天我來仔細講這個問題。今天是第七

講，似乎漸漸出現日落西山的景象，實則不然，要到第十二講，也就是最後一講才登峰造極。我講了這麼多一定有它的價值，有它了不起的價值。只是近代學人研究中國思想、中國哲學者不甚了解罷了。

第九講要講宋明理學的價值，尤其是宋明理學在今天的價值。它對中國人有什麼價值？對西方人又有什麼價值？除有重大價值外，還缺些什麼東西？宋明理學是由儒道佛三家思想融合而成的，絕非混合，而是融合成另外一種學問，即是理學。它不完全是先秦儒學，也非老莊，更非佛學，就是名符其實的宋明理學。它不但有老莊、佛學的最高境界，更要開物成物，救世濟民，做儒家的治平事業。宋明理學之後的中國思想就沒有什麼可數了！清代乾嘉以後是考據學的天下，它是工具之學，價值有限得很。考據大師戴東原能占中國思想、中國哲學重要位置嗎？他的貢獻實在太有限了。相互對比之下，李二曲在中國思想上的地位和價值也就不言而喻了。西方文化思想有什麼貢獻，有什麼缺失，中國的文化思想又有什麼貢獻，有什麼缺失，這些問題明白了，今天中國思想文化怎麼走？怎麼發展？可能就有答案了。

鄧小平先生提出「有中國特色的社會主義」，把中國思想融會到社會主義裡面去，可能就不一樣了。我在新著《宋

學探微》一書的結論中，就提到鄧小平底含有中國特色的社會主義問題。我以唐代的佛學來講，佛學本是印度的東西，到中國之後被同化了，叫做「佛學中國化」，這句話，很有名。印度的佛學傳到中國後，經過禪宗、華嚴、天臺三宗、中國化以後，尤其是禪宗，把印度的佛學完全改變了，和中國的老莊、儒學結合起來，中國的味道很濃，境界很高，並且能夠一一加以證實。依此範例，似可說鄧小平底含有中國特色的社會主義為「社會主義中國化」，即把中國思想滲入社會主義裡面去，使社會主義境界更高。他的用意就是指出中國思想怎麼走的問題。而且中國化，讓西方跟著中國走，鄧小平的用意或許如此。至於中國特色是什麼？還在爭論不休。資本主義也吸收了社會主義的優點，並加以實踐。資本主義講競爭，社會主義講公平。競爭可以使人勤奮，去努力賺錢。但資本主義有它嚴重的缺失，它造成貧富懸殊，產生社會問題。在美國常常搶人的都是些什麼人？只要在美國紐約的曼哈頓和芝加哥，就可領教了。臺灣年青人有些也很糟，男生、女生和黑社會勾結，搶人案件，時有所聞。這確是資本主義造成社會的亂象，無可彌補的缺失。

　　現在就講本題吧！「北宋五子」講的什麼學？這也是困擾中國學術界的學術問題。我看到牟宗三先生的大著《心體

與性體》，主要在講程朱哲學問題，過後又在另一部書裡講陸王哲學問題。他的意思是說：研究幾十年，卻沒有把程朱的理論搞通，他現在終於搞通了，才把《心體與性體》這部書寫出來。我看可能還是不大通吧！程朱自身的理論與陸王之間的理論，不是用邏輯、花幾十年工夫去貫通的問題；最主要的問題是要把周濂溪、邵康節、程氏兄弟、張橫渠所謂「北宋五子」搞通了以後，一切都通了，哪來理論上的糾纏呢？

　　現在講理學的前輩，最初是戚同文。他出生在後五代時期：梁、唐、晉、漢、周。那是中國最黑暗的時期。還記得幼年讀《史學提要》說：「五代八姓，五十三年；十三君中，明、世惟賢！」後五代是五個朝代，歷時五十三年，有十三個君主。他們當中只有兩個較好的君主，一個是後唐的明宗，另一個是後周的世宗。周世宗雄才大略，以唐太宗自勉，可惜死得太早。五代是亂世，風氣敗壞已極。有個「長樂老」的馮道，自號「五朝元老」。他做了幾個朝代的大官，臉皮很厚，是後五代最具代表性的人物。戚同文的行徑則不然，他看不慣當時官場人物，他要激勵士人的名節。於是，就在睢陽（今河南省商丘縣）講學，范仲淹就是他的學生。中國書院制度就是從戚同文開始創立的。稍後還有幾位理學前驅人物，如胡瑗（胡安定），孫復（孫泰山），石介（石祖徠）。

他們都在學問上下了一番很深的功夫。過後，胡安定就在太學裡當教授，程伊川（程頤）就是他的學生。胡瑗一見伊川之文〈顏子所好何學論〉，大加讚賞，於是大力提拔，聘伊川為教師。范仲淹在蘇州做刺史，也請胡安定去蘇州講學。孫復也做過學官，在太學裡教過不少學生。只有石介沒有做過官。他們都是理學的前驅人物，但不重要。

真正重要的是周濂溪，他是理學的開山祖師。他的思想的來源，一個是道教。他寫的《太極圖說》是很有名的。〈太極圖〉是道教修證神仙的藍圖，照原圖順流而下，就會生人，逆流而止，就會成仙。當時道教有位陳摶老祖陳希夷，修證神仙的道功極高。黃梨州的弟弟黃晦木對周濂溪有很多批評，說他把道教修煉神仙的〈太極圖〉援引過來，加以改變。這是說明周濂溪思想來源於道教。另一個來源，就是禪宗。北宋鶴林寺高僧壽涯，也是周濂溪心儀的對象。壽涯有偈道：

> 有物先天地，無形本寂寥。
>
> 能為萬物主，不逐四時凋。

這首偈把老子底道的形態、性質、作用等，都講出來了。「有物先天地」，即是說在天地、宇宙之前，就有個東西存在。「無形本寂寥」是描述那個東西沒有形狀，看不見、摸不著的；寂寥是寂靜無聲的意思。「能為萬物主」，試問老

子的「道」有什麼作用？可以作萬物的主宰呢！「萬物主」，意味著宇宙萬物就從這裡衍生出來。「不逐四時凋」是說萬物都會凋謝，道卻不會凋謝，它是永恆存在的，它有永恆的價值。這首詩把《老子》言道的話綜括起來，作一總結，是具有代表性的。

　　現在講周濂溪的《太極圖說》。他把道教修證神仙的〈太極圖〉改造後，變成他自己的東西，並以文字說明，就成《太極圖說》。他開宗明義說「無極而太極」。「無極」是《老子》的話，「太極」是《莊子》的話。周濂溪的《太極圖說》又是什麼意思呢？本來道教以〈太極圖〉來修煉神仙，而周濂溪加以改變後，卻用來說明宇宙萬物的生成。他把「太極」重新加以詮釋，即《老子》的道，也就是我常說的形而上的、靈光四射的本體。很顯然的，周濂溪受佛家思想影響極深，他根據壽涯的偈來解釋萬物的生成，都是從形上本體衍生出來的。現在我站在科學的立場就不能這樣認定，但這裡惟一值得肯定的，即是說「太極」，就是本體之自身。他特別提出「主敬」無欲的功夫，是他最佳的註腳。

　　周濂溪還有一本書叫做《通書》。《通書》是以〈中庸〉的思想為主，是講誠的。「誠」指的是什麼東西呢？就是指這個形上光明本體。濂溪說：「靜則明」。李二曲補充解釋

為「靜極則明生」。（按：鳩摩羅什釋「止觀」云：「心繫
一處為止，靜極則明為觀。」足證周濂溪、李二曲思想與天
臺宗的《止觀法門》有密切關聯。但就實證工夫言，不僅濂
溪、二曲如此，所有理學家無不如此。我們今天只要用同樣
的工夫，亦可達到「靜極則明生」的境界。）你只要靜坐一
段時間，就會體驗出來，如果功夫至極，則光明本體就會出
現。「誠」就是本體的代號，靈光四射的本體就是「誠」字
的具體內涵。

邵康節的核心思想是「先天」二字。這是從《易傳》「先
天而天弗違」一語來的，故稱之為「先天」。邵康節的「先
天」意涵與周濂溪的「太極」或「誠」，名稱有別，意旨無
殊，都是講本體，他們都主靜。尤其是邵康節大顯神通，有
詩為證，詩云：

坐牖知天是常事，

不坐牖來亦知天。

邵康節這首詩，顯然從《老子》四十七章「不出戶，知
天下，不窺牖，見天道。」等語衍化而來。這不是講康節自
己的神通智慧嗎？什麼智慧？「天眼通」是也。由邵康節展
示的神通智慧，即可證明「先天」的義蘊與「太極」或「誠」
是一樣的，只是名稱不同而已。我們從他觀心的工夫和神通

智慧來判斷,絕對沒錯。有些走邏輯路線的,用邏輯來詮釋邵康節的神通智慧,是一籌莫展的。「坐牖知天是常事,不坐牖來亦知天。」邏輯能解釋它的奧義嗎?

邵康節有部書叫做《皇極經世》,自己期許甚高,以為可以傳世。然而被黃梨州批評為「一部鶻突曆書」,了無是處。我對康節亦多微詞。邵康節很自負,來往於名公巨卿間,自許有諸葛、張良之才。諸葛、張良以外王之學見長,以王佐之才顯赫於世,試問:康節的「一部鶻突曆書」行嗎?

接下來講程明道、程伊川兄弟,他們少年時代曾向周濂溪問學。周濂溪告訴他們「孔顏之樂」,樂的是什麼?也就是叫他們去「尋孔顏樂處」。這是一個很深的哲理問題,今人多不得其解。

程明道說:「吾學雖有所授受,但天理二字,卻是自家體貼出來。」天理的內涵是什麼?它與周濂溪的「太極」、邵康節的「先天」,是一樣的,因為程明道主敬,也靜坐。明道的〈識仁篇〉開頭即說:

仁者,渾然與物同體。

明道這句話,不知難倒多少人。為什麼仁者會渾然與物同體呢?孔子不是講「仁者愛人」嗎?那裡講出這麼高深的哲理呢?殊不知這就是理學與先秦儒學之不同處。孔子講的

「仁者愛人」的話,很簡單,容易懂。可是程明道講「仁者渾然與物同體」的話,已把老莊、佛學熔入理學中去了。嚴格地說,明道不僅體「道」於心,而且已達到了禪宗「涵蓋乾坤」以上的境界。如不解悟至此,明道這句高玄莫測的話,是無從解釋的。正因本體有「涵蓋乾坤」的妙用,這位證道者仁者,即明道自身之本體可顯現宇宙萬物之本體,是謂渾然與物同體,這一境界就很高了。

程伊川汲取禪宗「體用一源」的理論,解決了明道體與用的難題。所謂體,就是指本體,用即本體的作用,包括形而上的與形而下的兩方面。前者稱為境界的體用關係,後者稱為人事的體用關係。這麼一來,明道強調的「內聖外王之道」就全部貫通了。在工夫方面,明道「主敬」,伊川「主一」,算是一大進步。

至於伊川講:「一物之理,即萬物之理。」這在科學上來說,是錯誤的,就一般事理上講,是不通的。他的本意若以華嚴哲學來解釋,意義就很明白了。華嚴家認為萬物皆有本體,本體又是「理」的代號。據此解釋,伊川這句話,就通了,沒有疑義了。伊川言「理」的涵義來自華嚴哲學的「理法界」,與周濂溪之「太極」,邵康節之「先天」,意含一般無二,絕無差別,只是境界有高低不同罷了。伊川除講「理」

外，又多言「氣」。「氣」從哪裡來的呢？《易傳》說：「一陰一陽之謂道」，於是有陰陽二氣之說。陰氣和陽氣從哪裡來的呢？如此說法，我深表懷疑。如說「氣」是本體發生作用而產生的，我也同樣表示懷疑。這套學說叫做「理氣論」，是從佛道二家和《易傳》思想融合而成的。「理」即本體，「氣」即現象，伊川之「理氣論」是從周濂溪的《太極圖說》那裡演化而來的。周濂溪講「無極而太極」，太極動而生陽，靜而生陰，一動一靜，即生出陰陽二氣來。伊川把它擴大成「理氣論」。朱晦庵講的更多，好像宇宙萬物就是這麼生成的。我站在科學立場不僅表示懷疑，而且予以否定「理氣論」的合理性。

程伊川的理學造詣究竟達到什麼程度呢？先就程明道來講，明道的理學詣境與周濂溪、邵康節差不多，比伊川就高多了。伊川的詣境應在「分付萬桃岡上月，要須今夜一齊明」的境界之下，這可從伊川的話中獲得證明。他說：

沖漠無朕，萬象森然已具。

沖是虛義，來源於《老子》。穆是和煦的意思，朕是徵兆的意思。他的境界像虛無太空一般，又像和煦的春風迎面而來，沒有一點點徵兆，然而林林總總的宇宙萬象，卻一齊統攝進來。相當於禪宗破第二關時出現「涵蓋乾坤」的景象。

禪宗初關「悟道」，叫做「打破漆桶」。人在宇宙或乾坤中，渺若滄海之一粟，但悟道後，躍入第二關，本體收放自如，既可反射宇宙萬象，又可統攝宇宙萬象，即禪宗「涵蓋乾坤」的景象。如解悟至此，那伊川這句話也就不解自通了。伊川「見道」後，他的進境只能達到禪宗破第二關的境界。這和周濂溪、邵康節、程明道、陸象山、王陽明等等，比起來就差得很遠了。

朱晦庵的理學詣境，只能達到禪宗破初關的境地，有詩為證：

川源柳綠一時新，暮雨朝晴更可人。

埋頭書冊何日了？不如拋卻去尋春。

這是朱子晚年之作，載於《陸象山年譜》中。若就詩論詩，似乎朱子在寫景抒情，實則不然。理學家以景寓情，朱子寫出了自己的哲理。前兩句在寫景。第三句「埋頭書冊何日了？」朱子喜歡著書，他想想自己，什麼時候才能完成自己的著作呢？第四句「不如拋卻去尋春」，為詩的主旨所在。「春」字暗指「見道」之道，就是本體的代號。朱子寫書寫得煩了，覺得不如靜坐去悟道吧！陸象山見此詩喜曰：「元晦有覺也」。朱子的詣境如此，最多達到「打破漆桶」的第一關。

　　張橫渠的思想困惑我很多年，他的名句：「太虛無形，氣之本體。」我以為他講的本體與周濂溪的「太極」、邵康節的「先天」、二程的「天理」、或「理」，意義都是一樣的。因在理學中，「太虛」二字是象徵本體的，「無形」也是形容本體的。這麼一來，無形無狀的太虛，恰好是陰陽二氣之本體，亦順理成章，我對橫渠思想的認識，幾十年來都如此。直到今年春天，我寫《宋學探微》一書，遞次及於橫渠專題時，又引用他的名句時，陡然發覺意義含糊，於是又仔細研讀他的《正蒙篇》，才有了新的發現。

　　我發現張橫渠的基本思想與前四子不同，他從佛老思想中把本體抽出來，卻又反對佛老。他說佛家、老莊的本體是「虛理」，以後王船山根據張橫渠的說法加以申釋，如說：「晃晃焉」，虛無之境等等，即斷定佛老為「虛理」，他要找出「實理」來。橫渠因受方法的限制，苦思力索，對本體在佛教、老莊思想中認識不清，始終認為是虛無的、不實的，故判定為「虛理」。因此，他要否定佛老的本體觀，建立他自己的本體觀。他認為陰陽二氣未分以前，聚在一起，其量之大如太虛一般，即是氣之本體；發散以後，即形成萬物。我反對張橫渠的說法，什麼陰陽二氣？根本不存在。我認為這是胡謅、是臆說。我今天站在科學立場，是持否定的態度。

張橫渠否定了靈光四射的本體，代之以大氣團似的本體，這是他弄巧成拙，絕不高明。他以苦思力索的方法，類似西方的邏輯推理。他創的本體觀念，自認為是實在的。我斷定為虛無的，是懸想的。況且陰陽二氣也絕不存在，只是橫渠的歪理。他故意摹仿佛老思想中的本體世界，而神乎其神地說，但自己卻無從達到那種境界。他又抄襲老莊、佛教中的一些神妙境界，稱為「太虛神體」。太虛即太空，神體就是神通妙用。橫渠說他的「太虛神體」多麼高明，我看純屬杜撰。他根本不可能有什麼太虛神體，因為他的方法就限制他無法了解「太虛神體」。他也不可能了悟神通智慧的作用，因為他完全靠智力探取，又把佛老一些高明哲理裝進去，成為他自己的一套。他講的道能否成立？還是問題。他很大膽，自以為是，竟把本體的內涵徹底改變了。他如果走周濂溪的工夫路線，學說還可成立。他卻把本體內涵全部改變了，「主敬」功夫也不用了，專門靠苦思力索，去探取。為了妝點門面，又把佛老神妙的東西裝進去，似不無偷天換日之嫌。張橫渠思想的形成，我實在不敢恭維。

程明道的〈定性書〉就是為張橫渠而寫的，橫渠只用苦思力索的方法，不大重視涵養工夫。程明道認為他的方法有問題，路子走錯了，寫信告訴他，應該定下心來，無分動與

靜，好好做涵養工夫。如此做下去，不但可以脫離目前之困境，而且還可以呈現明覺自然之悟境。這是一篇大文章，叫做〈定性書〉，極富哲理，惜乎張橫渠看了沒有反應。已如前說，去春返臺，續撰新著《宋學探微》一書，當寫到橫渠專題時，才赫然發現他的本體的內涵，徹底改變了，脫離了濂溪的傳統路線。可是橫渠又愛用佛書精妙語，但以他的方法不可能認識到此，我把它否定了。牟宗三先生似乎不知此中三昧，竟說張橫渠的「太虛神體」多麼神妙！未免太高估張橫渠的理學造詣了。連這位「哲學大師」都不知其所以然，可見橫渠之「關學」對後世之誤導了。

在北宋五子中，張橫渠實在很特殊，他把本體的內涵改變了，把佛老之學罵得很厲害，我看是排佛之見太深吧。他把佛老極具價值的東西拋棄了。改頭換面，代以自己的東西，才造成他脫離理學的正軌。一般學人未必能識到這裡，故對關學極為推崇，我來揭穿了這個秘密，對橫渠之學應作重新評估。橫渠認定陰陽二氣凝成一個大氣團，如無形狀、無邊際的太虛一般，這就是本體的內涵，真是大錯特錯，似是而實非。周濂溪講的「太極」，就是本體的代號。至於橫渠談到的陰陽二氣如何變化？都是他的臆見，我們今天可以否定它。我們今天相信科學，宇宙人物從哪裡來？要靠科學

來探討來證明。我相信科學,究竟人類萬物來源如何?只有靠科學來證明了。

此外,橫渠除「太虛本體」外,還有「太和」一詞的說法。什麼叫「太和」呢?依照橫渠的看法,認為太虛本體與陰陽二氣糅合在一起的、想像的原始狀態,這就叫「太和」。我認為這是「臆見」,是胡謅。至於橫渠的〈西銘〉必須在此提一提。〈西銘〉云:

> 為天地立心,為生民立命。
>
> 為往聖繼絕學,為萬世開太平。

就表象觀察,橫渠的氣魄很大,志抱不凡,頗有繼往開來之宏願,惜乎其思想來源於華嚴,哲學基礎不足。

我講到這裡,可為本講作一結論。

(一)就形上學中的本體思想來看,所謂「北宋五子」除張橫渠外,其餘如周濂溪、邵康節、程明道、程伊川等,完全一致。意即他們都以此可實證的形上光明本體為核心,只是各家命名不同而已。

(二)張橫渠妙想天開,認為佛老思想都是「虛理」,他要改弦更張,換以「實理」,於是與周、邵、二程都不相同,為理學中程朱、陸王以外之別派,注重思辨與名理,甚似西洋哲學的性格。以後承其學者,為清初王船山。船山作

〈正蒙註〉，最能代表張、王的思想。

（三）邵康節在北宋五子中極為自負，往往以張子房、諸葛亮自命，但觀其被評為「鶻突曆書」的《皇極經世》，其意總括古今之曆學，盡歸於《易》。奈《易》之於曆，本不相通，硬相牽合，所以其說愈煩，其法愈巧，終成一部鶻突曆書而不可用也。所以對其造詣多持保留態度，與其餘四子亦判然各別。

（四）程明道擷取《莊子・天下篇》的「內聖外王之道」一語，名其所學，作為其思想的核心，最堪矚目。理學為「內聖外王」之學由此成立。同時，亦標出儒家思想努力發展之目標，對當前中國思想的發展，亦不無啟導作用。

# 第八講

## 工夫與本體可視為理學之定律

　　上一講，講「北宋五子」。因時間關係，張橫渠沒有講清楚，現在補充一些。

　　張橫渠有句名言：「太虛無形，氣之本體。」北宋理學家中以大氣團為本體，張橫渠乃是第一人。我把這句話看錯了幾十年。「太虛」即本體，因為本體像太虛一般，如李二曲講「虛若太空」即其顯例。「太虛無形」，是形容本體沒有形體，沒有質量，即無形無象，如太虛一般。具體講，又是什麼東西呢？就是「氣之本體」，亦即陰陽二氣的本體。陰陽二氣的學說，自宋代以來，直到今天還有一些人相信它，我可不相信。這陰陽二氣是從《易經》上來的，我反對這種觀點。照這句話講，「太虛無形，氣之本體」就是沒有形狀的如太虛般的、無限大的那個東西，就是陰陽二氣的本體。當我寫新著《宋學探微》一書、張橫渠專題時，我又仔仔細細地看了橫渠的《正蒙篇》，卻發現了問題。張橫渠講的本體，不是這樣的。他首先反對佛家和道家本體的內涵，

說它是虛無的，空幻的，是虛理而非實理。他要的本體是「實理」，是實在的。什麼是實在的？張橫渠相信陰陽二氣是實在的。只有太空中的陰陽二氣凝結成一大氣團，像太虛那麼大的東西，就是本體。他這樣講法大有問題。由陰陽二氣凝成太虛般的大氣團就是本體之自身，那麼這個本體與氣根本沒有什麼區別。照他的說法，陰陽二氣的凝聚與分散，便形成了宇宙萬物。不管這個說法對不對，按照他的理論講，陰陽二氣凝聚在一起成無限大的氣團，就是本體；分散開來，就成宇宙萬物。這是什麼哲理？我認為這是胡謅。

近人對張橫渠很敬仰啦！我看某些著作，講到郿縣張橫渠及他的學說時，說他的學說是唯物主義，對呀！很積極呀！說他也有唯心論傾向，就消極了。我說這些先生只談理論，不重實際。如說唯物主義積極，唯心主義消極，這是虛幻的，不切實際的。我在美國時，人們認為尖端科技如電腦就是標準的唯物主義。搞電腦的人究竟是積極還是消極呢？我可以說是消極的。為什麼？有位電腦高級工程師對我說：「整天和電腦接觸，都是雞毛蒜皮的事，無聊透頂，美金賺得不少，還是無聊嘛！我們的人生有什麼意義呢？難道我們的人生就是與電腦這些東西接觸嗎？這些東西都是工具，不論我們是利用此工具，或被此工具利用，我們在其中不過是

討生活罷了。我們是專門設計工具，製造工具的，但我們人本身也成工具了！那麼人生還有什麼意義呢？」這個問題就深了。他是一個專門搞電腦的工程師，感覺人生沒有什麼意義。他要在我的書裡去找答案。我說：「好！今年秋天，我去西安講學過後，把書印出來，對這個問題就會有明確的解答。」唯物主義最後成了虛無主義。這是我親自目睹耳聞的。另一位電腦工程師也對我說：「電腦不過是工具而已，工具之學嘛！我們從事電腦的，不過是謀生而已！從電腦中我無法探得人生的目的和人生的意義。難道我的人生就這樣過下去嗎？」這個問題問得很對。但他們的認識是片面的，我的認識比較全面。說穿了：電腦工程師很重要，為了生活，為了更好的生活，要靠那些專業知識。美國今天的社會各方面都離不開電腦，其國內的物質文明也要靠這些專業人才去建設，但始終是「為他人作嫁衣裳」。你只能把生活搞得好一些，但人生的根本問題卻無法解決。人生問題的解決，將在第九講中討論。

　　現在書歸正傳，講本體。張橫渠的本體觀，我在前一講中說過，我是反對的。就連周濂溪的，我只贊成一部份，如他說的「太極」（本體），我是贊成的，但他推演宇宙萬物如何生成的理論，我卻持否定態度。張橫渠把本體的內涵完

全改變了，換成他的那套東西。他認為是實在的，我認為是虛幻的。我在新著《宋學探微》一書中有三萬多字的文章，論述橫渠思想部份，對橫渠訾議甚多，不留餘地。他說「太虛無形，氣之本體。」我不相信他的說法，而且持反對態度。他還有一個「太和」的觀念，是什麼東西呢？這是張橫渠耍的花招。所謂「太和」，仍是氣的變相說法，就是那個氣，「太虛無形，氣之本體」之氣。在他看來，「太虛」是無窮大的氣體，「太和」就小多了。現在他把「太虛」這個無窮大的氣團縮小，縮到他所規定的範圍內活動，就叫「太和」。面對太虛，太和就小多了，但都是氣。

說實在的，當年李二曲對張橫渠這套理論，並不贊成。他雖對橫渠其人很欽佩，但對橫渠之學於他的〈體用全學〉中，卻隻字不提，為什麼？橫渠學的分量、價值，也就不言而喻了。二曲在〈體用全學〉中，明體的一面主陸王之學，明體之功夫，卻主程朱之學。張橫渠，顯然被擠在宮牆之外去了。橫渠是關中先賢，二曲議論要留餘地；我是川籍，與橫渠無關，議論起來就沒什麼顧忌了。我們站在學術公是公非的立場，橫渠學說是有問題的。他反對佛家、老莊，排斥不遺餘力，換成自己那套不成熟的東西。過去人們相信陰陽二氣之說，對他還很敬重。可是現在呢？對他就採懷疑態度

了。張橫渠死後，關學中斷，其中斷原因在此。張橫渠有四句名言：

> 為天地立心，為生民立命。
>
> 為往聖繼絕學，為萬世開太平。

這幾句話，的確氣派很大。但他的哲學基礎有問題。已如前說，他把本體內涵掏空了，不該偷天換日，自毀其學。他這幾句話，本來應含哲理很深，若依華嚴哲學來詮釋，即可豐富其意義；可是，他來自華嚴，卻又排斥華嚴，它的哲理就很淺薄了。總之，我對橫渠其人其學，有今昔不同之感。

現在開始解說本講專題：〈工夫與本體可視為理學之定律〉。這個問題是我自己想出來的。就是宋明理學到底有沒有一定的規律或定律？如果有的話，規律或定律又在哪裡？宋明理學本來沒有什麼定律可說，我想了很久，實在為理學可發明一個定律：即工夫與本體。這兩個東西很重要；工夫與本體結合在一起，就可產生一條規律來。這個問題，你們關中先賢李二曲先生早就想到了。如說：

> 有工夫，纔有本體。
>
> 有真工夫，纔有真本體。

這兩句話非常重要，是二曲對他的高足弟子王心敬說的。試問：這兩句話真的這麼重要嗎？剛才有位同學問：本體可不

可以證明出來？本體是可以證實的，但不是用科學方法來證明，而是自己在心裡面去證驗。這裡講的是內證，科學是外證。理學與科學甚近似。科學求真，理學亦是求真的呀！其中含有真理存在。真理從哪裡來的？就是從工夫來的。工夫與方法有別。西方人講方法，做事講原則，有步驟，有過程，加上有決心，勇往直前，要達到目的，就是要有方法。軍事作戰，更喜歡講這一套。中國人不大講方法，而愛談工夫。方法是指做事的方式、步驟，做了才能完成，不做就不能完成。工夫意義雖與方法接近，但工夫要求效驗，依照工夫步驟做了之後，必須有效驗，才算有工夫；否則，就不能算工夫。這是中國的東西。老莊、佛家和理學家就是這麼重工夫，講求工夫。李二曲說：「有工夫，纔有本體。」可視為理學之定律。從華嚴哲理來說，此形上本體為人人之所固有，故人人都可成佛；道家、儒家亦然，故可成仙、成聖。單就理論上說是如此。其次，就修證工夫言，亦屬必然，問題只在決心和毅力如何耳。我在〈揭開神仙思想的神秘面紗〉一長文中，剖析修證神仙必須通過初、中、上三關之修持，待元神出竅，修證工夫初步完成，完全是可能的；進而煉虛還無，遨遊太空，無終無始，早已超越哲學範疇，實在不可思議了。且就華嚴理論說，不僅人人都有本體，而且宇宙萬物亦都有

本體,如王陽明說:「草木瓦石皆有良知」,以及蔣道林的〈絕筆詩〉:「分付萬桃岡上月,要須今夜一齊明。」都是華嚴哲理的有力證明。現在把這些話歸納起來,又與李二曲說的「有工夫纔有本體」的理學定律關係最為密切。試問:王陽明的工夫是什麼?一句話說完,仍不外乎周濂溪的「主靜」,程明道的「主敬」以及程伊川的「主一」。王陽明曾說:「主一,就是主一箇天理。」乃是伊川言「主一」工夫的一大發揮,而蔣道林的工夫,又不外陽明工夫的翻版。由此,更可說明工夫與本體關係之密切。

　　本體是一個概念,而不是觀念。觀念是我們對事物的看法,概念是我們對事物的原理或真理的敘述或記載。一個東西的概念只有一個,不可能有第二個出現。如同電視(T.V.)影像是由電磁波發射出來的,這就是電視的原理,是客觀存在的,不受主觀的影響。觀念就不一樣,觀念是相對的,每個人的看法不一樣,觀念也不一樣。所以說我們主觀的觀念可以千差萬別,但是客觀事物的原理、真理的概念必定是一致的。我們把觀念與概念的意義辨析明白後,仍然回復到「工夫與本體可視為理學之定律」的專題討論上來。工夫與本體關係之密切,在宋明儒中,似乎沒有一個講得比李二曲更清楚、更明白的。二曲對工夫與本體之緊密關連又作進一步的

肯定與發揮，如說：

> 有真工夫，纔有真本體。

這可算是李二曲的第二句名言。如果你下了一番真工夫，真本體就會出現。只有用極湛深的工夫，才可以證出極高明的境界來。李二曲還有第三句名言是：

> 吐人不敢吐之隱，洩人不敢洩之秘。

在理學中，二曲敢於吐出別人不敢吐的隱衷，洩別人不敢洩露的秘密。二曲這些名句，我加以申釋後，就可看成是理學的定律了。陸王哲學是符合理學這條定律的；程朱哲學亦大體吻合；惟獨張橫渠哲學很例外，他談的本體工夫，早已脫離理學規範了。

現在我講宋明理學之本體與西方哲學本體之比較。西方哲學講的本體有三個：一是心本體，就是唯心論；二是物本體，就是唯物論；三是神本體，就是西方宗教的唯神論——基督教的上帝觀，上帝創造一切、控制一切的觀念。中國理學之本體，與西方哲學之本體大異其趣。西方哲學以唯心的觀點來解說宇宙萬物，遠者如柏拉圖，近者如康德，他們講的，都是屬於唯心論，都是唯心論的代表。這裏講的心是什麼？就是觀念，由觀念生成宇宙萬物，這是唯心論的解釋。唯物論剛剛相反，卻以物來解釋宇宙萬物之生成。唯神論的

上帝只有一個，唯有靠上帝來創造宇宙萬物。中國的本體觀與西方的本體觀絕對不同，西方的心本體、物本體是很小的，是形成宇宙萬物的最小單位或基本要素。而中國的本體觀就全然不同了。如程明道的〈中庸解〉說：「其書始，言一理。中散為萬事，末復合為一理。放之則彌六合，卷之則退藏於密。其味無窮，皆實學也。」程明道這段話是在形容本體的。他說：「其書始，言一理。」其書指的是〈中庸〉，這一理即指的是這個靈光四射的本體。這個本體靈妙無窮，如從心靈深處放射出來，可以充塞宇宙，彌滿人間，其量無限大；既放之後，又可收回來，隱藏在一個隱秘的地方——自己的心靈中，別人不知，惟獨自知，是謂「獨知」。明道說：「放之則彌六合，卷之則退藏於密。」這兩句話已把本體的形狀、作用都說出來了。西方哲學則不然。從古希臘哲學到現代哲學，如從理解之難易度說，治西方哲學易，治中國哲學難，尤其治宋明理學更難。因此，我的前輩先生們，好多都對中國哲學裡的本體不甚了了，才造成許多誤解。而這些哲理在清初李二曲時代是很平常的，一般士人都懂得，但三百年後的今天，我們絕大多數的學人都不懂了，認為中國的，尤其是理學中的本體是唯物論，或唯心論，或唯理論，甚至機體主義都出現了。這些都是誤解和曲解。實際上，中

國哲學的本體不是心，也不是物，更不是神。有人說老子是唯物主義，自然主義。誠然《老子》書中一部分是講自然，但這只是自然的第一義。茲按《老子》之自然有三義：一是自然現象義，這正是《老子》言自然的淺近處，與西方自然主義掛鉤。二是自然法則義，如王弼《易例略》說：「物無妄然，必由其理。」即是其義。三是「自然明覺」義，如程明道說：「明覺為自然」。哲理可深了。《老子》的「道法自然」應屬此一意義。程明道說「明覺為自然」，陳白沙又以自然為其學說之宗旨，都能闡發老子哲學的奧義，今人就不甚理解了。以上兩位理學家所講之自然，絕非西方的自然主義之自然，而是「明覺為自然」之自然；如果達到這個很高的哲學智慧境界，就會大放光明，出現神通智慧。《老子》說「道法自然」之自然，應該是這樣的自然。陳白沙之學「以自然為宗」，難道理學家成了唯物主義嗎？非也！

西方哲學的本體是靠邏輯推演出來的，宋明理學的本體是靠真實工夫證驗出來的，迥然有別。本體的形成，西方走的是邏輯路線，中國走的是修證路線，這又判然兩途，所以中西哲學裡的本體思想是不能混為一談的。

現在講宋明理學之工夫與西方科學方法之比較。科學方法以實驗為主，學過物理的人都知道，全賴實驗證明某些事

物的關係法則。而此關係法則，又靠數學公式來證明。譬如電學，可用實驗方法，證明電子在導線上成粒子狀態的運動情形，其關係法則，可用數學公式來表達。例如：

$$\text{I（電流）} = \frac{\text{V(電壓)}}{\text{R(電阻)}}$$

這個公式是用數學推演出來的，加以實驗方法之證明，遂產生電學之定律。又如電磁波，電的特性與磁的特性會發生必然關係，相互作用的結果，必然產生波動情形，在空氣中成週率式的、一波接一波的向前推進。今天的電視（T.V.）就是用電磁波的波動原理發明的。至於電的基本特性——粒子型和波動型在實驗室中都可證明出來，並經數學方法的推演，遂產生科學之定律。理學不能這樣做，只能靠自己去實驗，自己的工夫去證明，才能把自己的本體顯現出來。理學的工夫證驗與西方科學方法很接近，但其間又有顯著區別。科學實驗的對象是物，是要找出科學定律來；理學實驗的對象是「人」，尤其是人們的自身，是要覺得理學中的本體來。而工夫與本體之結合，則可視為理學之定律。故就這方面說，理學是近乎科學的。

今天西方流行的思想是存在主義。法國的薩特是存在主義中的翹楚，中國有人譯為實存主義。依照存在主義者的觀

點，他們看到西方人生社會變來變去，主導各種人物，更在不停的變動中。他們想要找出一個不變的東西來，可惜他們並沒有找到。只有德國存在主義哲學家雅士培（Jaspers）想到一定有個東西在人心靈中存在，類似康德的「物自身」或「物自體」（It is self of body）。他以邏輯方法去探尋，到達「臨界面」（極限）時，彷彿要出現一個東西，他卻看不到，一下就滑過去了。滑到哪裡了？還是找上帝吧！這是西方唯心哲學思想的結局，如康德一樣，愛以上帝來解決問題，實際上，問題並沒有解決。從根本上說，他們的方法有問題，直到今天，他們還是找不到；我們中國很早就找到了，如老莊、佛學（以禪宗為主）、理學早在人們心性中找到了，如蔣道林的〈絕筆詩〉能以自己的本體，普現宇宙萬物的本體，這是何等人生境界啊！宇宙的奧秘亦在人生掌握中。西方的存在主義如能講到這裡，就可使現代西方思想大放異彩，綻放出奇葩來。

現在繼續講，李二曲發明理學之定律。二曲是清初傑出的理學家，假使與朱子並世而生，朱子也將自愧不如。他的名言：「有工夫，纔有本體」，「有真工夫，纔有真本體。」開頭我就講過了。二曲發明了這個理學定律之後，就解決了理學中的種種難題。

　　宋明理學的工夫的來源是什麼？一是源於佛家的禪宗和天臺思想。禪宗講參禪打坐，天臺宗講靜坐「觀心」，邵康節的「觀心」，即來源於此。第二個是來自道家老莊思想。《莊子・逍遙遊》有「其神凝」一語，王敔注釋說：「其神凝三字，一部南華大旨。」王敔（王夫之之子）為何如此重視呢？因為這是莊子在講他的基本工夫。老子的基本工夫有兩句話可以概括，如《老子》十六章說：「致虛極，守靜篤。」這就是老子的重要工夫，與禪宗的參禪打坐同。第三是源於儒家孔孟思想。孟子講「養浩然之氣」，怎麼養呢？「必有事焉」。這就是主敬的工夫，心中必有一件事。只能有一件，專心於此，不可想別的，其實，這就是程明道的「主敬」，程伊川的「主一」工夫。孔子講「不識不知」，講「默而識之」，講「予欲無言」等等。很多方法與禪宗工夫接近。讀到孔孟這些工夫語，理學家必定要去親自證驗一番，才算有心得。王陽明主「必有事焉」，即其顯例。清代的考據學家則不然，只看表面的字義、文義，惟獨理學家才把中國儒家經典做過證驗工夫。

　　宋明理學工夫的內涵是什麼？周濂溪首用「主靜」的工夫；邵康節則用「觀心」的工夫；程明道、程伊川用「主敬」和「主一」的功夫，前面已經講過了，不再贅述。李侗（延

平）的「默坐澄心，體認天理。」乃「主一」工夫之補充和完成。李侗，福建延平郡人，朱子的老師，沒做過官。在理學中他的地位並不顯著，但他詣境之深邃，工夫之篤實，在南宋理學家中可算第一人，與禪宗的高僧沒有什麼區別。他終身不仕，我稱他為田園哲人。陶潛是田園詩人，而他卻是田園哲人。當年有個福建地方長官叫汪應辰的，派專使接李延平去福州講學。專使到後，李延平和他寒喧多時，談話完畢，李延平就走了，這與高僧的「坐亡」沒有兩樣。他不願去福州講學，馬上離開人世；他對南宋時局沒講一句話，他的道那麼高，為何不講話呢？原來宋高宗趙構是個自私自利的混蛋透頂的皇帝。南宋王朝全靠岳飛、韓世忠等武將抵抗金兵南侵，才能保住半壁江山，趙構卻假秦檜之手殺了岳飛。宋孝宗比較好一點，但很平庸，沒有作為；以後南宋王朝一直走下坡路，頹廢不振，以致於亡。李延平早就算定南宋是個偏安政權，又何必再說什麼呢？

　　李侗（號延平）的理學詣境很深奧，朱子早年極為傾服。朱子自十八歲中進士，調同安縣主簿，即步行至延平郡，拜李侗為師；但朱子對延平的教法，一無所獲，枉費此老工夫。延平的基本工夫就是「默坐澄心，體認天理。」其目的就是藉這項基本工夫的激發，使本體（天理）顯現出來。把工夫

與本體結合在一起，李延平是創始者。以後王陽明把它吸收過來，他卅七歲貶龍場驛，坐石棺中，「以求靜一」，於是「大悟格物致知之旨」，即悟得良知本體。陽明在困厄的環境中，體悟出李延平的工夫與教法。

朱晦庵的工夫叫做「居敬窮理」。他要「格物窮理」，有點像今天的科學方法去研究自然；但是，朱子卻從書冊子裡去格物窮理，如說：「埋頭書冊何時了？」又跟科學研究不同了。陸象山是用主敬領導窮理的「及物工夫」，與朱子絕不相同。陸象山的主敬窮理，不單是去窮究書本的理，主要的是去研究實際事物，去研究問題，如研究經濟、政治、國防、軍事等等實際問題，這與朱子的學問就全然不同了。陸王工夫大抵相同，陸象山重事功亦由此而來。王陽明奉命出征，統兵挂帥，其學問路徑與象山接近，與朱子不無霄壤之別。

最後我們還要講本體，讓大家有深度的理解。這個光明本體，是形而上的，沒有形體的，看不見的，摸不著的，抽象的，但是永恆存在的。《易傳》說：「形而上者謂之道，形而下者謂之器。」這光明本體就是形而上者，就是道，它富於智慧，有靈知、靈覺，而且是圓形的。李二曲把本體講得最清楚、最細密，用了很多形容詞，如說「虛若太空，明

若秋月，寂若夜半，定若山嶽。」這虛、明、寂、定四大特性，就是李二曲專門用來形容本體的。理學核心思想就是這個東西。周濂溪、邵康節、二程兄弟等，儘管他們命名各異，但實際上，指的這個形而上的光明本體，絕無差別。只有張橫渠例外。以後的陸王及李二曲等人也如此講，可是清初的王船山就例外了。橫渠、船山氣味相投，兩人都愛苦思力索，與西方思辨哲學甚為接近。西方哲學的方法，一方面靠邏輯推演，一方面靠思辨方法。張橫渠、王船山苦思力索，就是用的思辨方法。顧亭林就不必提了，因他是排斥佛老思想的。而佛老思想中形而上的光明本體，又是理學的核心思想。這一核心思想名稱甚多，說是本體，可以，說是老莊的「道」，道教的「神仙」，佛家的「佛」，禪宗的「真我」，理學家的「聖人」，統統都可以。禪宗何以講「真我」呢？世俗所謂「我」，是假的。為什麼？人總會老的，不管如何，因受自然律的限制，存在主義找不到一個不變的東西來超越生死的界限。我們一般人都會變的，從少年、中年、老年一直在不斷地變化中，一旦離開人世，就消失得無影無蹤。中國古人如春秋時代魯大夫叔孫豹提出「立德」、「立功」、「立言」的三不朽的信念，認為可以達到不朽。政治領袖的豐功偉業和個人著書立說，可流傳於後世，可以不朽。嚴格

講，這些都是外在的，與個人何干？所以禪宗講「真我」，
有其獨特見解。禪宗講的「真我」，就是本體的代號。它是
永恆存在的，不生不滅的，當肉體的我消失之後，其靈知本
體卻去到另一個世界。我曾看到一個日本修道者寫的書，
說：一個人修道達到最高境界時（即禪宗衝破生死關與華嚴
「一多相涵」境界），他即使要去了，到哪裡去呢？據說，
去到另一個世界。什麼世界？神仙般的世界，不需要結婚，
不需要吃飯，無拘無束，逍遙自在，沒有任何煩惱的世界。
「真我」能超越生死的界限，可以去到另一個新的世界，繼
續作修道工夫，如有機緣，會來塵世現身，以救世濟民。這
些話早已超越哲學範疇，不可思議了。然而仍不外以此形上
本體為核心，全賴工夫的驗證，使此光明本體得顯現出來。
縱然達到「聖神功化之極」境，仍然脫離不了工夫與本體為
理學定律之規範。

# 第九講

# 宋明理學開出四種人生境界

　　今天我要講述宋明理學的價值，它是宋明理學的重心，也是我這本書的重心。

　　在未講述本題以前，我先給大家講點有關的東西來作文章的陪襯。恍惚記得蔡元培先生留德返國後，寫了一本書，似乎叫做《蔡元培美學文選》。書中提到康德標示真、善、美為人生追求的三大目標：其中美的一項，作為五育（德、智、體、群、美）之一，與其他四育並列為國府教育的目標。而「真、善、美」三項（即是要求「科學求真」，「道德求善」，「藝術求美」），又為人生追求之目標，國人早有共識。科學求真，這一點想必大家都能理解；道德求善，就需要解說了。這裡所謂的道德，與西方人生社會無關。它主要講的是倫理學，純屬哲學的研究。需知在西方社會，規範人們行為的是基督教的教義，而非哲學上的倫理道德。中國則不然，儒家取代了宗教，道德屬於儒家思想範疇，而儒家思想在政治上始終居於領導地位。故道德求善，雖然中西人生

目標相同，但善的意義來源等，可以說中西思想有天淵之別。至於藝術求美，中西方的差異就更大了，舉例來說吧，西方自古希臘文化發源起，經中世紀羅馬到近代義大利文藝復興，以迄現代思潮為止，雖然經過長期的演變，但在演變過程中，可以發現西洋藝術追求的往往是一種很現實的、很實在的實感美或形式美，即視為美的事物之最顯著者，莫若西方人大都崇尚裸體美，而中國的藝術求美就不同了。像中國的繪畫、書法、詩詞等等，其所追求的詣境，往往是一種飄逸的空靈境界。西洋藝術追求的實感美或形式美與中國藝術的空靈美是不可同日而語的。西方追求的美感極易達到飽和狀態，受邊際效用的限制也很大，不如中國空靈境界廣漠無邊，限制較小。中國藝術追求的空靈境界，源於魏晉玄學的詣境，它超越了實用價值，脫離物質世界，是向上提升的一種純精神境界。這是中、西美學的重大差異。

以上話題講完後，現在書歸正傳，講述宋明理學開出的四種人生境界。

## （一）藝術人生境界

何謂藝術人生境界呢？這還得從周濂溪講起。二程兄弟年輕時，曾奉父命拜周濂溪為師，濂溪當時大概只有三十多

歲，二程僅十來歲。據說當時周濂溪什麼話都沒講，只告訴二程兄弟去「尋孔顏樂處」。何謂孔顏樂處呢？孔顏即孔子和顏回兩師徒。據《論語》述而篇記載：孔子「一簞食，一瓢飲，曲肱而枕之，樂亦在其中矣。不義而富且貴，於我如浮雲。」在孔子看來，不合道義原則的榮華富貴，對他也不過如浮雲一般。由此可知孔子所言之「樂」是何等清純、靜謐和澹遠，頗有魏、晉高人雅士之風。這一面，孔子與道家有些近似。他所享受的，乃是一種清虛澹遠之樂。論語雍也篇，子曰「賢哉回也！一簞食，一瓢飲，在陋巷，人不堪其憂，回也不改其樂。」顏回是孔門的高足弟子，試問：顏回生活於窮困不堪的環境中，樂又在哪裡呢？這就值得深思了。我們如替顏回作解答，其和孔子享受的樂趣差不多，故稱「孔顏之樂」。這一樂的享受，世俗一般人是無法理解的。

由上面的分析，可以看出，所謂孔顏之樂，說穿了也沒什麼特別高明處。只不過告誡人們，不要太重視權力與財富，過著一種清淡的生活，把人生看開一些就行了。這種人生境界，我們不難想像。古往今來有多少知識分子也都朝這方向走去。我認為，真正高明的藝術人生境界，還是莊子的逍遙之樂，只為理學中不大提莊子這個人，為了淡化佛老意味。論孔顏之樂的倡導者，就非周濂溪莫屬了。說實在的，

周濂溪心目中的孔顏之樂，與《論語》中記載的孔顏之樂，是不十分類似的。若把「樂」的境界向上躍升，便與莊周逍遙自適之樂沒什麼差別了。

我們知道，莊周聰明絕頂卻遠離權勢，甘願作一隱淪人物，在人生真理中必然有絕的大發現，這便是莊子享受的逍遙自適之樂。《莊子》第一篇〈逍遙遊〉，可以看成莊周思想之核心，其人生目的與人生意義也在此。老莊思想高明處在於他們講述哲理外，還強調一套修持的功夫。老子的修持功夫，前面已經說過，即「致虛極，守靜篤」這句關鍵語。莊子說功夫的話很多，莊子文章最大的特點，即寄哲理於寓言中。我們今天常說「凝神貫注」一語，即從《莊子》而來。莊子為什麼強調「其神凝」呢，大家不可輕易看過，這就是莊子在講他自己的功夫。

了解《莊子》的，不是明末清初的王夫之，而是他的兒子王敔。王敔曾據其父《莊子解》（王敔有增註，附見解義）認識到莊子功夫之重要，故說「其神凝三字，一部南華大旨。」為何如此強調呢？這就是莊子的基本功夫啊！莊子這項基本功夫，名稱很多，除「其神凝」外，其他如〈齊物論〉所講「吾喪我」〈人間世〉所講「心齋、坐忘」等等，名稱之多，不一而足。要之，不外「致虛守靜」的功夫。這項功夫，

以後禪宗汲取過來，便成了參禪入定的功夫。一旦入於定境，莊子所謂逍遙之樂就可體會出來了。在定境中享受無窮的飄逸之樂，禪宗叫做「禪悅食」，不管禪悅食也好，逍遙之樂也好，都是從功夫中激勵出來的。明乎此，《莊子·逍遙遊》的哲理，就可入門了。其他文義解釋，只是輔助而已。

　　在這方面，我有深切的體驗，我的體驗，絕不同於郭象註莊「各適其性，可逍遙也」之歪曲解釋。

　　以上所講是理學中的「孔顏之樂」，不是《論語》中的「孔顏之樂」，這二者有絕大的區別，不可不辨。如果認為《論語》中的孔顏之樂，就是人生的最高境界，那就錯了。理學中的孔顏之樂，是把老莊，尤其是莊子的逍遙之樂滲入到孔子顏回之樂裡面後，才完成的。經如此熔合後，理學中所謂孔顏之樂，當然和《論語》中的孔顏之樂，在人生境界上就大不一樣了。這一點，我在新著《宋學探微》一書中有詳盡的剖析，諸位可以參閱。儘管理學家們仍以《論語》中的孔顏之樂作為人生追求的目標，實際上卻把老莊以及禪宗的功夫都融進去了，才鑄成理學中的形上慧境之一。更明白地說：理學家所謂孔顏之樂，指的是形而上的、靈光四射的本體現前之樂，禪宗入定之樂，也正是莊周的逍遙自適之樂。禪宗入定之樂，我有親身的體會。因此，由禪宗可上通

莊學與老學。

以上所講無論禪宗也罷，老莊也罷，理學也罷，如與玄學的藝術人生對比，不僅是可以實現的空靈境界，而且更是本體世界之自身。由本體現前的無窮之樂，是不受物質條件限制的。功夫愈深，享受快樂的強度愈大，其樂亦無窮。人生能達到這種境界也夠滿足了。

中國哲學能達到這一樂的境界，這和一般人所講的藝術人生就大大不同了。理學中的藝術人生境界，最重要的就在求一個「樂」字。如「孔顏之樂」，莊周逍遙之樂，禪宗入定之樂，與玄學中的藝術人生空靈境界，其高下程度是不能相提並論的。理學所言之「樂」，是用功夫可以證會出來的，是內在的。功夫愈深，享受的快樂也就愈大。凡是形而下的東西，如財富、權力、地位、友情、愛情等等，是絕對不能比擬的。

以前曾提到王陽明有句話：「樂是心之本體」，到現在這句話我們就不難理解了。這裡的「樂」就是指的理學中的藝術人生境界。在陸王哲學裡，「心」與「性」是不分的，也就是說從人的心靈深處顯露出來的本體，它可以發揮一種作用，就是「樂」，所以這裡的樂，實際上指的也就是本體，尤其是指本體發出來的作用。因為「體即是用，用即是體。」

「體用一源」，故說「樂是心之本體」。在理學中所講的藝
術人生境界，即在「樂」中可以反映出理學家強調人生應享
受快樂的主張。當然這裡的「樂」是指提升了的孔顏之樂的
境界，這對於鼓勵年輕人的鬥志，激發年輕人不斷向前追求
真理的精神，具有很大價值。

## （二）宗教人生境界

　　上一講中我們提到過「三不朽」論，即立德、立功、立
言的不朽。這三不朽論，可以說是中國知識分子幾千年來精
神信仰之中心。孔老夫子可謂立德之人，孫中山、蔣介石、
毛澤東、鄧小平等等可謂立功之人，至於立言之人就多了。
我認為，凡是有價值的著作，都可流傳於後世。流傳後世之
作者，其人其書，統稱為立言之不朽。「三不朽」論，最早
是由春秋中晚期魯國大夫叔孫豹提出來的，此人早於孔子
六、七十年，他提出的這項理論非常有價值。自此以後，兩
千六百年來直到今天，即作為中國知識分子生存發展的三大
信條，實有至理存焉。孔孟、老莊，禪宗佛學直到理學興起，
對這一哲理大加發揮，使它哲理深度化，於是三不朽論面貌
一新。由知識分子的信條，儘量使它大眾化、社會化，一變
而為社會大眾的宗教信仰，側重個人內心的修養功夫，而覓

得永恆的「真我」之存在。如王陽明的良知哲學普遍流傳後，一般社會大眾如樵夫、網匠、陶匠等等，憑藉自己的修養功夫都可達到高明的哲學慧境，此即「真我」之體現。由此可以看出中國的哲學思想，到王陽明時代，在一般知識份子甚至社會大眾心理上，產生了一種普遍的、根本的變化。也就是說，要真正達到三不朽的境地，那是很難很難的。畢竟，千千萬萬的人群中，在歷史上不朽的人，也只是極少數。如何解決這個難題呢？理學家如王陽明在這方面有絕大的發現。因為理學家追求的共同目標，即是不空的聖人境界，也就是真我之體現。而此「真我」之自身，即指永恆存在的本體，禪宗稱之為「真我」。他和我們一般人處於不斷變化中的我，是截然不同的。西方存在主義者，至今並沒有解決這個難題，而中國理學家早在五百年前就解決了。這就是王陽明哲學的重大貢獻。

現在來一段插曲。前些時間，有位好心人勸我再找個老伴，安度晚年，我當時很委婉地告訴他說：我和一般老年人不同，我有我自己的人生想法，我現在最想做的事，就是著書講學，把我畢生治學的心得，傳給中國的下一代。待這一心願完成後，我什麼也不談了，我要修道去。理學家涵養的方法，我知道得很多，可是這些年來，因為忙於著書立說，

所以實際功力很有限。到那時，我可專心去修道，哪裡還需要什麼老伴呢？這也許就是我的人生觀異於一般老人的地方吧！

把我個人的想法做法說了以後，再繼續講理學家的宗教人生境界吧。大家必須了解，理學的宗教人生境界，絕對不同於西方的宗教，而是中國特創的「人文宗教」，也不是佛教、道教、老莊等。這個人文宗教的目標，是要在入世的治平事業的大前提下，每個人各做各的事，但在人生境界上，卻要追求老莊、佛家如禪宗所覓得的「真我」。俗語說：「人生到頭一場空」，看穿了，確是如此。人的一生中，不管有什麼了不起的成就，但走到盡頭，每個人都免不了人事代謝的規律的限制，當離開人世那一天，什麼都沒有了。上自帝王將相，下至凡夫俗子，都是一模一樣，絕無例外者。這種觀點，往往會給人們一種消極悲觀的人生導向。而理學家卻不如此，他們追求一種不空的永恆的人生境界，追求可實證的「真我」之體現。當本體現前時，這種人生慧境也就初步達到了。當然，以後還須用不斷的修持工夫，來完成這一聖潔的、高遠的、以此形上本體為真我的人生最高境界。

以上所講兩種人生境界，一是可以使人們享受無窮的快樂，一是可以使人們永恆地存在。那麼在我們有生之年，哪

裡還會感到消極悲觀呢？我們只有樂觀奮鬥，積極進取，才不愧理學家為我們追求的人生目標開出的人生境界。對一般人來說，要達到這雙重人生境界是很不容易的，可是老莊早就為我們解決了，禪宗為我們解決了，理學家也為我們解決了，可見事在人為。儘管佛學的禪宗和老莊思想在沒有普遍化以前，仍然是一種宗教，一種哲學，然而，理學卻融合儒、釋、道三家思想而來，一面要做儒家的治平事業，另一面又要追求佛老的人生境界，可謂相反相成，極為特殊。只有研究理學達到深度的詣境，才會體認出理學的成就，理學的貢獻與理學價值之偉大。

對於一般社會大眾來說，有了藝術人生和宗教人生這雙重人生境界，就已經很滿足了，但對於理學家來說，還是不夠的，還要繼續探索，所以又開出道德人生境界來。

## （三）道德人生境界

道德人生境界，就是以儒家思想為主體的人生境界。上面提到的是形而上的本體世界，我們稱為形上學。下面則是經驗世界，包括一切知識學問。這二者如何貫穿呢？我先舉個例子來說明。如王陽明統兵掛帥，奉命出征，又作江西、福建、廣東、廣西四省總制，官拜五星上將，聲勢顯赫，他

如何把高深的良知哲學，實際運用於軍事、政治、經濟各方面，也就是說如何把他的學問作實際的運作，使用兵與講學二者同時兼顧？這又是一個很深的哲理問題，同時也就是我們要講的道德人生境界。

這個問題，周濂溪沒有回答，邵康節也沒有提到，但程伊川卻注意到了，他借用禪宗「體用一源」的理論來說明。這裡的「體」是指本體，「用」就是指的由本體發出來的作用。所謂「體用一源」，意思是說，由本體可發出作用來，又由作用可以收攝為本體。實際上，「體」與「用」都是從同一個東西裡面發出來的。這正如王陽明所講的「樂是心之本體」一樣。「樂」，這一作用，是從心體裡面發出來的。所以說「樂」既是作用，也可以收攝為本體。這裡講的體用關係與禪宗講的體用關係，實際上是有密切關聯的。六祖慧能曾說：「定是慧體，慧是定用」「定慧一體，不是二。」這裡的「定」指入定之定，「慧」指神通智慧的意思。由六祖這句話，遂衍生出「體用一源」的理論來。程伊川把這項理論吸取過來，便解決了理學中形上學與形下學如何貫通這一難題。

我強調程伊川汲取禪宗「體用一源」的理論，以解決理學中形上學與形下學如何貫通的難題，是有重大意義的，也

是對理學的一番貢獻。我們試想，要從形而上的本體世界如何貫通到形而下的知識領域，付諸實用，實在是不易解決的問題。程明道避而不談，程伊川把它解決了。然而理學家卻不承認襲取佛老思想，多番回避，我認為這是理學家不夠開朗的一面。至於實際運用的問題，仍以王陽明為例證。如像王陽明，一方面理學入於極詣，境界很高，另一方面又要統兵掛帥，其中的重要關鍵，就是如何運用他的知識學問來達到作戰的目的？正確的解釋就是「體用一源」理論之實踐，說詳細點，就是從形上學落實到形下學，由體變為用，經過運用的過程，復由形下學的用，又變成形上學的體。應用知識、才能等，就是用，把知識、才能與形而上之本體關聯起來，就開出道德人生境界。這個道德人生境界真是高明絕倫，其高處不食人間煙火，就是本體世界。透過境界的體用關係，落實到人生社會，又有人事體用關係的連鎖，這中間由境界的體用關係變成人事的體用關係，情況亦甚複雜，靈活運用，王陽明是最典型的例子。當時朝政混亂，皇帝昏庸，王陽明卻要創建顯赫的事功，真是千難萬難。諸位想想，處在黑暗的政治環境中，要不失正義原則，處理軍國大事，如果沒有這崇高的道德人生境界，一般人是做不到的。

由這裡就可以看出，理學家們的確很特殊。他們處在這

種道德人生境界中，真正以道德作為人生的標準，為國家、為社會作出最大的貢獻。這就比前面講藝術人生、宗教人生更為積極的人生境界。前兩種人生境界主要是為自己打算的。認定人們要享受，要享受無窮的快樂，還要保持永恆的存在，說得通俗一點，就是「自私」。當然，這種自私，不同於一般人所講的自私，它是超越一般物質條件的，也可以說是一種超世俗觀念的高明的自私。而道德人生境界，就大大地不同了。一提到道德，我們都知道是以人群為對象、為出發點的，是為國家和社會服務的。

## （四）科學人生境界

科學人生境界，在理學家中一般都不大接觸，真正涉及科學領域的是李二曲。陸王、程朱，雖然也有涉及，但有限得很，真正接觸科學知識的，始於李二曲。李二曲的科學知識相當豐富，清朝初期由西方傳入中國的一些科技知識，李二曲都曾涉獵過。程朱的格物窮理尤其是朱子，雖然可以延伸到科學領域，但畢竟只是粗淺的學說而已。對於這一點，我有深切的體會。這些年來，我雖然用心研究理學，可是對於科技知識，我亦多有接觸。我是受過科學洗禮的。

在國家、社會的發展進程中，科學占極重要的一環。但

是有一點需要特別說明，科學雖然很重要，但它畢竟不是人生的目的，而只是人生的工具。科技只是用於實現人生最高境界的一種工具和手段，如果把它當作人生最終目標去追求的話，（如康德說：科學求真，即其顯例。）那只有導致人生悲觀情緒的加劇，而且對國家社會的發展也極為不利。另一方面，科技的發展也需要道德加以規範和指導，使科學不致走偏鋒，導入人生正軌。

前面講過了，佛學（如華嚴、禪宗）與老莊兩種人生境界中，可以說已達到了巔峰狀態，然而對於道德、科學兩種人生境界，他們就很欠缺了。專門追求快樂，專門追求真我，一般人能做到這兩點，就很不錯了。可是，如果再深入一層想，境界再高，還是不能用來解決經濟生活、物質生活的問題，這就需要把形上學的本體世界與形下學的物質世界的經濟生活貫穿起來，再運用科技手段，就可以徹底解決人生問題，實現人生的理想，這正是理學比禪宗和老莊高明的地方。

在今天的國際社會中，科技的重要性，相信諸位都能深切了解。在這方面，我們中國是吃過很多苦頭的。過去科技不發達，經濟無從發展，人民生活沒法改善，國際地位不能提高等等一系列的問題，都會接踵而來。這點大家都明白，我就不用多說了。

我們能享受今天的物質生活，靠的什麼是什麼？靠的是科學技術的發展，這一面大家不要忘記。國家要富強，中華民族要復興，要恢復世界的領導地位，都要依賴科技的發展。同時，科技的發展也必須有道德的指導，如果沒有道德的指導，那科技支撐經濟的發展是要跑出軌道的。當然，法律也應發揮規範行為的作用。但法律畢竟有它自身的缺陷，這是無可奈何的。比如法律的伸縮性很大，要濟法律之窮，只有靠道德的自我約束，這一面又是極其重要的。英哲培根曾說：「知識就是力量」。如果沒有道德的規範和主導，那麼知識的力量即可把人類社會引入歧途。科技力量，亦復如此。因此，在社會發展進程中，道德的自律作用是絕對重要的，道德人生居於什麼地位，大家也就明白了。

講完了以上四種人生境界，大家對於理學的價值就有了初步的了解。其中需要特別說明的，就是科技和道德的問題。科技作為人類社會發展的工具和手段，是必須的，非常重要的。就以幽默大師林語堂來說吧。他本人雖然對科技了解有限，可是他卻清楚地認識到科技的重要性。他曾作新加坡南洋大學校長，回到香港，拜訪新亞書院院長錢穆教授。他們之間談了不少話，談話的內容沒有披露。過些日子，我看到香港的報導說，林語堂公開發表談話，強調「科學立國」

的主張，當然，這話是有弦外之音的。除了「科學立國」、「科技興國」外，我們必須認清：科學自身又好像一匹野馬似的，如果走偏鋒，並非人類社會之福。所以在科技知識之上，又需要另外一套學問來規範，來約束和指導，這就需要道德；否則，科技就像一匹野馬，會給人類社會的發展帶來不幸和災難。由此，可以徹底了解通人之學的重要性，要求學問之間相互貫通，其最高境界的學問，就是我常常提到的形而上的、靈光四射的本體世界。一步一步往下走，從形上學到形下學，走到最後科技知識領域，才是最基礎最實用的學問。這一系列的知識學問，如果都能貫穿起來，鑄成一套極具系統的整體的學問，那對國家社會的發展是有莫大裨益的。懂得通人之學的人，就叫「通人」。（過去叫「通儒」。）在一個健全的社會裡，各種學問都是必須的，那麼，這種通人之學也就顯得更重要了。

　　以上講的四種人生境界，都是以形而上的光明本體為主軸的。藝術人生境界與宗教人生境界，都是光明本體自身的作用；道德人生境界，仍然是以此形而上光明本體為基礎，並透過雙重的體用關係——境界的體用關係與人事的體用關係，就開出了為人之學，即致用之學。科學人生境界在道德指導之下，與此形而上光明本體之間有了間接的關連，於

是把知識學問融成一個整體。無論今天西方的整體觀念也罷，中國的通識教育通人之學也罷，都必須要達到這裡，才算登峰造極。而理學思想，才臻於圓融之境。我們必須這樣探討、這樣研究、這樣講法，宋明理學、乃至中國思想的偉大價值，也就凸顯出來了。

# 第十講

## 由「內聖外王之道」上溯老莊思想

　　我們現在講第十講〈「由內聖外王之道」上溯老莊思想〉。宋明理學，是我們今天這樣稱呼的，但是在宋明時期是不稱為理學的，那麼稱什麼呢？叫道學，義取《莊子》「內聖外王之道」的意思。這句話出自《莊子‧天下篇》，其作者就稱莊子之道為「內聖外王之道」。《莊子‧天下篇》不是莊子本人寫的，但是文章寫的非常好，筆法很像莊周，後人誤以為是莊周寫的，實際上是莊周的門弟子或後學寫的。莊子「內聖外王之道」，先秦儒家是不會用的，到了宋朝，理學興起才開始引用。有人問程明道：你講的是什麼學呀？他回答，我講的就是「內聖外王之道」。試問：講的對不對？對，對極了。前天講題〈由理學開出四種人生境界〉，而藝術人生，宗教人生，道德人生等最高境界，都屬於「內聖」的一面。理學家們很自負，是以做聖人自命的。那「內聖」又是什麼東西呢？就是要達到這個境界呀！達到了藝術、宗教，道德這幾個人生境界，就做成了理學中的聖人，超凡入

聖了。

那麼「外王之道」又是什麼呢？就是科學人生。科學範圍包括很廣，凡是儒家的治平事業，濟世救民等所需的一切知識學問，連今天的科學知識都可包括在內。講具體一點，可以這麼說，以藝術人生，宗教人生，道德人生來區別思想的最高層，叫做形而上學或形上哲學，就是內聖學。下層的「外王之道」，講的各種科學知識，叫形下學，也是外王學。形下學是看得見的、摸得著的，像政治、經濟、法律，甚至史學、文學等等都是形下學。我們從形上學、形下學或內聖外王學可以向上追溯老莊思想。而宋明理學跟老莊思想到底有什麼關連呢？今天我們就來講這個問題。

我為什麼從宋明理學會懂得老莊？老實說，我原來也不懂，《老子》，一看很難懂；《莊子》，一看更難懂；你如要從《莊子》本身去了解莊子，很難！很難！實在很難！如讀《老子》吧，有些地方看似容易，但其高深的哲理還是不好懂。我研究的方法路線，前面老早講過，就是從宋明理學折入禪宗，由禪宗又回到宋明理學，才了解宋明理學的。了解宋明理學後，再回到禪宗，兩者關係很密切；華嚴、天臺與理學關係也很密切，甚至唯識跟理學關係還是密切。我是從這方面向上探索的。下面講的東西跟我們時代越接近，就

越容易懂，探討的東西越仔細，哲理就越清楚。老子時代，莊子時代的文章很簡奧，我們今天看起來不易懂。凡是跟我們時代接近的文章，今天看起來都比較容易懂。以下是我探討理學的路線和方法。我看宋明儒原著，很難懂，無可奈何時，折入禪宗，禪宗我懂了，華嚴也懂了，天臺也懂了，再回頭來看理學，我也懂了。於是上溯到《莊子》，一看，十分驚訝，原來理學中的好多東西都是從《老》《莊》那裡來的。方法是老莊的，講的哲理也是老莊的，名稱雖然不一樣，那個境界卻是老莊的境界。我由這條路線，才把老莊哲理看出來是一個什麼東西，我自信我懂。

經過這麼一個大轉彎，由下向上探索，路線極為曲折複雜。你如果從莊子去研究莊子，從老子去研究老子，不知如何艱難。根據我畢生治學的經驗，我敢斷言，史學家對莊子懂一點點，考據學家根本不懂，甚至連斷句都有問題，真正深解老莊的，只有佛學家、仙學家和理學家。玄學家如王弼之流，只懂點皮毛，郭象逞其玄思之智力，胡謅一通。

如老子的「無」，的確很難懂呀！他想盡辦法來形容，他用車輪的空間來說明「無」的意義，這樣解釋「無」就比較具體了。但是老子的「無」卻不是那麼簡單啊！它是含有高深的哲理的。又如老子說「天」，也是很深的，你別以為

簡單，他那個「天」實際上是形而上的。他講的「無」就是道呀！「道可道，非常道」，那麼「無」的意義就很高深了。所以王弼也只能懂得形下學方面的《老子》的「無」，形而上的高深方面的，他就不懂了。我把王弼《老子注》看來看去，就是這些。王弼是誰呀？王粲的兒子，天才哲學家，二十四歲就短命了。他對《老子》自信很有研究，是老子專家，但依我看來，他對《老子》懂的還是有限。他的註釋文字一部分是抄河尚公的。他美化《老子》的文詞，確有不可磨滅的貢獻，但他對老子的高深哲理似乎不甚理解。我的意思是說，我們從老子本身去研究老子很難很難。研究莊子也是一樣。因此我才發現這條治學路徑，由下面向上面探索。因為前人如佛學家，理學家，他們對《老莊》下了極湛深的功夫，所以他們才真正懂得《老莊》。他們下的功夫，不是像我們今天專門讀書本啦，他們是把老莊的功夫，如老子的「致虛守靜」、莊子的「心齋坐忘」等等，都身體力行過，這是我們今人所不及的。莊子聰明絕頂，文章獨創一格。他的〈齊物論〉開頭說南郭子綦靠在茶几旁睡著了，入定了，他不存在了。難道這不是莊周現身說法嗎？他不便說自己，特地編個南郭子綦出來，讓讀者去猜，南郭子綦是誰呀？殊不知那南郭子綦就是莊周本人，他的化身。他寫文章，把自己藏起

來了。他的才華橫溢，寫文章自出心裁。老子是直說哲理，莊子卻不然，他以寓言編造故事的方式來講述他的哲理。明白了這些，老莊思想就好講了。

宋明理學講的是什麼學問？程明道說，他講的是「內聖外王之道」，剛才說過。因此，張南軒定名為道學，我們過去也講過。陸象山又名為「理學」，理學名稱就是陸象山定的。王陽明為跟程朱派有別，特名為「心學」。這些前面已講過。下面繼續講「內聖外王之道」的來源及理學之正名問題。「內聖外王之道」這句話，出於《莊子·天下篇》，剛才說過。而道學、理學或心學，也應正名為「內聖外王之學」，如只說理學，說心學，總覺得沒有把全部內涵概括進去。講道學更籠統，孔子、墨子、孟子都講道，道家也講道，所以道學名稱很籠統，還是程明道的「內聖外王之道」，即內聖外王學這個名稱，義蘊最為豐富周延，把所有的東西都概括進去了。總括起來說，不外乎形而上的「內聖學」，我們講本體就屬於「內聖學」。內聖學是靠本體支撐起來的。「外王學」範圍就大了，儒家的治國平天下，救世濟民，開物成務等都是屬於外王學的範圍。外王學意義很周延，內容很豐富。

下面講第三項，孔子與莊子的思想關聯。孔子講修己安

人之道。據《論語》記載：子貢問孔子，老師你講的是什麼
道呀？孔子回答說：「修己安人之道。」對不對呢？對！的
確是對的！孔子一方面修養自己，一方面救世濟民。孔子沒
有孟子幸運，他很慘囉！孔子是貴族出身，宋國人，殷朝的
後裔。他的老祖宗曾做宋國的大官，到孔子時，其家族早就
沒落了。其父曾做宋國的武士，也就是今天的保鏢。到孔子
出世時家裡很窮，又是私生子。據司馬遷《史記・孔子世家》
記載：孔子父、母「野合」而生孔子，什麼叫「野合」，就
是今天說的私生子，這是司馬遷在《史記》裡寫得清清楚楚
的。孔子年輕時因家裡很窮，什麼都做過。《孟子》說孔子
「嘗為委吏矣，嘗為乘田矣。」也就是他當過管理倉庫和畜
牧的小吏。到了三十多歲，書讀多了，就開始教書。在孔子
以前，平民不讀書，到孔子才把教育開放了，讓教育平民化。
他的門弟子很複雜，有做過強盜的，也有貴族。

　　在魯定公時，季康子曾做他的門徒，季康子就是魯國權
臣季桓子的兒子，曾奉父命拜孔子為師。孔子有門弟子三千
之眾，古今來是極少見的。他三十三歲出使齊國，齊景公問
他：「孔丘呀，我齊國該如何治理呀？」孔子回答說：「君
君，臣臣，父父，子子。」齊景公說：「對呀！」如果君主
不像君主，大臣不像大臣，父不像父，子不像子，國家豈不

大亂了嗎？「雖有粟，吾得而食諸？」雖然有糧食，我能吃得上嗎？齊景公很佩服孔子，他說：「吾老矣，不能用也。」孔子正值壯年時代，即博得齊景公這麼敬重，是很難得的。孔子在魯國做過中都宰，過後以大司寇攝相事。魯定公和齊國談判，因齊國霸占了魯國的土地，孔子文武雙全，帶兵去收回魯國失地。他代表魯國去談判，齊國恃其強大，想以兵力威脅魯君，但孔子早有預防，所謂「有文事，必有武備」，即針對這項談判說的。最後齊國眼看沒辦法，只好化干戈為玉帛，雙方和解了事，齊國退還了魯國失地。這是孔子一生最風光的一面。那以後孔子為什麼又離開魯國呢？我看還是他的姿態擺得太高了。當時齊國宰相晏嬰知道孔子很傑出，如魯國重用孔子，魯國稱霸，會造成齊國的威脅。於是晏嬰設法使魯國排斥孔子，餽送三百女樂給魯定公，權臣季桓子代表接受，並讓定公觀女樂，定公三日不朝，於是孔子借小故就離開了魯國。

　　孔子去魯，先到衛國。（春秋時代的衛國，就是今天河南省的淇縣），時衛靈公在位。《論語》記載：「衛靈公問陳於孔子」就是衛靈公與孔子談話的見證。衛靈公年紀很大，衰弱不堪，由如夫人南子掌握政權。南子夫人年輕貌美，很想召見孔子，孔子萬般無奈，只得委屈求全。南子一見孔

子，果然喜歡，要孔子陪她乘車，招搖過市。子路大為不滿，孔子賭咒說：沒有啦！我要有非份之想，「天厭之！天厭之！」於是孔子就離開衛國，又去蔡國、陳國，弄得「在陳絕糧」。折回來到宋國，很慘啦，差點招殺身之禍。以後孔子又去楚國，楚靈王很賞識孔子的才能，欲用他為相，無奈楚國大臣們排擠孔子，於是孔子就無路可走了。孔子境遇很慘，跟飄流也差不多。五十四歲離開魯國，回來時已六十八歲了。時季桓子已死，他的兒子季康子掌權，冉有為將，遂迎孔子回魯。魯哀公尊孔子為「國老」，出入有車，從此生活才安定下來。孔子刪詩書，訂禮樂，就在這段時間。五年以後，孔子七十三歲就去世了。孔子之道，主要靠子貢傳播出來。子貢外交才能極為卓越，又會做生意，孔門弟子中最有錢的就是他。以後子貢做齊國宰相，魯國宰相，遊說諸侯，在國際上顯赫一時，孔子思想，就是這麼傳播出來的。

　　孔子的「修己安人」之道，又叫「為己之學與為人之學」，這句話很重要，直到今天還在用。孔子講「修己安人」，「修己」就是「為己之學」，「安人」就是「為人之學」。孔子說，我們做學問，一定先要為己，然後才能為人。此「為己」跟今天的意義不一樣，今天講為己，是自私的，為自己打算的。孔子說「為己」，就是「修己」，雖說也是為自己打算，

但不是用我們今天的那一套。如藝術人生境界、宗教人生境界，就完全是為己之學。理學家講的為己之學最高深：一是追求逍遙自適，無窮之樂，即證驗吾心之本體。二是實證「真我」，也是本體的化身，是要證實人生有個永恆存在的東西。至於道德人生境界，是高度的「為人之學」，透過雙重體用關係，可與科學人生境界銜接，於是鑄成外王之道，即外王學。如政治、經濟、法律、社會，國防軍事等等，都屬於外王學。透過道德人生境界，向下跟社會科學、自然科學結合起來，亦即形上學與形下學結合起來，就鑄成「為人之學」。今天大陸發展經濟，就是徹底的為人之學。為哪個？為國家富強，為全國老百姓打算，這就是為人之學啊！大力發展經濟，把國家富強起來，就是高度的為人之學啊！權力這個東西，畢竟是有時限的嘛！今天在位有權力，明天不在位，權力也就消失了。享有權力，這不是「為己」，這是臨時的、短暫的，曇花一現就過去了。真正的「為己」，宋明理學家徹底做到了。真正的「為己之學」，就是「內聖」修養，就是內聖學。「為人之學」則是「外王」學，是為國家，為社會，為人群打算的。內聖學、外王學或為己之學與為人之學，對今天國家社會來說，都是迫切需要的。

　　下面講莊子書中的仲尼和顏回，與《論語》孔顏之樂不

無思想關連。莊子這位哲人很奇怪，你們讀《莊子》其書，就會發現他的書中敘述孔子和顏回很多故事，這該怎麼解釋呢？如說莊子愛編故事，有些不完全是編的故事，好像又是真的，總有一點影子嘛。莊子編造孔子的故事，都在挖苦孔子，對孔子並不光彩。他卻把顏回捧得高高的，甚至孔子還要向顏回說：你的道怎麼比我還高呀？這在《論語》中是絕對不可能的。莊子書中說顏回「心齋、坐忘」在理學中就成了一種功夫。莊子編造顏回的故事，是借顏回的口吻把莊子的修道功夫說出來。「心齋、坐忘」無異是莊子的基本功夫。理學家對這項功夫很重視，而且要徹底去做，才能夠達到「見道」，「悟性」的境界。我們前天講「孔顏之樂」，說孔子「一簞食，一瓢飲，樂亦在其中。」儘管生活很清苦，但在孔子看來，還是很樂的。顏回的生活跟孔子差不多，顏子「在陋巷，人不堪其憂，回也不改其樂。」顏回雖在貧窮中，仍是那麼快樂。假使人能清心寡欲，也會得到同樣的快樂。《論語》講述的「孔顏之樂」，在我們今天看來是很苦的；但在孔子和顏回看來，卻是很樂的，為什麼？難道感受生活的樂趣，今人還不如古人麼？這方面頗值得推敲。老實說，今人的物質生活卻比古人富饒得多，所謂錦衣玉食，生活品味，想必比古人好得太多太多；然而今人最缺乏的，是精神生活

太單調、太空虛、太無味了。因此，孔顏之樂的意義，還是值得探尋的。

莊子書中提到孔子和顏回，就有好幾處把莊子心目中的「孔顏之樂」道出來。因為莊子很窮困，家中不無斷炊之虞，這在中國古代哲人中是一怪人物。以莊子超人的智慧、學識和才能，稍稍委屈一點，即使不做宰相，也有做不完的大官，可是他甘願做「漆園小吏」。漆園在那裡呢？莊子是蒙城人，就是今天安徽省的蒙縣。漆園就在蒙縣境內。漆園小吏，就是做漆園的管理員，待遇很差，家裡常有斷炊之虞，窮困潦倒不堪。莊周這個人真奇怪，他不是沒有本領，但他甘願窮困潦倒，甚至對家庭不負責任。他的妻子一定很不滿，這是我們今天可以想像得到的。莊子妻死了，他還「鼓盆而歌」，這在今天看來太不近人情了。莊子沒有出色的門弟子。他寫的書很特別，哲理很高深，但他生前實在是窮困不堪。我們今天對莊子非常崇敬，但他當年窮得要命啊！中國知識份子這種作風，我實在不贊成。既然有自己的本領，為什麼在經濟方面不稍稍注意一下呢？

我們下面講莊子「內聖外王之道」及對莊子的評價。莊子這位哲人，他的道的確很高，我們從莊子書裡面可以看出來。他跟佛家、理學家有些造詣很高的人差不多。莊子的「內

聖」功夫是做到了，可是「外王」事業還差一大截。莊子的「外王事業」是什麼？他不過問政治，他跟政治距離很遠很遠，他主「無為而化」，只是一種理想，在現實政治環境中絕不可能。他的「內聖」學造詣精深，「外王」學卻一塌糊塗。

而程明道又把莊子、孔子的思想融為一體，才稱「內聖外王之道」，顯然的，程明道就不一樣了。程明道在內聖功夫方面，不一定比莊子高，但在儒家外王方面，程明道重視國家大政，他要做官，他把孔子的「濟世安民」跟莊子的內聖學結合起來，就鑄成他自己的「內聖外王學」。程明道之道，跟莊子內聖之道一樣，「外王」之道卻有天壤之隔。

下面我們講「內聖學」。「內聖學」是從那裡來的？是從佛家禪宗來的，是從老莊來的。因為孔子講的不怎麼高明，孟子講的深度也有限，只有佛家跟老莊講得最高深。理學家就把佛家思想，老莊思想吸收過來，最後融成他們自己的思想，達到顛峰狀態，成為「內聖學」。理學中的「內聖學」跟禪宗關係極為密切，修證工夫以禪宗最為擅長。而理論講得清楚的莫過於華嚴。「內聖學」因源於老莊思想，故理學跟老莊思想亦有密切關聯，其關聯密切處，就在「內聖學」這一面。但理學家反對佛老思想，因而諱莫至深。

　　下面可以程明道為例作說明。他說：「仁者，渾然與物同體。」你們讀《論語》，孔子不是這麼講的。孔子講的「仁者愛人」很簡單，也很容易懂啊！不需解釋。可是，現在程明道說，「仁者，渾然與物同體。」這句話就很難懂了。「渾然與物同體」物就是指的萬物，一位仁者怎能與萬物混同一體呢？這句話實在高玄莫測，這裡面含有高深的哲理。其中哲理是什麼？這須從莊子書中找答案。莊子在〈齊物論〉中就講「萬物一體」的哲理。怎麼會萬物一體呢？這就要用華嚴哲學來解釋了。華嚴的「一多相涵」或「一即一切，一切即一。」這是華嚴的最高境界。我們曾引述蔣道林的〈絕筆詩〉「分付萬桃岡上月，要須今夜一齊明」，萬樹桃花的本體都要從蔣道林的本體中一一顯露出來。如擴張解釋，就是宇宙萬物的本體都可從蔣道林的本體中一一顯露出來，跟蔣道林的本體一模一樣，難道不是莊子萬物一體論的最佳詮釋嗎？所謂萬物一體，一定要在這個哲學境界上才能達成萬物一體。程明道說：「仁者，渾然與物同體。」必須這麼解釋，才很明白，孔子那能看到這裡呀！這一哲理境界，就是理學家把禪宗、華嚴，老莊思想吸取以後，融成的理學思想，宋明理學就是這樣形成的。程明道融合佛老思想來解釋孔子的「仁者愛人」對不對呢？可以說對，也可以說不對。就孔子

的本意來講，不對。因為孔子說的「仁者」不是這樣講的，孔子講得很簡單，「仁者愛人」。程明道講的，大家都不懂了，為什麼呢？因為他以佛老思想來解釋儒家典籍，如剛才講的，「仁者，渾然與物同體」，就是一個顯著的例子。就孔子說的「仁者」，程明道的解釋跟先秦儒家不一樣，它的哲理境界很高深。宋明理學跟先秦儒家思想在哲理境界上很不一樣，所以稱為「理學」。我們就這一觀點說，程明道的解釋又是絕對正確的。同時，先秦儒家思想，孔孟就是孔孟的，不可與理學混為一談。如果兩者混淆不清，這就錯了。先秦儒家是儒家，理學就是理學，中間有明確的界線。界線在那裡？就在這最高的哲理境界上。先秦儒家可以說這方面沒有，孔子思想沒有，孟子思想有一點影子。現在理學家把佛老思想吸取過來，才使儒家思想達到顛峰狀態。這就是理學之所以成為理學的緣故。理學的重大貢獻在這裡，理學的成就也在這裡。我們這樣探索下去，就徹底明白理學家為什麼要去吸取禪宗、華嚴和老莊思想，其原因在此。

下面接著講第五個子目，外王學直接從儒家思想而來。我們剛才講了，在「內聖學」方面，先秦儒家並不高明，理學家把佛家和老莊思想吸取過來，就非常高明了。但是佛老思想究竟不能救世濟民，不能「開物成務」，當年理學家反

對，我們今天站在學術立場公平看待，還是不贊成。我們要分清楚，佛家、道家思想有它偉大的成就，我們要肯定。儒家也有它偉大的成就，要把它講出來，像在外王學方面，就是治平事業，開物成務。儒家思想有其獨特成就和偉大貢獻，我們要給予充分肯定。在這方面佛老思想是望塵莫及的。所以在這裡，我要特別闡釋這個問題。儒家學派以孔孟思想為主流。孔子門弟子三千，大賢七十二，孟子不及孔子，其門弟子也不出色。以後有荀子不太受後代學者的重視，直到今天為止，都公認孔孟思想是儒家的正宗，尤其是孔子，是儒家的開山祖師，這一看法我們今天也承認。不過，儒家思想除孔孟外，還有荀子，我們不能忽視他。荀子也有傑出的成就，我很佩服他，荀子有什麼傑出成就呢？下面略說荀子思想。

說實在的，孔子的抱負並不怎麼大，據《論語》記載：「如有用我者，吾其為東周乎！」要恢復東周的政治秩序，就是孔子的抱負。東周是春秋五霸時代，是衰世。周天子沒有政治上的領導權，完全受諸侯的控制，無法有所作為。要恢復東周的政治秩序，孔子的抱負，也不過如此。但孔子本人卻很傑出，文武全才，道德很高，後人很崇敬他，也是理所當然。至於孟子其人其學，可以說褒貶不一，在漢朝孟子

沒有什麼特殊地位，跟荀子完全一樣，所以孟荀並稱。到魏晉、南北朝、隋唐時代，還是這樣的，位於諸子之列。孟子地位怎麼提昇起來的呢？就是在宋朝。宋朝理學興起，特別推崇孟子，孔孟並稱亦自宋代始。孟子在宋朝地位特別凸顯出來，自此以後，孔孟思想並列。理學家為什麼這樣推崇孟子呢？因為孟子講了許多話，什麼「盡心知性」啦，「養浩氣」啦，「盡性知天」啦，「萬物皆備於我」啦……等等，都跟理學發生密切關係，尤其跟禪宗也有密切關係。所以理學家把佛老思想吸取過來，想在先秦儒家思想裡找出一個根源來，要跟佛老思想很接近的，只有在孟子書裡找根據啦。孔子思想裡，也可以找到一些。如此一來，孟子地位就提高了。關於這一點，我略作說明。以前多次提到馮友蘭先生，他的名著是《中國哲學史》，可是寫到《孟子》那一部分，他就變調了。孔子部分，他完全根據錢穆的《論語要略》來寫的。及到《孟子》，馮友蘭自出心裁，把西方哲學的神秘主義搬過來，說《孟子》是神秘主義。孟子的哲學思想他無法理解，邏輯也推不下去，用一個「神秘主義」就搪塞過去了。馮友蘭評析《孟子》是神秘主義，我很不以為然。他對先秦儒家典籍，佛老思想，宋明理學等知道得太少了。他如果了解幾分，就不會這樣認定了。孟子書中有些難解處，理

學家是以理學的思想來詮釋的，於是《孟子》哲學境界提高了，《孟子》中的難題也解決了。馮友蘭認定《孟子》是神秘主義，而理學家用華嚴哲理把《孟子》思想講的清清楚楚，《孟子》本意是否如此？這是思想考證問題。我們不去管它。理學家這樣詮釋《孟子》，是屬於內聖的一面；至於外王的一面，可根據《孟子》政治思想來解釋。孟子是極端反對五霸的，他跟孔子的看法很不一樣。孔子對五霸的政治事業還有幾分肯定和讚美。孔子對齊桓公，對管仲都很敬佩，在《論語》中有明確的記載。孟子則不然，自視很高，在那個時代，沒有一個人他放在眼裡。孟子目空一切，他究竟有什麼了不起的本領呢？孟子見梁惠王說仁義，與梁惠王政見不合，去梁至齊。齊威王的兒子齊宣王，年輕有為，可是孟子的姿態擺得太高，仍錯過了用世的機會。在齊國九年，仍舊一籌莫展。他跟齊宣王談話最多，我們今天看來，孟子的政治主張是什麼呢？他反對春秋五霸，他積極宣揚「先王之道」，就是堯舜、禹湯、文武之道。他對文王最為推崇。他說：「文王一怒而安天下之民。」言下之意：他認為周文王是位了不起的君主，最能推行仁政；實際上，是孟子誇大其詞，文王那能一怒而安天下之民啊！他不相信周武王以堅強的農耕部隊攻打殷紂王，又懷疑《尚書・武成篇》「血流漂杵」的

記載不實，認為「以至仁伐至不仁，而何其血流漂杵也？」實際上這場戰爭相當劇烈，只是孟子不相信歷史罷了。因為孟子不相信歷史的記載，才塑造成孟子的理想主義。

據司馬遷《史記・周本紀》的記載，周文王、周武王兩父子在西岐地方（即今陝西省岐山縣一帶）經營多年，周文王是有抱負的諸侯，但殷紂王也不簡單，不僅僅殘暴而已，他還是有計謀的。周文王（姬昌）用姜太公的謀略，第一組訓部隊。把西岐地方農民組訓起來，成為一支堅強的部隊，便於攻擊強敵。第二用陰謀詭計。殷紂王知道西伯侯姬昌野心勃勃，把他囚於羑里，姜太公又用陰謀詭計才把姬昌釋放回來。姬昌表面臣服殷朝，實際上仍伺機起兵。姬昌死後，武王姬發繼位，接掌政權，馬上出兵東下，姜太公任總指揮，經過苦戰，才把殷朝消滅，建立了西周王朝。孟子自己對歷史都不甚清楚，還說什麼「文王一怒而安天下之民」？實際上是用武力爭奪過來的。孟子完全憑想像，懷疑歷史，我不贊成。假使孟子在齊國當政的話，我看齊宣王也未必能「王天下」統一中國。我對孟子批評很多呀！孟子的外王之學似乎還沒紮根，才招來「王道迂闊而莫為」的譏評。我們今天看來，周文王、武王父子全靠姜太公等大力輔佐，經營多年，一旦政治、軍事、經濟實力雄厚了，才把殷紂王打垮的，這

才是真正的「外王之道」。孟子講的都是理想，在今天看來根本行不通呀！所以我對孟子的外王之道持保留態度。

　　荀子就不一樣了。荀子比孟子年輕得多，當孟子聲勢顯赫，跟齊宣王大談時政時，荀子還是一位年輕人。荀子反對孟子的理想主義。荀子〈王霸篇〉代表荀子的基本見解。荀子贊成三王而不反對五霸。荀子的政治思想是「王霸兼用」的，以後陸象山主張王霸兼用，即由荀子思想而來。王道只是個理想，有理想，政治才有出路。可是政治又是很現實的，霸道重實力，是以武力為後盾的。必須二者兼顧，要前景看到了，政治現實也顧到了，政治上才能開創新局。荀子這種王霸思想，以後被陸象山採納。朱晦庵卻昧於現實，走孟子路線而反對荀子。陸象山採用荀子王霸思想，建議宋孝宗要恢復中原，統一中國。這項偉大構想見陸象山〈輪對五箚〉及〈醫國四物湯〉，我的《陸象山研究》一書言之甚詳，你們可以參看。

　　下面說第六項，內聖外王之道，至理學始底於成。莊周倡「內聖外王之道」（按〈天下篇〉為莊子後學所作。），但只有內聖一面造詣精卓，「外王」一面是無為而化，不切實際。孔子的「外王之道」，具體而微，但不高明。孟子呢？全屬理想，脫離現實。荀子設計周延，理想、現實都顧到了。

以後採納王霸兼用思想的,只有陸象山一人。他有遠大理想,有恢宏規模,建構雄偉,造詣精卓,謂集外王之道之大成,當之無愧。而其內聖一面的修養工夫也極其精湛。所以理學家的「內聖外王之道」,程明道開其端,要到陸象山才底於成。

王陽明雖有烜赫事功,卻於外王之學極不顯著。太虛大師對王陽明極為佩服,他說:「王陽明,仲尼以來第一人也。」王陽明的外王理想極為宏闊,軍事才能亦極卓越,又建樹烜赫事功,惜乎沒有完成系統著作,故陽明之外王學終不顯著。我們今天看來,不免是一大缺失。

最堪矚目的,是清初「關中大儒」的李二曲。李二曲,陝西盩厔(今名周至)人,是清初造詣超越程朱、陸王的理學大師。李二曲有什麼了不起呢?陸象山把內聖外王學完成了,王陽明事功烜赫,外王學卻不顯著,李二曲則不然。他的內聖學超越王陽明,外王學又勝過陸象山(李二曲獨享遐齡,活到七十九歲,比陸象山五十四歲,王陽明五十六歲,壽命都長)。李二曲他又堅苦力學,學問比朱子還要淵博。他無書不讀,除閱讀儒家典籍外,佛家的三藏,道家的道藏,甚至《奇門遁甲》等術數之書,他都讀過,還有西洋教典、科學技術,凡是明末清初傳到中國的西方書籍,他都讀過,

他的博學，朱子也望塵莫及。朱子的博學其實並不太適用啊！朱子一昧效法三代，鄙薄漢唐事功，眼前強敵壓境，卻置之不顧，這是朱子博學的最大的缺失。朱子學既有這麼大的缺失，可是元、明、清三代，朱子學定為官學，沒有人敢正面抨擊朱子，我們今天就不同了。他的迂腐不切實際，我們必須指出來，以免後人重蹈覆轍。李二曲就不一樣了，他生在理學時代，不便批評前賢，故對朱子學，甚至橫渠的關學，都很敬重，但我們今天的態度就不同了。

李二曲對朱子學的缺點看的很清楚。朱子學有一大漏洞，即博大而不切實際，因此，李二曲特別倡導「明體適用」之學。什麼叫明體？就是在內聖學方面，要把光明本體顯發出來，達到最高境界，這就叫「明體」。這一部份，他以陸王哲學為主，他看得很對，他的路線很正確。外王學方面，又走程朱路線，主張博學，但要糾正朱子學的缺點，以「適用」為主。於是才提倡「明體適用之學」，這一見解極為高明。二曲的門人又用朱子的話，稱為「全體大用之學」。朱子講全體大用，似乎不切實際，其內聖學造詣極為有限。李二曲則不然，內聖學詣境超過陸王，外王學之淵博又勝過程朱，加以「適用」限制，而無朱學之缺失，所以李二曲的「明體適用之學」，即是「內聖外王之學」，同時，又完成了「全

體大用之學」。這就是李二曲的重大貢獻。

　　概括以上所說，孔子講修己安人之道，或為己為人之學，演進到宋明時代，即形成「內聖外王之學」，程明道發其端，陸象山則底於成，朱晦庵擴大其範圍，王陽明在事功上發出萬丈光芒。清初李二曲卻在理學詣境上和思想架構上，把它徹底完成了。故二曲對理學和中國思想有其重大貢獻，我們今天研究宋明理學和二曲學，不可等閒視之。尤其對今天中國思想的走向，二曲學也會發生啟導作用和深遠影響。這正是我最後一講要解答的問題。

# 第十一講

# 宋明理學是儒釋道三家思想大融合

　　今天的講題是〈宋明理學是儒釋道三家思想大融合〉，這個問題要從孔子講起。

　　從孔子時代直到今天，中國思想怎樣形成？今後中國思想怎樣走法？這兩個問題都很重要。講古代，主要是為了今天，否則就沒有意義。中國思想文化怎麼走？尤其我們今天面對西方文化，這是個大問題，這不僅是你們政府最高文化部門的大問題，也是整個中國面對的大問題，和中國知識分子面對的大問題。儒釋道三家思想大融合，這是關鍵。中國思想上下三千年，其中最重要的不外乎儒家、佛家、道家和理學家。理學家融合儒釋道三家思想，最後歸宗儒家，這是中國思想的主流。另外還有一個法家，理學家不大提到它，實際上，法家也非常重要，從秦始皇統一中國後，如何推動這個龐大的中央政府和地方政府？從秦漢以來直到清代，甚至民國，一直到今天，還是法家在暗暗地支持這個政府的一切行動，以下撇開法家不談，專講我的主題。

　　第一、先講宋明儒的觀點。前面我提到儒、佛、道三家，大體上把精要的東西都講出來了。一般學人不重視，我研究了幾十年，才把它探索出來。宋明理學家對理學的看法和我們的看法完全不同。因為他們缺乏思想考證，篤信漢儒舊說，認定《易傳》、〈中庸〉、〈大學〉等，皆是孔門遺書，由於思想的考證，我們的看法則不然。考證即考據學。考據學是清朝乾、嘉時代開始盛行的一門學問，是工具之學，價值很有限。宋明時代並不流行這門學問，因此，宋明儒缺乏思想考證的知識。他們相信什麼呢？他們相信漢代學者的說法，認為《易傳》是孔子作的。《易傳》即今天的《易經》傳文，是解釋《易經》的，有經有傳。《易經》有卦辭，有爻辭。《易傳》是解釋《易經》的，就像《左傳》是解釋《春秋》一樣；還有《公羊傳》啦，《穀梁傳》啦，都是解釋《春秋》的。《易傳》的作者是誰？漢儒認定《易傳》是孔子作的，又稱為《十翼》。於是，宋明理學家也跟著說《易傳》是孔子作的。我們以思想考證為根據，不同意漢儒的說法。

　　例如《易傳》說：「一陰一陽之謂道」。你們仔細看這句話是不是像孔子說的。「陰陽」是漢代盛行的觀念，意思是說，陰陽二氣互動起來，宇宙萬物就形成了，這就是周濂溪的《太極圖說》講的那一套。陰陽二氣互相動起來，這就

是道。陰陽觀念，最早源於《老子》，《莊子》也提到。《老子》說：「萬物負陰而抱陽」是代表老子的思想。而《論語》又最能代表孔子的思想，你們讀過《論語》，孔子哪裡講過陰陽什麼的？在中國思想裡，講陰陽觀念的，除了老子、莊子外，還有與孟子同時代的陰陽家，即倡陰陽之說。《周易》要直到漢代才盛行於世。現在把「一陰一陽之謂道」安在孔子頭上，諸位想想，對不對？這無異張冠李戴，不對，單憑這條證據，《易傳》絕非孔子所作。

　　另外還有：「立天之道，曰陰與陽；立地之道，曰柔與剛；立人之道，曰仁與義。」這也是《易傳》中很有名的話，把天地人並列為三，從哪個開始？從荀子開始。《荀子》書中已經提到，但不怎麼顯著。最顯著的是漢儒，漢儒把天地人並列為三，這是他們的觀念。「立天之道，曰陰與陽。」立天之道是什麼意思？就是以陰陽觀念來確立天道；「立地之道，曰柔與剛。」那地道又是什麼？不外乎柔剛二字，看到山上的石頭，甚是剛強，看到河川的流水，極端柔軟，因觀察山川河流，遂想到剛柔問題。剛是哪個講的？講剛的是孔子。《論語》中有孔門弟子申棖，一天有人問孔子，申棖很剛強嗎？孔子回答：「棖也欲，焉得剛？」申棖欲望很多，哪能剛強啊？孔子答得很對呀！一個人如果欲望太多，往往

受欲望的誘惑控制，甚至被威脅利誘，最後屈服於人，哪來剛強？所以世人講「無欲則剛」。沒有欲望，才能剛強；有了欲望，就剛不起來。孔子說申棖欲望太多，怎麼能剛呢？可見孔子是重剛的。講柔的是老子。老子說：「天下之至柔莫若水。」老子重柔，孔子重剛，漢儒把它們拿來說明地的性格，叫做「立地之道。」「立人之道，曰仁與義。」建立人道，就是仁和義了。仁義觀念是哪個講的？是孟子講的。孔子沒把仁義二字並列在一起講，把仁與義並列一起的是孟子。孟子以仁義為口號，孟子遊梁，梁惠王問孟子，怎樣治國？怎樣對我國最有利？孟子回答，只有仁義可以治國，何必講利呢？孟老夫子很迂腐，政治上，仁義要不要？要！但是有個限度。如果沒有軍事實力支持，那將一敗塗地。仁義不能完全解決問題。孟子把當時情勢看不清，才有這種迂腐的主張。

　　我們分析一下，就知道：天道之陰陽，最早是老子講，再次是莊子，以及陰陽家，到漢代最為盛行；地道之剛柔，柔是老子講的，剛是孔子講的；人道之仁義，是孟子講的。怎麼可以把《易傳》安到孔子頭上呢？漢儒為什麼要假借孔子之名呢？依我猜想，寫《易傳》的人可能是籍籍無名之輩，寫出來，沒人看，也傳不下去，最好的辦法，上面來幾個「子

曰」，代孔子講話，一般人就相信了。他的書雖然含有哲理，但人家不願看，就把這些東西安在孔子頭上，一般人就相信了。漢儒崇拜孔子，只要是孔子說的，都對。宋明理學家亦復如此，相信《易傳》是孔子作的。我們今天就不信。只要一分析，就知道不是孔子作的，而是漢儒作的。我翻班固的《漢書・藝文志》怎麼說的？在漢初，作《易傳》的人就有好幾位，至於是不是今天這個《易傳》，很難說。後漢時，有個韓嬰，是《韓詩外傳》的作者，韓國人。韓嬰揣摩《詩經》寫出《韓詩外傳》來，把《詩經》歷史作了解釋；接著揣摩《易經》，又寫成《易傳》一書。范曄《後漢書・儒林傳》記載了韓嬰寫《易傳》的過程。我們今天讀的《易傳》究竟是哪個寫的？還不明白嗎？就是漢儒寫的。從前漢到後漢，寫《易傳》的人就有好幾位。韓嬰沒有孔子名氣大，他寫的《易傳》，沒有傳下來。有人假借孔子之名寫《易傳》，就流傳至今。

　　我舉這些例子，就可把漢儒駁倒，把宋儒篤信漢儒對易傳的說法推翻。我們今天當然不信《易傳》是孔子作的。

　　〈中庸〉的作者是誰？漢儒認為是子思作的。他們認為〈大學〉是曾參作的，是不是呢？曾參是孔子的弟子，從《論語》上看，曾參並不聰明，孔子批評他「參也魯」，想必是

實情。以曾參的造詣不可能寫出〈大學〉來。漢儒卻說是曾參寫的。對漢儒的講法，我是存疑的。在孔子之後，門弟子中最有造詣的是子夏。時值春秋末年，晉國三分為韓、趙、魏，魏文侯是個賢君，把子夏接到魏國去，作他的師傅。子夏在西河講學，有段干木、田子方等弟子甚為出色。之後，到了第三代，就沒有什麼出名的人物了。到了孟子時代，已是百年之後的事，這一百年中史籍沒有記載〈大學〉〈中庸〉的作者是誰。近年在湖北省荊門市郭店村發現一個楚國貴族的墳墓，裡面出土了一批竹簡，共 804 枚，一萬三千餘字，是用周朝的篆文寫的。墓葬年代大約在公元前 300 年左右，而墓中所出簡書的年代可能還要早一些，甚至早很多。這些古籍主要是道家及儒家的著作。其中竹簡《老子》出現了，不全，因墓被盜，僅兩千多字。這批竹簡很寶貴，版本在孟子之前，孟子是否看到？不得而知。荀子沒提過，韓非子沒提過，司馬遷寫《史記》時也沒提過。今天出土，很難得。自孔子到孟子一百年間，儒家典籍沒有記載〈大學〉〈中庸〉此二部書的作者。儒家從孔子之後，就是孟子和荀子。荀子較孟子稍晚，是戰國末年人。荀子的聲勢很大，門弟子眾多，出名的有李斯、韓非等人。李斯作秦始皇的宰相，韓非集法家之大成，可見荀子聲勢之一斑。在漢文帝時，有位宰相張

蒼，也是荀子的學生。這說明，荀子的弟子在漢初還做大官，可見荀子學派聲勢之浩大，孟子學派卻闇然不彰。如說〈大學〉是曾參所作，也是胡謅。〈大學〉思想很有系統，從「格物致知」起到「治國平天下」止，這一套有系統的思想，在孔子和曾參時代，是不可能出現的。這個思想系統是後人構想的。〈大學〉很有系統，荀子的著作也很有系統，同時思想系統類似，所以〈大學〉很有可能是荀子這派學者寫的。這不又到漢朝了嗎？荀派學者在漢初勢力很大，可以推測〈大學〉就是漢代荀派學者寫的。這位學者是誰？今天就不知道了。

　　漢儒又說〈中庸〉是子思寫的。漢儒這麼講，宋儒也這麼講。〈中庸〉是不是子思作的，我也懷疑。子思是孔子的孫子，叫孔汲。孔子死後，把子思交給曾參，拜曾參為師。子思長大後，曾作魯繆公的師傅。子思師承曾參，怎麼會寫出一個像〈中庸〉這樣有系統的著作來？〈中庸〉是兩篇文章湊合起來的。前面講「天命之謂性」，後面講（照朱子《中庸章句》）「自誠明，謂之性。」因係兩篇文義不相連屬的文字合在一起，取名叫〈中庸〉。我看根本不是子思寫的。可能是子思、孟子這派學者，傳到漢代才寫成的，還是漢儒寫的。子思是聖人的孫子，可以假其名把書傳下去。

我考證分析這麼多，目的是說：這批文獻，宋儒承漢儒舊說，認定為孔門遺書。《易傳》是孔夫子寫的，〈大學〉是曾子寫的，〈中庸〉是子思寫的，這就叫孔門遺書。當然，我今天全部推翻，認為漢儒、宋儒的說法都是錯的。漢儒把這些名人抬出來，使自己的書好傳下去。

現在講第二項，程伊川讚美程明道「發千五百年不傳之秘於遺經」的實情。北宋理學家造詣精深的是周濂溪、邵康節和程明道。程明道五十多歲去世，他的弟弟程伊川寫了一篇碑文，最重要的一句話，是說他的哥哥明道先生「發千五百年不傳之秘於遺經。」什麼意思？從孔子算起，到程明道為止，大概一千五百年左右。「秘」是什麼？就是理學家講的形而上的本體。例如程明道的〈識仁篇〉裡講「仁者渾然與物同體」，就高玄莫測了。實際上，是程明道把《莊子‧齊物論》的「萬物一體論」作思想基礎，又把華嚴哲理汲取過來，解釋儒家的典籍。程明道最欣賞〈中庸〉，他曾作〈中庸解〉寫得很好，就理學而言，不失為名著。

朱子的《中庸章句》劈頭引程明道的話說：「其書始，言一理，中散為萬事，末復合為一理。放之則彌六合，卷之則退藏於密。」所謂「其書始，言一理」是什麼意思？明道說〈中庸〉這篇文章，開頭說的就是「一（個）理」。何謂

一理？沒有別的，就是指理學中的這個形而上的光明本體。〈中庸〉作者是以漢武帝時代做背景的。漢武帝是中國歷史上最強盛時代的皇帝，有些學者不滿意他的獨裁統治，高壓政策，又不敢寫書批評朝政，只好借古諷今，只好編造魯哀公與孔子的對話說出來。程明道的解釋是說，〈中庸〉開始就把此形上本體說出來，這就是「言一理」的真實意義。「中散為萬事」，是指魯哀公問政章，借孔子之口把國家大政統統講出來。政局之龐大，聲威之顯赫，非漢武帝時代莫屬。試問春秋末年的魯哀公時代，孔子會想到這些嗎？〈中庸〉最後又回復到湛然的本體世界，即「末復合為一理」之真義。〈中庸〉末章「無聲無臭」這句話，理學家最愛引用。這句話出於儒家典籍，未必有深意，理學家的形上本體又很難形容，於是就把這句話引用過來，形容本體是個無聲無臭的東西，實在很妙。按明道的解釋，是說〈中庸篇〉從本體開始，中間擴散為人事紛繁的國家大政，最後又回復到寂靜無聲的本體世界。李二曲的書裡也是這麼講。程明道的功夫極為湛深，以他的功夫效驗解釋〈中庸〉就是如此。若就〈中庸〉本義來看，裡面的哲理那有這麼高深啊！這就是理學不同於儒家典籍處。

　　除〈中庸〉外，哲理湛深的還有《易傳》。程伊川以禪

宗、華嚴哲理解釋《易傳》，哲理就很高深了。這就鑄成了理學，絕非先秦或漢代的儒學。因此，伊川說明道「發千五百年不傳之秘於遺經」的話，也就明白了。至於「放之則彌六合，卷之則退藏於密。」又怎麼解釋呢？這兩句話的意思是說，這個形上光明本體發射出來，其量之大可以瀰漫宇宙，收捲起來，又可藏在吾人之心中。我年輕時不懂，潛心鑽研幾十年，我才懂了。這兩句話形容得真好。西方哲學裡的本體觀念，那有這麼高深，與中國的本體觀念，完全不一樣，境界、內涵、作用等通通不一樣。近代中國學者如馮友蘭等前輩先生，都是以西方哲學的本體觀念來解釋中國哲學裡的本體，他們的學生們也這麼講。他們懂西洋哲學，但對中國哲學，似乎不太懂，才發生這樣的誤解。馮友蘭先生寫完《中國哲學史》，覺得中國哲學沒有什麼價值。其《中國哲學史新編》用唯物主義，馬克思主義的立場，觀點和方法重新撰寫了中國哲學史，把中國哲學又帶入了另一個錯誤的方向。此書早已出版，惟末卷為全書之總結，由於政治因素，到現在還沒印出來。據海外消息報導，馮友蘭的《中國哲學史新編》末卷，強調中國需要民主，才能開出新文化來。也就是說中國新文化需要向民主道路走去。這也沒有什麼新奇處，還是五四運動那一套，中國思想的價值在哪裡，始終找

不出來。

江澤民先生去年訪問美國，會見美國總統克林頓，講了幾句話，值得矚目。他說：「我們中國發展經濟需要民主，沒有民主不能發展經濟。」這話說得很漂亮，美國人聽了很高興，認為中國領導人的思想變了，大家都很捧場。海外華人聽了也很興奮。回來怎麼做，那是另外一回事。我不反對大陸的作法，有它的苦衷。大陸如果像美國一樣民主的話，全國將會一團糟，我們必須認清這個嚴重的事實。今天中國若向美國的民主道路走去，前途不堪設想。講民主，臺灣要獨立，怎麼辦？西藏要獨立，怎麼辦？新疆、蒙古要獨立，又怎麼辦？況且幅員遼闊，這麼多省，你一套，我一套，與中央抗衡，國家還能安定團結嗎？但也不能獨裁，政策要開明些。中國知識分子是喜歡自由氣氛的，政策可以放寬些。作為一個國家領導人，要是把中國搞亂了，就會成為歷史的罪人。美國效率沒有中國高。在美國，所有大小事，都要眾議院，參議院通過，因此總統很難辦，很難決定。幾年前，鄧小平還在世，中央籌建京九高速公路，效率之高，令人咋舌。黃河小浪底工程，建設得也很快。如果在美國，就得拖延時間了，而在中國兩三年就完成了。大陸工程效率之高，美國是望塵莫及的。

現在仍回到本題上來講，宋明理學家排斥佛老思想，認為儒家的道與佛老的道一樣，用不著在佛老裡面去找。這種看法很不客觀，他們以佛老思想闡釋儒家典籍，還把佛老罵一頓。這種觀點，我不贊成。

現在講我的觀點：宋明理學家以佛家和老莊的功夫，才證得這個形而上的光明本體，才鑄成理學思想的核心！從北宋周濂溪講起，到明末劉蕺山為止，五光十色，名目繁多，令人眼花撩亂。實際上，就是一個東西，就是道學或理學的基本內涵，老莊之「道」，禪宗之「真我」，隨著「本體」也出現了。

宋明理學家憑他們的功夫，證得這個光明本體，來闡釋孔孟之「道」，和儒家的典籍，如〈中庸〉、〈大學〉、《易傳》等等。闡釋過後，儒家的典籍就不一樣了，哲學境界就提高了。

我們今天要考察先秦儒家之道的內涵，和儒家典籍中到底有沒有理學家所講的本體成分？這是個問題，不能全盤否定，也不能肯定。在孟子書裡，有些東西如「養氣」「盡心」等，按照孟子的方法做下去，可能達到很高的境界。孔子在這方面講得不多。今天我講儒釋道三家思想大融合，就鑄成今天的「新理學」，其內涵，就是宋明理學的「真際」，絕

對不同於馮友蘭的「新理學」。

下面我們講孔子。孔子集古代中國文化思想之大成。孔子是兩千五百年前的聖人。在孔子之前很有多哲人，講了很多話，很有哲理，大都零零碎碎，沒有系統。孔子的偉大處，是能把這些東西加以融貫，形成孔子自己的思想。代表孔子思想的著作是《論語》，其它記載都是後人穿插的。所謂孔子集中國思想文化之大成，是他能把他以前的思想融合起來，成為一套思想，可以代表儒家的思想。與孔子同時代的還有老子，兵家孫武和稍後的墨子；在孔子之前的，有法家的管仲。所謂百家爭鳴，在孔子時代就開始了。但是真能融合古代中國思想文化者，還是孔子。孔子的偉大貢獻在教育。在孔子以前，平民沒有受教育的機會，孔子開始講學，把教育開放了，平民化了。孔門弟子很多，有三千之眾，在中國歷史上是空前絕後的。孔子門弟子中，絕大多數都是平民，平民能受教育，亦自孔子開始。除平民弟子外，還有貴族弟子季康子。季康子是魯國權臣季桓子的兒子。以後季康子執政，孔子周遊列國返魯後，在魯國享受「國老」的崇高地位，還是靠這位權臣門生啊！

孟子說孔子「聖之時者也」，這話很重要。時就是時間。時間在變，思想在變，制度在變，人物也在變，一切都在變，

而孔子卻隨時而處中。時間在變，但要能變通，並採取中道路線。做人處事，過頭了，要出毛病；達不到，也要出毛病。〈中庸〉裡講「時中」，很高明。處中道位置，不偏左，也不偏右，以時中為準。任何政治制度，不偏左，也不偏右，要時中，才恰達好處。

在制度方面，周禮與殷禮不同，殷禮從夏禮因襲而來，周禮又因襲殷禮而來。禮是什麼？就是今天的政治制度和社會制度。禮是要隨時空而變的，前面說「時中」，「禮」就是此變通趨時的規範原則。孔子把這些思想融合起來，成為自己的思想，並集之大成，這是中國文化思想融合的第一時期。

其次講第二個時期。孔子以後，孟子、荀子代表儒家。莊子代表道家。還有惠施、公孫龍代表名家，荀子繼承了名家一部分，荀子以後名家就絕跡了。還有法家、兵家、陰陽家、農家等等。惟獨墨家最糟糕，演變到今天，地方上的幫派組織，卻是從墨家傳出來的。墨子這派人物在漢代就成了地方上的豪強，如《史記・游俠列傳》記載漢初朱家、郭解之流，即其著者。墨家的流變很離譜，過去的黑社會組織，不能說與墨家沒有關連。

從春秋到戰國，這四百餘年間，我們千萬不可忽略法家

的重要性。由荀子傳李斯、韓非，一變而為法家。春秋時代的管仲、鄧析，戰國初期的商鞅，及中期的申不害、慎到，到晚期韓非集法家之大成。秦始皇統一中國靠法家，李斯為丞相，白起、王翦、蒙驁、蒙恬等為大將，在始皇帝的領導之下，統一六國，版圖很大，如何管理統一的中國？除法家思想、制度外，儒家是無能為力的。政治制度從秦朝到清朝，從哪裡來的？推行的政治制度是法家建立的。如交通問題，秦始皇解決了。文字問題，秦始皇統一了。所謂「車同軌，書同文」，即指解決這兩大問題說的。秦始皇劃分全國為卅六郡。龐大的中央政府組織，靠法家，全國地方政府組織，還是靠法家。以中央政府強大的實力來管理地方政府，賞罰分明，政令貫徹，政績顯著，才能管好這個大中國。漢武帝表面上用儒家的禮樂制度，實際上仍是用法家來治國。

由秦到清兩千餘年，都是法家當權。國民政府如此，中共政府亦如此。沒有這套制度，中國統一不了。法家從表面上看不出來，實際上是這些龐大政府組織的支持者。這一點，諸位要明白。

下面我們講〈大學〉、〈中庸〉、〈禮運〉、〈樂記〉等，都是《禮記》中的一篇。已如前說，〈大學篇〉為荀子一派學者所作。〈中庸篇〉為儒道思想之融合，與子思、孟

子學派有關。〈禮運篇〉，乃儒、道、墨三家思想之融合。
這些典籍多以漢武帝時代為背景。〈禮運篇〉，理學家很少
提到。其中有句名言：「大道之行也，天下為公。」在孔子
時代魯哀公是弱國的君主，講什麼「天下為公」？其實講公
的不是儒家而是道家。老子書裡提到「公」。《呂氏春秋》
有〈貴公篇〉，強調公的思想，此思想出自道家。還有大同
思想，出自墨家，墨子「尚同」，即其顯例。孔子是維護周
朝禮樂制度的，維護周天子，絕不願把周朝搞垮。講民主政
治，孔子沒有這個思想。民主政治是孟子的思想，講「公」
是道家思想，「尚同」是墨家思想。漢武帝專制獨裁，有些
儒家學者看不順眼，又不敢正面講，只好把魯哀公和孔子搬
出來，這是寫文章的技巧。他們膽敢針對漢武帝說嗎？這些
都是漢代儒家學者的作品。

　　現在講《易傳》的成書年代及其思想成分。《周易》，
分為《易經》和《易傳》兩部份。孔子提到《易》，孟子沒
興趣，不提《易》。荀子有「善易者不占」。司馬遷也稱《易》。
漢儒把《易》奉為經典，於是稱為《易經》。《周易》這個
名稱，前漢沒有，後漢中期以後才出現的。班固《漢書·藝
文志》，仍只稱《易》，而不稱《周易》。至於《易傳》的
思想成分，已如前邊所說，乃儒、道思想的融合品，其中還

有墨家思想成分，如注重「開物成務」的經濟發展，這一面，儒家思想是沒有的。因此，可以斷定《易傳》為漢儒的作品。這些典籍，大概都是漢武帝時代前後完成的。這就是中國思想融合的第二個時期，自然有這一時代的思想價值，我們要持肯定的態度。

下面講隋唐佛學為中國思想融合的第三個時期。佛學中國化，禪宗最具有代表性。佛學中國化是什麼意思？就是要印度佛學跟著中國走，要符合中國習慣，中國思想，禪宗最為顯著。禪宗從六祖慧能以來一千多年，出了很多人物，有人說，一流人才都到佛門中去了，二流人才去做官。禪宗思想與老莊極為接近，與儒家思想亦有關連。華嚴、天臺，都是中國僧人創造的宗派，只有唯識思想與中國無緣。印度佛學與中國思想融合，變成了中國化的佛學，為中國思想融合的第三時期。

宋明理學為中國思想融合的第四個時期。宋明理學中的形上學，係佛老思想，這是我的見解，是千真萬確的。宋明理學中之形下學，則是儒家思想，孔孟之道。宋明理學家偉大的成就，是完成了內聖外王之學，亦即為己為人之學，或全體大用之學，是儒、釋、道三家思想的大融合。理學家始終不承認，但我的態度不然。當融合之際，還滲入一些法家

思想，陸象山，便是典型的例子。象山重視荀子，更佩服商鞅變法成功，批評王安石變法所以失敗，均具卓見，值得後人警惕和效法。王安石是「拗相公」，不能善用人才，不懂「時中」的哲理，才招致變法失敗。王安石與程明道有一段對話很有意思。

王安石說：公之學，如走壁。

程明道回答說：參政之學，如捉風。

王安石批評程明道說：程先生啊！你那套學問像在牆壁上走路那麼難，程明道反唇相譏，回答說：宰相的學問像捕風捉影一般，不切實際。這句評語是很對的。王安石要富國強兵，大敵是遼國。遼國騎兵很厲害，宋朝和遼人作戰，要有騎兵，要練騎兵，就非養馬不可。漢武帝與匈奴作戰，就在上林苑養了二十多萬匹戰馬——大宛馬，以加強戰鬥力。王安石怎麼養馬呢？他要老百姓去養馬，責任推給下面。諸位想想，老百姓怎麼能養戰馬呢？真是糊塗透頂。王安石很迂腐，不懂軍事，與遼國作戰，一敗塗地。程明道並不反對富國強兵，只是認為王安石的做法是錯誤的。

下面說我的結論：今天中國面臨西方思想的衝擊，應是中國思想融合的第五個時期，如何融合？容後再講。前面講了第一時期、第二時期、第三時期、第四時期，今天是第五時期。

諸位，面對西方思想，應該怎樣融合西方思想？這是今天中國學術界、中國知識分子、中國政府以及普天之下的中國人，面臨的一個絕大問題。關心中國思想文化的人，都應該關心這個絕大的問題。中國思想路線怎麼走？下一講就是我的答案。

# 第十二講

# 「全體大用之學」新詮釋

　　今天是最後一講，講題是〈全體大用之學新詮釋〉。全體大用四字是朱子說的。朱子在〈大學‧格物補傳〉中解釋格物致知說到：「所謂致知在格物者，言欲致吾之知，在即物而窮其理也。蓋人心之靈，莫不有知；而天下之物，莫不有理。惟於理有未窮，故其知有不盡也。是以「大學」始教，必使學者，即凡天下之物，莫不因其已知之理，而益窮之，以求至乎其極。至於用力之久，而一旦豁然貫通焉，則眾物之表裡精粗無不到，而吾心之全體大用無不明矣。此謂格物，此為知之至也。」「全體大用」四字即據此而來。而「全體大用之學」這個名稱，實創自李二曲，徹底完成「全體大用之學」者，也是李二曲。

　　朱子講「全體大用」，與二程思想關係密切。程明道自言其學為「內聖外王之道」，朱子倡「全體大用」，實無異明道「內聖外王學」的翻版；惜乎朱子甚少涉及內聖學的一面（譬如朱子以「虛靈不昧之本體」釋「明德」。本體正是

內聖學的核心；然而朱子卻說：「蓋人心之靈，莫不有知，而天下之物，莫不有理……。」朱子凸顯理知，而由虛靈不昧之本體顯發之靈知智慧，也就看不出來了。）這是朱子學的一大缺陷。程伊川汲取禪宗「體用一源」的思想，解決了理學的難題。內聖學屬體，外王學屬用，從此以後，理學便成為體用兼備之學了。朱子倡「全體大用」，很明顯的，直承伊川思想而來；惜乎體的一面，始終透顯不出來。他雖然強調「全體大用」，實際上，已近乎無體無用，這是朱子學最嚴重的缺失，是無法彌補的。然而，朱子卻擴展了儒學的知識領域，這是最值得稱道的，也是朱子全體大用之學的價值之所在。

其次說王陽明的「立體達用之學」。我們知道，王陽明是反對朱子學的。王陽明為什麼要反對朱子學呢？陽明有詩云：「影響尚疑朱仲晦，支離羞作鄭康成。」這就是他的答案。再明白地說，朱子對形上學的造詣實在太有限了。他的最高詣境只達到華嚴「理法界」的地步。究竟「理法界」是個什麼境界？在朱子思想中還是模糊的，他對禪宗的批評，可為明證，我在《宋學探微、朱子篇》中，論之甚詳，這裡不必多說，以後你們看看這部書就知道了。

王陽明的學問是從朱子入手的，最後反對朱子之學，可

大堪注意。這種情形很像我的學問從馮友蘭入門，現在卻不滿馮氏學，極為類似。朱子根據程伊川之釋〈大學〉，「明德」釋為「虛靈不昧之本體」，「親民」釋為「新民」，於是「止於至善」，就止在外物之極則去了。殊不知這條路子是走不通的。王陽明據此反對朱子之說。當自己的本體顯發後，就應做「親民」的磨練工夫，最後止於「良知本體」上。因此，陽明反對朱子「全體大用」太不切實際了，特創「立體達用之學」。故陽明在針對朱子而作的〈大學問〉中說：「明明德者，立其天地萬物一體之體也，親民者，達其天地萬物一體之用也。故明明德必在於親民，而親民乃所以明其明德也。」這就是陽明立體達用之學的根據。說實在的，王陽明把《莊子》「萬物一體」的理論及華嚴「事事圓融無礙法界觀」，都搬出來了。就陽明證驗工夫之深邃言，可能已達到這一境界，剛好彌補朱學之不足，可使形上學達到最高境界，從而顯出陽明「立體達用之學」的崇高價值。然而，在形下學方面問題又出來了。儘管陽明事功烜赫，有經天緯地之才，但外王學應具備廣博的知識條件，在陽明學中始終看不出來。真是扶得東來西又倒，不能不說是陽明「立體達用之學」的重大缺失。

又次說李二曲的「明體適用之學」。二曲有《體用全學》

一編，特創「明體適用之學」，又稱「全體大用之學」，即「內聖外王之學」或「為己為人之學」。二曲在理學中的造詣極為卓越，在宋明儒中亦不多見。在「明體」的一面，二曲以《象山集》、《陽明集》等為主要內涵，藉以說明此形上光明本體之真相；在「適用」的一面，又以《朱子集》等為工夫，以擴大知識領域。如此配搭，目的在汲取程朱、陸王之長而去其短。因為李二曲的理學詣境之高卓，或為象山、陽明所不及；而其學問之淵博，似勝過朱子。於是，融合程朱、陸王之長，才鑄成他的「明體適用之學」——「全體大用之學」——「內聖外王之學」，在宋明儒中是絕無僅有的。而全體大用之學的架構，要到李二曲手裡才徹底完成。三百年後的今天，什麼叫「內聖外王之學」？什麼叫「為己之學」？「為人之學」？什麼叫「全體大用之學」？我都是從二曲學中領悟出來的。非但如此，宋明理學中的種種難題，都可從二曲學中獲得解答。根據我畢生治學的經驗，二曲學實為打開理學寶庫的鎖鑰，我們今天還能明瞭宋明理學的真相，全受二曲學之賜，他的「體用全學」或「全體大用之學」之價值如何？也就可想而知了。

如前面所講，宋明理學，就是內聖外王之學，也是全體大用之學，發展到李二曲手裡，才把它徹底完成。稱之為「全

體大用之學」，絕不為過。為了現代化、系統化，我們把它分為本體論、人生論、認識論以及方法論或工夫論等各個部份，條理井然，看來也就容易明白了。本體論以此形上光明本體為核心，為人生之本原，亦即人生之究竟。它的性格極為特殊，放射出去，其量可以無窮大，收攝回來，又可以無限的小，正如程明道釋〈中庸〉所說：「放之則彌六合，卷之則退藏於密。」諸位能認識到這裡，即可明瞭宋明理學乃至中國哲學裡的「本體」的意義與內涵，和西方哲學中的本體觀念是全然不同的了，同時也可以澄清近人對中國哲學裡有關「本體」的種種誤解。

其次講人生論，可分形上學與形下學兩大部份。在形上學方面，可分為藝術人生境界與宗教人生境界。藝術人生境界，是以求得精神上的最大快樂為目的，是把孔顏之樂加以深度化，如此與莊子的逍遙自適之樂或禪宗的入定之樂（即禪悅食），就沒有多大差別了。宗教人生境界，是以探求真我、實證真我為目的，期以獲得人生完滿的歸宿。其最高境界就是：「心如太虛，本無生死。」在現實的人生中可以祛除生死的威脅，達到自知其去處的另一世界，永恆不變，萬古長存，人生也夠滿足了。為此之故，藝術人生境界與宗教人生境界便鑄成「為己之學」或「內聖學」的核心。理學家

是很強調為己之學的，除去這兩種人生境界外，也沒有什麼真真實實為己所追求的了。

界於形上學與形下學之間，或作形上學與形下學之橋梁的，就是道德人生境界。道德人生境界是完全為人打算的，是為大群人生謀福祉的？這就是儒家的治平事業。佛教高僧，遁入空門，或則與世隔絕，修證成仙，這些人對社會沒有任何貢獻。程伊川批評佛老自私，完全為己，不能說沒有他的理由。現在理學家卻要以出世的態度做入世的事業，就與佛老的精神面貌全然不同了。在此境界中，透過境界的體用關係與人事的體用關係，就把形上學與形下學貫通了，也就回到儒家的仁義道德的範疇來。其所展現的，就是儒家的治平事業；與佛老殊途，和先秦儒家孔孟的人生志抱就很接近了。這是理學家所以異於佛老而又與孔孟有別的關鍵所在。道德人生境界的作用在此。於是形上學與形下學就貫穿起來了。

在此道德人生境界之下，又開出科學人生境界來，為致用之學之重心，可與各種知識銜接，形成一「知也無涯」的知識領域。道德人生境界所面對的，主要是人們的心靈世界，以及外在的道德行為規範等，問題比較簡單；可是科學人生境界就很複雜了。它所面對的，一是事象界，一是物質

界。事象界，正是我們現實生活的世界，可謂世象萬端，複雜已極，變化無窮。前人所謂「世事一局棋」，是最佳的寫照。在這個世界中，我們所面對的，就是千差萬別的事象，我們要理出頭緒來，的確不容易。根據我一生治學的心得和實際的經驗，可歸納出下邊幾條原則來：

（一）變易原則：在事象界，林林總總的事物，沒有一事一物不隨時空變化的。因為是變化的，所以是動態的。在此動態環境中，一定要瞭解變易的原則。

（二）知幾原則：《易傳・繫辭下》說得好「子曰：知幾其神乎？君子上交不諂，下交不瀆，其知幾乎？幾者，動之微，吉之先見者也。」在某一重大事件未發生之前，一定有一預發的徵兆，知此徵兆者，就是知幾。人能知幾，見微知著，預先防範，就不會敗事了。

（三）時中原則：〈中庸〉講：「君子之中庸也，君子而時中。」這時中一義，非常重要。時是時機，而不是刻板的時間，預知在什麼時機會發生某一重大事件，這就是知幾了。而幾先之兆，必有中心點或中央位置，能抓住它而妥為因應，這就合乎時中原則了。再說白話一點，就是「捕捉機會」。

（四）實踐原則：涉世很深者，始知世事之艱難。我們

要做好一件事，是很不容易的。真是大事有大難，小事有小難，沒有不難之理。如果輕忽世事之艱難者，只是浮躁冒進，徒僨事而已。因為一椿事情，無論大小，必須牽涉人、事、時、地、物以及智謀、策劃、行動等等因素，配合恰當，才有成功之可能；不然，一定一敗塗地。處此緊要關頭，有幾句格言，不失為對症良方。（1）老子說：「圖難於易，為大於細。」（2）宋洪邁《菜根譚》說：「堅百忍以圖成」。（3）前人云：「兩利相權取其重，兩害相權取其輕。」能把握這些原則，大概就可以應世了。

（五）講理原則：在事象界中，最為錯綜複雜，變化多端，而又最黑暗，冷酷無情，爾虞我詐的，莫若控制人、事、物的政治文化和政治世界。古今中外哲人為解決這個政治上的最大難題，不外用人治和法治來規範，使它導入正軌。但「人存政舉，人亡政息。」又造成人治的最大缺陷；而且為了奪權鬥爭，治亂興衰，循環不已。中國歷史五千年來就是走的這條路子。法治則以憲法作基礎，上自國家最高元首，下迄販夫走卒，都必須守法，「法律之前，人人平等」；而且政權更迭，以民主方式和平轉移，使政局長期安定，形成長治久安之局，為法治的最大優點。美國建國兩百多年來就是走的法治道路。但以法治為基石的民主政治，亦有種種缺

失和弊端為世人所詬病，故英國前首相邱吉爾說：「民主政治不是良好的政治，但沒有良好的政治以前，我還是相信民主政治。」在這方面，中國理學家卻有一大發現，正可彌補民主政治的缺陷。南宋理學家陸象山任荊門軍（今湖北荊門縣）知軍時，構想一套「講理政治」，並加以實踐，政績非常優異，博得荊門軍民的普遍愛戴和無限的景仰。陸象山曾說，他治荊門的原則是，「祇論事之是非，理之當否？」該做就做，盡最大的努力去完成，個人的利害觀念早就剝得乾乾淨淨，我稱之「講理政治」。是把人治、法治融合在一起，並把理學的精華溶滲於其中，才能創出這項優質的民主政治來。惜乎象山未得大用，只在荊門小壘一試而已。象山這項超越的民主觀念，如能與西方重法治、重權力的民主觀念融合起來，確可為世人創出最好的民主政治，那邱吉爾首相就沒有遺憾了。至於有些假民主之名，行獨裁之實，而又貪婪無饜的冒牌民主人士，那是踐踏民主，罪不容誅，就不必提了。

此外，在錯綜複雜的事象界以外，其層境最低的，是物質世界，也是自然科學面對的世界。在這世界的本身，就是林林總總，千差萬別的個體物。自然科學為了尋找這些無窮的個體物中的關係法則以及其相互間的關係法則，才有種種

原理、定律的發明。今日的科學世界，可以說是萬花筒的世界，五彩繽紛，層出不窮。人類繼續探索下去，不知還有好多新奇的東西出現。這是科學家的任務，我們不去管它。在這物質世界中，對人類而言，可以說利弊參半。因種種科技的發明，確能使人類的物質生活大為改進，優裕充實，並能縮短空間，有「地球村」的出現；而且更能縮短時間，又有新近「世界網路」的興起。這一切的一切，都是受科技之賜，乃不容否認的事實。但在另一面，世界人類為了族群的劃分，政治利益的壟斷，經濟利益的獨占，又有「超強」，甚至「超超強」的出現。其最後結局，可能毀於核子戰爭，是科學毀滅了人類。始作俑者，當然是科學家，但直接控制科技發明的，卻是野心勃勃、總想獨霸世界的政治人物。將來美國、西歐、中國形成三強鼎立的局面，這種核子戰爭的威脅，就可能解除了。

面對這物質世界，又發生一嚴重問題，就是人與物對立、衝突、矛盾的問題。人是主體，自不用說；面對複雜的個體物，如電腦之類，它是客體，是工具，是工具之學，此道理極明顯，不必細說。但問題是，人生面對這工具之學，天天設計工具、製造工具，人生還有什麼意義呢？什麼目的呢？顯然，尖端科技的電腦不能解答這個人生的根本問題。

不僅電腦如此,其他科技知識也是一樣。人生的意義,人生的目的,人生的價值在哪裡?科技是不能解決的,只有求諸理學了。我們必須超越物質層境,向上追尋,找回我們的主人——「真我」來,以建立人生的主體,並可享受無窮的快樂,此即前邊宗教人生境界和藝術人生境界之所說者。再以道德人生境界為主導,就可貫通形而下的科技知識,為我所用,主體、客體界限分明。縱然是工具之學,也賦予人生意義了。再明白地說,科技可以解決人生所需求的物質問題,理學卻可解決人生的意義和價值問題,兩者相得益彰,就沒有衝突矛盾了。

再次講第三部份認識論。在上邊所說人生論中,無論形上學或形下學對現實人生都有莫大的貢獻。哲學好比是一座燈塔,而中國的理學就是這燈塔上的明燈。但理學最脆弱的一環,而又模糊不清的,則是認識問題或知識問題。在這方面,理學家有個最大的缺陷,始終沒有找出知識主體來。知識主體與道德主體(即形上光明本體可視為道德主體,為道德之根源,道德人生境界即奠基於此。)混淆不清,往往誤認此道德主體為知識主體;李二曲創「知體論」,其為理學中最具識見者,也犯了同樣的錯誤。現在為正本清源,把道德主體與知識主體作明確的劃分:道德主體是形而上的,是

不識不知，不可思慮的；知識主體，則是形而下的，是要向知識探研，是專主思慮的。如孟子講「心之官則思」，荀子（〈解散篇〉）講「虛壹而靜，謂之大清明。」惟有這顆能思慮、大清明的認識心，才是知識主體或認識主體。作此明確劃分後，形而上的道德主體與形而下的知識主體或認識主體，就不致再混淆不清了，理學中的知識主體也就找出來了。

在認識問題上，程朱、陸王是截然不同的。程朱主「性即理」說，陸王則主「心即理」說，他們是互不相容的。就程朱性即理說，認定人物之「性」（嚴格地說，就是佛性；由佛性可以證成形上光明本體。）即是理，自華嚴哲學的觀點言，絕對不差；但是，如照朱子「即物窮理」的方法付諸實踐，證明此「理」的內存和外顯，恐怕永無可能。這是程朱在認識上的一大缺陷。如就形下學來看，人、事、物之理則，尤其個別事物之關係法則，絕非形上學中理境之範疇，程朱失察，混淆不清，造成程朱在認識上的又一缺失。如果把「性即理」說加以修正，包含人、事、物之關係法則，就是「理」，由此可使程朱認識論導入科學領域，以擴展知識範圍。

再就陸王的「心即理」來看，認定此形上光明本體即潛藏於吾人之心中，故可明心見性、直證本體。這是一條捷徑，

自禪宗觀點言，百分之百的正確。因此覺得陸王「心即理」說在認識上的正確路徑，可是問題又來了。如從形下學來看，個別的事物哪來的「心」呀！於理似欠圓融，而且外王學的知識範疇並不凸顯，這是陸王「心即理」說的嚴重缺失。

我們今天似可這麼看，內聖學之修持，可走陸王的認識路線，外王學有關致用知識之擴展，改走修正後的程朱認識路線，像李二曲一樣，把程朱、陸王加以折衷融合，開出理學在認識上的第三條路線，並確立知識主體，於是理學中的認識問題，就可能解決了。

又次言方法論或工夫論。就西方哲學而言，叫做方法論，但就中國哲學，尤其儒、釋、道三家思想而言，正名為工夫論，最為恰當。茲就理學中的程朱、陸王言，「主靜」或「主敬」，是他們的基本工夫，所不同者，主敬的偏重程度和先後次序的差別而已。現在先講程朱的工夫。程伊川有句名言：「涵養須用敬，進學則在致知。」伊川的工夫是：「主敬」與「致知」同時並進。試問：涵養是什麼？是由主敬的工夫達到證驗本體的目的。伊川對主敬工夫加以改進，稱為「主一」，做起工夫來，就容易得多了。這一面是為內聖學奠定深厚的基礎；但在外王學方面，確需廣博的知識，才能應事，才能處理一切事物，故以「致知、格物」的工夫，

來達到進學的目的。照伊川的設計與實踐，舉凡內聖的修養方法與外王事業所需知識的探求，兩面都顧到了。

朱子則不然。朱子自認為遙承伊川學統，實則朱子這方面跟伊川是大異其趣的。朱子究竟怎麼樣做工夫呢？他的大弟子黃勉齋說得好：「窮理以致其知，反躬以踐其實，居敬者，所以成始成終也。」由黃勉齋這幾句話，就可明白朱子是怎樣做工夫了。朱子的「即物窮理」，是有名的方法；但是，這個方法在認識上有一絕大錯誤。朱子所謂「即物窮理」之理，實含有「天理」、「人理」、「事理」與「物理」幾方面的意義。就天理（本體之代號，即華嚴的理法界）言，這條路子絕對走不通，從物中是窮究不出天理來的。這天理是個什麼東西，都不知道，怎麼去反躬實踐呢？這是朱子在認識上的絕大錯誤，其內聖學的基礎很難樹立，象山責朱子「學不見道」，毛病就出在這裡。至於人理、事理與物理，當窮究以後，尤其是人理與事理，作部份的反躬實踐，或有可能；但是照朱子般的居敬實踐，要求見道，以窺知內聖學的底蘊，卻難乎其難，更不要奢望樹立堅實基礎，以求登堂入室了。朱門弟子要求見道，那就更難了。

次說陸王的工夫論。陸象山底工夫的做法，與程明道很接近，與程伊川卻有極大的差別。程明道的「主敬」工夫，

極為含蓄，似難知其底裡；陸象山就不然，說得十分明白。象山以「主敬」領導窮理的「及物工夫」，一再強調非常重要。如說：「須下及物之工夫，始能大小有濟。」這是什麼意思呢？「主敬」是他的基本工夫，也是證驗此形上光明本體（象山叫做「本心」或「心體」）的唯一有效方法。然而，外王事業所需的知識學問又從何而來呢？這就涉及到象山的「及物工夫」了。縱然探討事物之理則，雖說是外王事業所亟需的，但其目的，乃在本體心之磨練；工夫有主從，非如朱子般一味向外窮理也。故象山工夫，即使在探討知識方面，仍然脫離不了「含養本原」——磨鍊本體之格局，亦即期以達到內聖修養之崇高境界。故外王學所需之知識條件，在象山學中極不顯著。縱然象山應世才能卓越，知識廣博，但在他的工夫中是不凸顯的。

　　至於王陽明的工夫又怎麼樣呢？王陽明的理學工夫應從貶龍場驛算起。他少年時代走朱子「即物窮理」的路線，徹底失敗後，折入仙學，修證神仙；之後，考進士，入仕途。因明朝政治黑暗已極，被貶龍場驛丞。在生死毫髮之間，坐石棺中，「端居沈默，以求靜一。」（實際上，正走李延平（朱子老師）「默坐澄心，體認天理」的路線，此時陽明或無此自覺。）結果怎麼樣？陽明「悟道」了。陽明龍場驛悟

道後，仍繼續作「默坐澄心」的工夫。這項工夫，與朱子絕對相左，卻與象山接近，於是王陽明和陸象山在思想上就發生了密切關聯。所謂陽明龍場悟道，悟得的是個什麼？絕非他物，不外此形上光明本體而已。由他〈送蔡希顏詩〉中有「悟後六經無一字，靜餘孤月湛虛明」的詩句，即可獲得充分證明，絕對正確無誤。這是認識王學、瞭解王學的重要關鍵；此關通不過，縱使解釋王學千言萬語，都是泛說，不切實際，根本不懂王學。

王陽明在龍場驛大悟良知（本體）之後，次年即應貴州提學副使席元山（席書）之邀請，去貴陽講「知行合一」之說。什麼叫「知行合一」？困擾我們學術界幾十年，還是不知其底裡。陽明《傳習錄》說：「知是行的主意，行是知的工夫。」又說：「知是行之始，行是知之成。」近人不解陽明真意所在，都偏重形下學去了解。陽明又說：「知之真切篤實處，即是行，行之明覺精察處，即是知。知行工夫，本不可離。」陽明又有「知行本體」之說。什麼叫「明覺精察處，即是知」？又什麼叫「知行本體」？僅從形下學去研究，就無法答覆這些問題；如從形上學去考察，就可一目了然，決無疑義。所謂「明覺精察」，即指此形上光明本體有光明靈知之意，也就是佛、道二家初步神通智慧之顯現，陽明不

便明說罷了。這也就是良知本體之功能作用。我們可由程明道的〈定性書〉中說：「明覺為自然」一語，可以獲得有力證明；如稍有踐履工夫者，就更有深切的體會。至於「知行本體」如何解釋呢？試問：一般在經驗界的知行問題，何來什麼本體？所謂「知」，即是良知本體；「行」，即是證成良知本體的工夫。什麼工夫？「主靜」的「端居澄默」──即李延平的「默坐澄心，體認天理」的工夫。陽明為別於舊說，特創「知行合一」罷了。

此後王陽明講工夫，即從兩方面著手：一是「靜處體悟」，一是「事上磨練」。這兩方面合攏來，仍是程明道「主敬」的工夫。陽明又說：「主一，就是主一箇天理」，把程伊川釋「主敬」為「主一」，又作進一步的發揮。好了！只要此明覺的良知本體能呈顯出來，就是做的「主一」工夫了。此外，陽明又強調「事上磨練」，與象山的「及物工夫」極為接近。在工夫上，陸王也是相通的，唯獨與朱子「居敬窮理」的工夫路線，是大相逕庭，是不相容的。這就顯出陽明與朱子在工夫路線上的絕大差異。

陽明五十歲時，任江西巡撫，平宸濠之亂，特揭示「致良知」之教，為陽明哲學的中心思想。什麼叫「致良知」？表面看來，是把〈大學〉的「格物致知」之致知與《孟子》

的「良知」融合起來，就是「致良知」；實際上，決不是這麼簡單，思想淵源也許有之，然而，陽明卻把〈大學〉和《孟子》的哲理深度化了。正確的解釋，是要做到恢復吾人之良知本體，才叫「致良知」。致字指工夫言，良知則指本體言。如能認識到這裡，即可明白陽明的「致良知」與象山的「發明本心」或「復其本心」，完全一樣。其間所不同的，象山指初學言，陽明指成學言，僅此差異罷了。陽明這項「致良知」工夫達到成熟階段又如何呢？黃梨洲在《明儒學案·姚江學案》中說得好：「開口即得本心，無須假借湊拍。」「即本體即工夫」之意，陳白沙有「本體自然，工夫自然」的話，是最佳的詮釋。陽明工夫詣境至此，朱子自不必說，即伊川亦望塵莫及了。這可代表陸王派工夫論或方法論最高造詣的標識，程朱派的伊川和晦庵，是無從比擬的。

有關朱子「全體大用之學」的新詮釋，已略如上述，現在，我們要進一步講「全體大用之學」之內涵及其理境層次。我這樣明確的劃分，是宋明儒最為欠缺的。所謂「全體大用之學」，是以「天、人、事、物」之理為內涵。其涵蓋範圍之廣闊，可以包括人類一切知識學問。而天理、人理、事理與物理之意義、內涵和理境層次，各個不同，各有界限，各有分際，絕不可像理學家一樣，混淆夾雜。如程伊川說的：

「一物之理，即萬物之理」，或王陽明說的：「心外無理，心外無事，心外無物。」使人們迷惘糊塗，不得其解，尤其是深受西化者，更難知其所以了。現在特把天、人、事、物之理之意義、內涵及其理境層次剖析如次，諸位就容易明白了。

（一）天理之意義、內涵及其理境層次。試問：天理是什麼？它的確切意義，就是這個形而上的光明本體。程明道稱之為「天理」，有時又簡稱「理」，乃理之最高層境，亦即「理學」命名之由來。其中奧秘很多，不易理解。如果沒有證驗工夫，是很難窺知其底蘊。道家和佛家稱為神通智慧，理學家叫做前知或前識，他們多秘而不宣。有關本體之意義與內涵，拙著《李二曲研究》（臺灣商務印書館初版售罄，再版已經發行。）一書有專題論述，諸位可以參閱。天理是屬於形上學範疇，藝術人生境界、宗教人生境界與道德人生境界之源頭，都是屬於這個形上學範疇，但意涵各別，層境判然，絕不可再混淆不清了。

（二）人理之意義、內涵及其理境層次。什麼叫人理？簡單地講，就是做人的道理。做人的道理很多，一言難盡。一部《論語》，大體說來，就是講做人的道理。好像與西洋哲學中的倫理學有點類似，實則不然。西洋倫理學，純屬哲

學部門，只是哲學家的意見而已。緊緊規範人們道德行為的，卻是基督教的教義。這是中西道德行為之絕大差異。今天的人文科學即屬於人理範疇。理學家魏良器（王陽明弟子）有句話說得最好：「心之所安，即是理。」可視為「人理」的最高準則。人理可上通天理，下達事理。其上通天理部份，屬於形上學，下達事理部份，則屬於形下學。人道之建立，世事之臧否，國家之盛衰，法治之興替，都以人理為關鍵。管子說：「禮義廉恥，國之四維；四維不張，國乃滅亡。」可代表人理的重要性。

（三）事理之意義、內涵及其理境層次。什麼叫事理？凡是構成和處理人與人之間、人與物之間、及物與物之間種種複雜關係，所需要的各種規範法則，統稱之為事理。事理是以人為中心的，尤其是有主宰控制權力的少數人，又為這個中心的中心。事理是否公平合理，不在事理之自身，而在「人理」之主導。所謂「公道自在人心」，就是指這一意義說的。如果沒有健全的人理作主導，縱然在種種法制形式約束之下，各種事理也會闇然不彰，甚至蕩然無存。赤裸裸地作出殘酷的各種鬥爭，也就沒有什麼理可說了。這種事態，政治上最為嚴重。要恢復事理之當然法則，作正常的運轉，除賴健全的法治外，宏揚人理，接受人理的主導，才是根本

之途。故事理與天理的關係是間接的，必須透過人理作橋樑，才能發生間接的關聯。亦必須在健全的人理主導之下，才能海晏河清，社會顯出光明正義來。因此，事理的理境層次很低，屬於形下學範疇。今天的社會科學，就是講各種各樣事理的。一切事理能否正常運作，全靠居於領導地位的人來推動了。

（四）物理之意義、內涵及其理境層次。什麼叫做「物理」？物自身之關係法則和物與物間之關係法則，亦即科學上之原理或定律者，統稱之為物理。今天的自然科學，即是物理範疇。物理的層境最低。在以人為中心的主導之下，物理屬於最低的層境。儘管物理有其必然，設若沒有人的發現，此必然的物理還是無從顯現的。故就人的觀點來說，物理的理境層次是最低了。物理固然有其客觀的存在，如果沒有人的發現、評估與運用，其存在有否意義？就很難說了。總之，一切操之在人。客觀界的物理始終是被動的、供給人類使用的。故物理居於奴僕的地位，要主宰物理的人類，才是主人。故「心為物役」，為哲人所誡。今天美國的物質主義、拜金主義的心理傾向，已普遍為物役，人早就被物化了。要快快地覺醒過來，恢復人的主導地位，使人理支配物理，要把物理置於被支配的地位，人類才有安全幸福可言。總

之，物理就是物理，絕不是人理和事理。儘管科學上有原子、核子、電子、中子、質子、粒子，以及最近「夸克」的發現，甚至將來還不知道要發明一些什麼新奇的東西，統而言之，還是叫物理。說到這裡，程伊川「處物為義，在物為理」的話，須得重新界定了。「處事之精當為義、在物之法則為理。」事理與物理能作明確的劃分，就不會再混淆了。而朱子要在事物中去尋找天理——形而上的光明本體，既是走不通的死路，更犯了認識上的錯誤。形而上的東西，怎麼可以在形而下的物理中去找呢？

我們把天、人、事、物之理，作這樣嚴格的劃分，意義內涵的界定，理境層次的釐清，可使宋明理學面貌一新。進一步融合天、人、事、物之理為一思想的整體，才是我所說的嶄新的全體大用之學，較現代盛行的、從西方移來的「整體觀念」，其深度與廣度，普遍而周延，又不知高明多少倍了。

又次講中西思想大融合為中國思想融合的第五個時期。前邊已經講過，孔子集中國古代文化思想之大成，為中國思想融合的第一個時期。兩漢經學之完成，開出《易傳》、〈中庸〉、〈大學〉、〈禮運〉和〈樂記〉等等一系列的富於思想的著作問世。為中國思想融合的第二個時期。由魏晉

玄學作橋樑，接納印度佛學，並使佛學中國化，為中國思想融合的第三個時期。宋明理學融合儒道佛三家思想而成，遂為中國思想融合的第四個時期。酌取清代考據之所長，並以理學思想為中心，大量汲取西方思想為中國思想融合的第五個時期，也就是我們今天所面臨的中國思想的出路問題。這是一個絕大的問題，須仔細思量。

要想解決上述問題，須先作中西思想之比較研究。根據我畢生的治學所得，認為中國思想的偉大貢獻，主要在人文真理或人生真理之發掘與實踐，可使吾人的精神生活中獲得最大的滿足。而西方思想的獨特成就，為世人所公認的乃自然真理或科學真理，又可使人們的物質生活獲得高度的享受。中國思想以高深的形上學見長，西方思想則以探秘的形下學為優。我們有此基本認識後，今天中國思想的出路問題便可解決了。

有關中國思想出路問題，近人有種種看法：一是西化論，即把中國思想全盤西化之意。顯然他們對中國思想並不了解，才持此論調。二是俄化論，中共早年即持此論調。但自蘇聯解體後，一變而為社會主義中國化。中國思想到底有什麼特色，尚在摸索中。三是超越論，意味要超越中西思想而前進，怎麼超越法？實在費解。持此論者對西方現代思

潮，確有深入研究，惜乎對中國思想的認識，就沒深度了。四是會通論，力主中西思想加以會通，再汲取西方民主思想，以開出中國思想發展的道路。可惜持此論者，對中國思想的認識還是太有限了。五是融合論，極具識見。持此論者，前有孫中山，後有錢賓四（穆），惜乎他們對中國思想了解深度不夠，始終找不出最有價值的中國核心思想來。作者畢生精力薈萃於此，自信有其獨特成就，故主張中西思想大融合，才是今天中國思想的出路。我們要汲取西方哲學中的認識論、方法論，可以彌補中國哲學之不足，進而可使中國哲學系統化，哲學體例之創新。同時，又要汲取西方的民主主義、社會主義及科學主義等等，可充實中國哲學裡的形下學，更新其內涵。最重要的一著，是把中國思想裡的人生真理與西方思想中的科學真理融成一體；如此天負海涵，一爐共冶，中國新思想、新文化即由此誕生。這樣鎔鑄的新思想、新文化，不僅是中國的，也是世界的。中國新思想、新文化在廿一世紀要對世界發生影響力，恐怕也只有走這條道路了。

最後為全書作一總結。以上云云，是我畢生研究宋明理學、中國思想，兼治西方思想的心得和看法，指出今天中國思想發展的方向，頗值得諸位同學和國人的重視和參考。

# ◎附錄—紀念文章◎

## 祭賢妻張維學女士文

維中華民國八十六年二月廿二日，夫婿林嵩繼平，謹備清酌素饈，奠祭賢妻愛卿張維學女士之靈前曰：

嗚呼！人生變化何其無常耶？月前陪卿自美返臺，住院療疾，鈞兒送行，金山機場話別。愛卿身懷惡疾，猶能談笑自若，健步如飛，詎料竟匝月而匆匆謝世。何其速耶？達人知命，愛卿非達者，卻能預知命之修短有數，其可解答耶？其不可解答耶？而宿慧早發，沖齡十二，忽發環遊世界之奇想，又豈常人所能忖度耶？

年來吾家寓美西加州，生活較臺中虎嘯東村之陋居，優裕多多，實為吾倆晚年幸福之樂園。但在平日言談間，愛卿你每因沉疴難治，卻不免有厭世之念。余初並不經意，繼而則慰以辛苦一生，奮鬥一生，何不頤享天年，實現環遊世界之美夢，長留晚景看人間！卿含笑點首，默默以對。

余平生閱人多矣。才德貌三者兼備，委實不多。卿聰慧過人，才識卓越，最令親友折服。雖趨新潮，愛時髦，卻重道德倫常。憶及愛卿荳蔻年華，你貌美如影視巨星，羨煞多

少如花美眷。或以宿緣未了，始能與我結成良緣，比翼雙飛，共同創造人生美景。

我雖愚魯，惟仍專心於學術。家居生活全由卿費心安排，親友之接待，由於你的精緻烹調，喜獲讚美。而今我食不甘味，苦矣！苦矣！回念今生，負卿實多，然而區區學術終能登峰造極，或藏諸名山，或傳之後世。我若不朽，卿必可留名於世。嘗謂女兒曰：汝母芳名，已錄入余之著作序文之中。如云：賢妻張維學女士，伴我治學一生，由青絲而白髮，所歷艱苦之境，悽涼之情，迥非言語筆墨所能形容。嘗作小詩藉以寬解，詩云：叱吒風雲誤此生，黃粱夢醒一學人，寒光朗照千秋業，贏得才女伴汗青。女兒答曰：今日社會職業婦女多矣，究有幾人可留名與其夫君著作之中。女兒直言，深獲我心矣。

愛卿，你信基督，我好老莊，不克同登天國，罪過！罪過！所幸兒女五人，各有所成。卿去後於塵世已無牽掛，遺言埋骨舊金山之百齡園，則又可於清晨月夜，遙望太平洋之東岸。骨肉相連，親情自可不斷，卿良苦用心可謂深且遠矣。

屈指結褵四十載，恩情似海深，未能回報於萬一，所以卿去我留，尚有著述之業未了。如有來生，當續前緣，言聽計從，大展幫夫之運，頭角崢嶸，方無憾於人間。猶憶我在

通校任教，臺中岡山往返，前後十有六載。愛卿攜抱幼小兒女，相迎相送，風雨無阻。而今天人永隔，我隻身遄回臺中訪舊，觸目傷感。不再見愛卿倩影，不再獲噓寒問暖，含笑迎送。而今而後，情何以堪！

恍惚中又憶卿在臨終前夕，突然狂風怒號，低語鈞兒：汝母將去矣。次日午後三刻，卿果安詳辭世，既蒙主寵召，安息天國，幸哉！幸哉！而今雖陽光普照，仍有寒風息息，卿悲我否？香花一束，老伴渺渺，含哀忍痛，泣成祭文。傷往事，那堪捨我而去，慟餘生，只盼離魂歸來。嗚呼哀哉！尚饗。

　　　　　　　　　　　　　夫婿　林嵩繼平

　　　　　　　　　　　　　一九九七年二月二十二日

您安享天堂,永息主懷.我們長相左右,教誨終生不忘! 您是一位聰慧亮麗,吃苦耐勞,
奮鬥一生的傑出女性,和相夫教子,無怨無悔,犧牲奉獻的偉大慈母.
您的慈輝照耀人寰,萬丈光芒.寬以待人,嚴以律己,勇往直前,不振家聲!
寒光朗照千秋業,贏得才女伴汗青! 4:50 P.M., 12/15/1996

# 學界一顆熠熠明珠
## 推介林繼平教授新著《我的治學心路歷程》

　　吾友旅美林繼平教授，去秋應陝西師範大學邀請，於該校中國思想文化研究所，講述「我的治學心路歷程」，計十二講、六周講畢，受到師生的熱烈歡迎與重視。回程北上，應邀北京大學、中國人民大學及北京師範大學等三校哲學系、中國哲學博士班作專題演溝，諸生聽講受益良多。約定今秋再赴三校講述陽明哲學。繼平兄前於西安、北京講課錄音稿，經整理成書，今夏七月，臺北蘭臺出版社為之印行，人文傳承、與有榮焉！

　　繼平兄月初惠贈大著《我的治學心路歷程》讀後益見其畢生治學甘苦，遭遇種種學術難題，困惑不解，又經艱難曲折過程，衝破重重難關，終於徹底破解。今藉講學之便，著書立說，析義清新，洛陽紙貴，值得慶賀。

　　林教授早年從王學入門，曾經深入思考，發現疑竇叢生，俟透過禪理之解析與證悟，始得理境明朗，疑慮盡釋，進而洞悉王學玄義關鍵，及其思想脈絡之所在；由陸王而程朱，而華嚴、天臺，上溯老莊，皆能一路順暢，冥契於心。王學、理學種種難題，迎刃而解，並更探得中國核心思想及

其主流價值，故得以明確指出中國哲學思想發展之方向。

　　繼平兄畢生堅苦治學、戛戛獨詣，被稱為「學界一顆熠熠明珠」，似非過譽。吾對其抱持「學術乃天下公器」之評論態度，亦深有所感。孔子曰：「知之為知之，不知為不知，是知也！」西哲嘗謂：「吾愛吾師，吾尤愛真理。」今願為這本《我的治學心路歷程》附驥〈後序〉，凡誠心關切中國思想文化出路者，宜細心品味。

吳自甦　庚辰仲秋於臺灣霧峯

（公元二〇〇〇年）

（東海大學教授）

# 一代宗師的崛起

### 推介林繼平教授新著《王學探微十講》

　　王陽明的良知哲學，自黃梨洲著《明儒學案》以來，漸漸失真走樣，變質甚多，王學真貌日見隱晦難明。乾嘉史學名儒章學誠（實齋），雖然承襲王學餘緒，實則，章氏於陽明良知，一片茫然。

　　及到近代，在西潮衝擊下，陽明良知哲學更是面目全非。蔣介石先生曾提倡王學，冀以輔弼中興，達成政治目的，於是王學在臺灣一變而為「顯學」。研究風氣，盛極一時，論文、專著紛紛問世，但究其實際，真知王學底奧者，恐怕寥若晨星。

　　近年大陸學術思想的發展與臺灣大不相同。一輩有識之士，欲在中國思想文化中覓出有價值之思想，期冀廿一世紀影響世界文化思想。於是各有關大學紛紛設立「中國思想文化研究所」，開宋明理學及《四書》等等課程，以研究中國思想之價值，中國文化之精神為目的。其研究風氣之盛，為中國近百年來所僅見；尤其各地區籌辦國際學術研討會，發揚地方先賢文化思想，更是不遺餘力。在這種學風普遍影響下，王陽明哲學成為今日大陸之「顯學」。出版論文、專書，

屢見不鮮，各抒己見，暢所欲言。惜乎不免各逞胸臆，王學門徑及王學真貌，似乎還在摸索中。

臺灣旅美學人林繼平教授，精研王學、理學、禪學及老莊等數十年，造詣極為獨特，持論多與時人異趣。去秋應北京中國人民大學東方文化研究所之邀請，欣然前往，講述王陽明哲學。前來聽講者，有人大、北大、北師大三校哲學博士、碩士研究生，濟濟一堂，堪稱近年自由講學一大盛事，值得矚目。陽明哲學共開十講，五週講畢。隨講隨錄，講畢即整理錄音稿本，王學初稿便告完成。著作之快速完稿，亦為此前所僅見。

北京三校講學結束，十月下旬南飛西安，二度去陝西師大講學，仍以陽明哲學為主題。前來聽講者，有中哲、西哲、馬哲、美學、宗教及中文研究所諸生。林先生視講學為事業，但看得開，放得下，他說：「往者不追，來者不拒，一切聽其自然。」樂昌聞之，讚嘆不已，因回答說：「孟子講學之風重現於今日！」林先生在陝西師大講學一月，皆由樂昌陪同聽講。一月講畢，樂昌獲益最多，因對諸生說：「我研究王學十年，自聽林先生此次講學後，好多疑難都解決了。」

此次林先生北京、西安講述王陽明哲學，確實解決了王學種種難題，茲根據錄音稿，略記其要點如次。

（一）王陽明卅七歲在龍場驛「悟道」—「悟良知」，到底悟得的是什麼？本書有正確解答。

（二）王陽明自龍場悟良知後，次年即在貴陽講「知行合一」說。此良知與「知行本體」是同是異？這與他以後做「存養省察」的工夫有何關聯？

（三）陽明五十歲升任江西巡撫，奉命平宸濠之亂，正值「良知本體」磨練完成階段，又是如何運用良知哲學智慧，配合一己知識才能，才削平大難？

（四）陽明思想登峰造極，見出征「思、田」前特寫〈大學問〉一文，其高深哲理當如何詮釋？此高深哲理是否仍以龍場「悟良知」為基礎？

（五）如何解決宋明學術史上，朱陸異同的老問題及朱王異同的新問題？八百多年來學術史上沒法解決的問題，林先生卻把它解決了。

（六）王陽明證成的「良知本體」與禪宗哲學、華嚴思想有何關聯？

（七）王學之價值為何？它對中國思想有何重大貢獻？今後中國思想又該如何發展？

以上各個重要問題，本書各講專題均剖析入微，發人深省，因名為《王學探微十講》。而王學的真面目及其偉大價

值，皆可展現於國人之前。該書已由臺北蘭臺出版社印行問世。

臺灣名畫家徐術修教授年初寄賀卡題詞有云：「你發聵振聾，繼前人之絕學，開萬世之太平，確為當今了不起的大儒！」北大博士研究生趙建功君致書說：「您的中國哲學研究，極具特色，富於典範性。凡聽過您講學和讀過您的書，人人都有同感。」又陝西師大美學研究所研究生曲師君，隨堂聽講，心有獨契，春節來信對老師五體投地的佩服，有「一代宗師」等讚詞。林先生以髦耋之年，仍講學不輟，今秋又應邀去北京大學為哲學博士班講禪宗哲學。以林氏學之戞戞獨詣，樂昌除表欽佩之忱外，稱之為「一代宗師」的崛起，其誰曰不宜？

二○○一年八月五日<br>林樂昌：陝西師大中研所教授

# 心性靈光萬丈長
## 推介林繼平教授鉅著《宋學探微》

　　宋明理學，前人稱為心性之學，其所討論範圍，厥為心性、性理、性命講論題，恰是中國思想最艱深、最難解的問題。自乾、嘉以來，早已失真走樣，心性靈光、性命之理念為何物？即如史學名家黃梨洲、全謝山，已難明其底蘊，尤以後者為甚。降及近代，在西潮衝擊下，西化之中學，弄得面目全非，國人幾不識心性之學為何學矣。

　　惟林教授繼平先生，早年治學即與時賢異趣，在艱難曲折過程中，獨步宋儒後塵，從陽明學入門，在主靜工夫主導之下，輔以邏輯、考證、比較等等有效方法，確立以探求心性學之真相為目標。經歷長期之研尋，工夫之磨練，始洞悉陽明龍場「悟道」之情景，即其詩中「悟後六經無一字，靜餘孤月湛虛明」之所描述者。由是通過了理學第一關，心性靈光或光明本體自此展露於外。此心性靈光，為人人所固有，超凡入聖，亦以此為始基。

　　自茲以後，歷經涵毓成長，馴至登峯造極，宛如步步登山一般。杜甫詩云：「盪胸生層雲，決眥入歸鳥。會當凌絕頂，一覽眾山小。」如以杜詩狀擬其理學進境與其極詣，或

依稀近之。

黃梨洲著《明儒學案》，認陸王為心學，程朱為理學，極欠妥適。蓋程朱之「理」與陸王之「心」，究其實際，皆同為一物，一近華嚴，一類禪宗，名言雖殊，義詣則一，總離不了此形上光明本體之範疇，如是才鑄成心性之學之核心。

茲探源溯流，自周濂溪起，至明末劉蕺山止，上下六百年，理學命名之繁多，莫不令人眼花撩亂，然究其實際，仍不外此光明本體之化身。何以故？以各家所主工夫相同也。

自南宋朱陸對峙以來，迄今八百餘年，朱陸異同問題仍爭論不休；幸賴林先生慧眼獨具，輔以踐履工夫，經其畢生研尋剖析，如撥雲霧，見青天，不復長久以來重重陰霾矣。

理學真相既粲然大白，其價值又當如何評估？程明道所追求的「內聖外王之道」，或不失為評估之客觀標準。內聖學重智慧，有永恆不變的真理存在；外王學主致用，必隨時空推移、日新又新而顯其用途。內聖學實為中國人文思想之核心、精神命脈之所寄，因而開出藝術、宗教人生以為己；再融貫外王學，又開出道德、科學人生以為人。如是始能彰顯中國思想文化崇高價值之所在。如與西方科技文化相融合，則中國新文化新思想亦必由此誕生。

　　以上所云，莫不植根於心性學的基礎之上。林先生《宋學探微》鉅著（上下兩冊）即為此而作，如名之曰「心性靈光萬丈長」，似無不可；然曉其實際，恰如象山常言「此理充塞宇宙」，又豈止萬丈長而已？！

　　該書已由蘭臺印行，讀者欲知其詳，可詳閱此書。

2002 年 3 月於北京人民大學

人大哲學博士朱康有

一寸山河一寸血　　　　十萬青年十萬軍

# 揭開禪宗神秘面紗
## 推介林繼平教授新著《禪學探微十講》

　　禪宗自唐代興起以來，迄今歷時一千二百餘年，由於禪宗中國化影響力之普遍深遠，中國智識份子泰半都與禪宗結下不解之緣，故禪宗早已蔚成中國主流思想之一，幾乎可與儒家孔孟並駕齊驅。然而吾人仔細體察，總覺禪宗思想籠罩一重神秘面紗，實在令人難睹其真面目，每以為憾。

　　或與佛法有緣，我北京大學莘莘學子，酷愛禪宗哲學，致有禪學會之組織。去秋由哲學系邀請臺灣旅美學人林繼平教授蒞校講禪宗哲學，下榻勺園北大賓館，除北大、人大、北師大三校哲學博士生、研究生踴躍前來聽講外，尚有社會科學院研究員、及佛教界人士亦紛紛來園參與講會。甚至更有北大教授、宿儒聞風而起，亦欲來園求教者，終因場地有限，未能一一如願。

　　禪宗哲理最為深玄，亦最難明悟者，厥為「破三關」的思想脈絡及其哲理的解析問題。如破初關之「截斷眾流」（悟道），破重關之「涵蓋乾坤」，破第三關之「一多相涵」循至了生脫死──「到家時節」之終極境界，林師以耄耋之年，猶能神采奕奕地娓娓道來，析理入微，令人大開眼界，聞所

未聞，嘆為觀止。其間最難忘者，乃闡釋禪宗與華嚴、天臺、唯識諸宗哲理之會通問題。聆聽後，如撥雲霧而見青天，快何如之！而禪宗之崇高價值，永恆真理，更為先生所樂道。

全書十次講畢，顏曰《禪學探微十講》。其錄音稿早已整理成書，自美攜回，特囑臺北蘭臺出版社付梓，今秋發行面世，謹草此短章為之推介。深信國人無論海內外，凡讀此書者，於禪理之通曉，皆可沛然無礙，千餘年來籠罩禪宗思想之神秘面紗，自此揭開後，不復再有迷茫之感矣。臺灣學界耆宿，中山學術基金會董事長劉真白如先生（謝東閔、孔德成二先生為副董事長）聞之，十分欣喜說道：「林先生有了不起的成就！」又有識者青年才俊楊紅梅女士譽為「學界泰斗」。余聞之更喜而不寐。忝列門牆，亦與有榮焉。

二〇〇二年七月於北京大學

北京大學哲學博士趙建功

# 《李二曲研究》第三版序

　　林繼平教授的大著《李二曲研究》繁體字版，初版於臺灣商務印書館 1980 年 12 月。該書出版後，曾經在臺灣連獲「中山學術著作獎」、「中正文化獎」、「菲華文化獎」等多項殊榮。《李二曲研究》一書初版十九年之後的 1999 年，又由臺灣商務印書館再版。現在，《李二曲研究》的簡體字版，很快就要在中國內地、李二曲的家鄉陝西問世了。在中國內地出版自己的著作，一直是繼平先生的心願。然而令人非常悲痛的是，2003 年 2 月 7 日，繼平先生突然於美國逝世，他本人無法看到自己的著作在大陸出版，實在令人扼腕歎息。回顧我最初知曉林繼平先生其人，得睹《李二曲研究》其書，後來又與繼平先生相識相知的情景，至今還歷歷在目。

　　1987 年春夏之交，我前往北京訪學，在北京圖書館第一次拜讀了繼平先生的著作《明學探微》（臺灣商務印書館，1984 年初版），尤其是其中一篇以《「尊嚴無畏」王陽明》為題的論文，給我留下了很深的印象，對我隨後撰寫碩士學位論文〈王陽明「致良知」哲學思想再研究〉啟發很大。這是我第一次得知林繼平其人。

　　1996 年春季，我去杭州、上海等地訪書，並拜晤浙江大

學中國思想文化研究所所長陳俊民教授。陳俊民教授是我八十年代在陝西師範大學讀研究生時的導師，雖然他已於六年前從陝西師範大學調往浙江大學，但我們師生之間一直保持著密切的聯繫。在陳老師家中，我看到了繼平先生撰著的《李二曲研究》一書。當時，陳老師整理和點校的《二曲集》剛剛由北京中華書局出版，而由我指導的一位碩士研究生正擬以李二曲哲學思想為題撰寫學位論文。這些，都使我對繼平先生所著的《李二曲研究》一書產生了濃厚的興趣，並特意記下了繼平先生的通訊地址。回到西安後，我輾轉與繼平先生取得了聯繫，並很快收到了他從臺灣寄給我的《李二曲研究》一書。此後，我與繼平先生書札往返於海峽兩岸，相知日深。

1998 年 4 月，繼平先生來西安參加學術會議，我們終於得以晤面。在西安期間，我曾經陪同繼平先生前往周至（舊作盩厔）縣，拜訪二曲故里。瞻仰這位景仰已久的前賢遺跡，是繼平先生多年來的夙願。此次得遂心願，繼平先生很是激動，揮筆賦詩，其中一首寫道：「『關中大儒』盛世崇，三

百年來仰高風。跨海西行到二曲，重洋飛渡瞻遺蹤。」①自此以後，每過一年或兩年，繼平先生都會來西安，為陝西師範大學哲學、宗教學、歷史學和文學等專業的研究生講授中國哲學，宋明理學的課程。

清儒全祖望在評價清初學術時指出，北方則孫先生夏峰，南方則黃先生梨洲，西方則李先生二曲，「時論以為三大儒」。（《鮚埼亭集》卷十二《二曲先生窆石文》）後來，黃宗羲的七世孫黃炳垕撰寫《黃梨洲先生年譜》時便沿襲了全祖望以孫、黃、李為「清初三大儒」的說法。而近人則往往以顧亭林和王船山取代孫夏峰和李二曲，改以顧、黃、王為清初三大儒。受此影響，現代學術界的明末清初思想研究領域，對夏峰、二曲的研究便一直比較薄弱。

被繼平先生自己視為「畢生心血結晶」的《李二曲研究》，是海內外學壇第一部以漢語撰寫的研究二曲哲學思想的專著，對二曲學研究有創辟先路之功。後來，學術界改變了歷來對二曲學重視不夠的局面，應當說繼平先生是功不可沒的。這一方面表現在，1996 年於陝西周至召開了全國第一

---

① 康熙四十二年，康熙皇帝為李二曲御賜匾額，上書「操志高潔」，稱二曲為「關中大儒」。

次李二曲學術思想研討會，國內各高校和研究機構的數十位
學者向會議提交了專題論文，此時國內只有不多幾家圖書館
可以見到繼平先生的《李二曲研究》一書，但仍然有論文徵
引了繼平先生的這一專著；另一方面則表現在，繼我指導的
一位研究生于 1999 年以二曲哲學作為碩士學位論文參加答
辯之後，國內的另外兩所大學各有一位研究生以二曲學研究
為題完成了他們的博士學位論文，其中一種已經以專著的形
式正式出版，所有這些學位論文的撰寫，毫無例外地都是以
繼平先生的《李二曲研究》作為主要參考文獻的。

繼平先生早年集中全部精力研治王陽明哲學，後來又折
入佛教禪宗，雖然學有所進，但也遇到不少難題。由於偶然
的機會，已至中年的繼平先生細心研讀了《李二曲全集》，
對於解決此前研究中的難題啟發很大，並寫成了《李二曲研
究》一書。在繼平先生看來，二曲學是對宋明理學的總結，
可以視為重新探索宋明理學的橋樑，故他經由二曲之學返回
宋明理學，尤其是陸王心學研究，使過去的難題渙然冰釋，
繼而寫出了《陸象山研究》（臺灣商務印書館，1983 年初版）、
《明學探微》（臺灣商務印書館，1984 年初版）等著作。在
此基礎上，繼平先生又將自己的研究領域不斷加以擴展，從
孔孟老莊到佛教禪宗，撰寫了十幾種學術專著，數百萬言。

　　披覽繼平先生的多種著作，每每使人感到其書探微闡幽，新見絡繹，所論條分縷析，卓然自成一家之言，其成就無法在此一篇短序中盡言，故此處僅就給我留下最深印象者，略述如下。

　　第一，關於王陽明龍場悟道的實質。如前所述，繼平先生早年獨好王陽明哲學，研習不倦；中年偶獲《李二曲全集》，細讀精思，寫成《李二曲研究》一書；晚年則經由二曲之學返回對宋明理學的研究，尤其是對陸王心學的研究，寫成《王學探微十講》（臺灣蘭臺出版社，2001 年初版），於陽明學體會更加成熟老道。可以說，繼平先生終其一生都在對王陽明哲學進行不懈探索。

　　繼平先生研究陽明學心得甚多，在他看來，在研究陽明學的所有問題中，如何理解陽明貴州龍場悟道的實質最為關鍵，它關乎陽明思想轉向以及自創新說的理解。繼平先生頗不滿於某些論者依照《陽明年譜》字義對龍場悟道作不得要領的表層解釋，僅把「大悟致知之旨」歸結為功夫論層面的「正念頭」；他單刀直入，從「悟得良知」入手，加以深度詮釋。繼平先生認為，龍場悟後，陽明〈送蔡希顏三首〉中「悟後六經無一字，靜餘孤月湛虛明」的詩句，才是對陽明龍場悟境的確解。就是說，陽明龍場之悟所悟的正是彌漫宇

宙的良知本體。這一詮解，不僅有陽明本人的上述詩句可作
內證，陽明弟子的言論可作旁證（參見《王陽明年譜》錢緒
山語），而且與現代新儒家的代表牟宗三先生以「悟良知」
釋陽明龍場所悟，以「昭明靈覺」說「良知」意涵也是相當
契合的（參見牟氏著：《從陸象山到劉蕺山》，臺灣學生書
局，1993 年再版），這充分體現了繼平先生精研陽明學的深
厚功力。

　　第二，關於二曲學作為理學「第三條路線」的獨立價值。
對於二曲與程朱、陸王兩派學術關係的問題，前人早有評
斷，清人徐世昌和唐鑒都持「調和」、「兼取」說，只不過
二人對二曲學在「調和」、「兼取」中以哪派為主的認識有
所不同：前者認為二曲「論學雖兼取程朱，實以陸王為主體」
（徐世昌：《清儒學案》卷二十九《二曲學案》），而後者
則認為二曲學「確宗程朱家法」。（唐鑒：《國朝學案小識》
卷四《翼道學案》）時賢對此問題的探討和爭辯，其實並未
超出清人（徐、唐等）眼界，思考方式也仍未脫離二曲對程
朱或陸王加以取捨時究竟偏重於那派、以那派為主的框限。
繼平先生與前人或時賢有所不同，他不是把眼光專注於二曲
對程朱、陸王兩派如何繼承和取捨，而是孤明獨發地提出：
二曲學標示的是既不同於程朱路線，也不同於陸王路線的

「第三條路線」。此說的著眼點是，以為二曲所建構的「明體適用」之學，分別彌補了程朱、陸王的缺失，是對兩派學說的改鑄和超越，因此，二曲學有其不同於程朱或陸王的哲理特質和獨立價值。

在繼平先生看來，程朱學派的「性即理」，尤其是朱子明確劃分知識主體與道德主體，就已知之理求未知之理，將形上學和形下學都納入知識範圍，非但窮究吾心之本體，而且更要窮究宇宙萬物之本體。由此，朱子次第及於人理、事理和物理，以建構其「全體大用」之學的思想系統。這是朱子在認識論上的一個重大貢獻。然而，朱子學也有其缺失。由於朱子對他所謂「虛靈不昧」的本體從知識的角度加以探討，故對本體揣測卜度，而影響不真（此據陸王的批評），這是缺失之一。朱子主張「格物窮理」，認為能夠在萬物之自性中去認識天理，而且又要窮盡天下萬物之理，其實是一條走不通的路徑，這是缺失之二。朱子「大用」之學的範圍過於寬泛，漫無限制，以「適用」的觀點視之，多窒礙難行，不切合實際，直接影響經世事業所需要配合的知識條件，這是缺失之三。

而陸王學派的貢獻則在於，注重從個人踐履的過程中去觀照「靈昭不昧」的本體，他們在此方面提出了許多深刻、

透闢的見解，尤其是王陽明把孔子「仁」的觀念發揮到「萬物一體」的極致。此外，陸王都重視事功，二人在事功方面都有昭彰的業績。在此基礎上，陸王學派形成了一套體用兼備的哲學。但是，陸王學派在認識上過分強調「心即理」，以致將知識主體與道德主體相混淆，偏重道德價值，而對於實用知識的地位和作用未能給予充分的肯定，王陽明尤其如此。這是陸王學派的重大缺失。

為了彌補陸王的缺失，二曲特創「知體」一名，提出「知體」論。所謂「知體」，從本質上看，與「本體」並無差別；只是從認識上看，才有知體與本體的劃分。「知體」的側重點，專在「知」的功能上著眼，它能夠將各個層面的知識凝鑄為一個完整的系統。知體的內涵，包括圓而神的智慧、道德的主體、知識的來源等。依據知體內涵所凝鑄的系統學問，便是此知體所表現的形式。繼平先生憑藉二曲「體用全學」的分類系統，並配合上述智慧、道德和知識三方面，對二曲的知體論的架構作了相當詳盡和透闢的闡述，多發前人所未發。

此外，繼平先生著作中有新見和勝義處還有許多，限於篇幅，這裏就不一一列舉，相信學者閱讀其書時自能辨識。

由於繼平先生的見解獨特並有較強的說服力，故樂於為

學者所援引，據我有限的觀察，除前述幾種學位論文的徵引外，美國亞利桑那州立大學歷史系教授田浩（Hoyt Tillman）博士在其所著《朱熹的思維世界》（陝西師範大學出版社，西安，2002年）中，把繼平先生的《陸象山研究》列為參考書目；中國社會科學院哲學研究所研究員胡孚琛博士在其主編的《中華道教大辭典》（中國社會科學出版社，北京，1985年）中，在涉及「臺灣的道教研究」時，引述了繼平先生的專論《論道家神仙思想之形成——從老莊哲學的流變談起》（刊於《東方雜誌》復刊，臺灣，1986年第21卷第1、2期）；香港中文大學哲學系教授鄭宗義博士在其所著《明清儒學轉型探析——從劉蕺山到戴東原》（香港中文大學出版社，香港，2000年）中，不但把繼平先生的《李二曲研究》、《明學探微》兩書列入參考書目，而且設「心學系統內的救正——孫夏峰與李二曲」專章討論二曲之學，在討論中兩次援引繼平先生關於二曲研究的成果，認為「林書對二曲研究可謂有開創之功」云云；上海復旦大學歷史系教授鄧志峰博士在其所著《王學與晚明的師道復興運動》（社會科學文獻出版社，北京，2004年）中，除將繼平先生的《明學探微》一書作為參考書目外，在書中格外關注繼平先生有關陽明悟境的觀點；臺灣政治大學哲學系教授曾春海博士在其新近發表

的論文《對李二曲儒學觀的形成之考察》（刊於《哲學與文化》月刊，臺灣，2004年第31卷第8期）中，多次引用繼平先生的《李二曲研究》，對繼平先生強調二曲「知體」論的重要意義，以及以現代學科分類方法解釋二曲的「適用」知識系統等，都給予了很高的評價；我自己在對二曲學作初步研究時，曾經撰寫了《李二曲的經世觀念與講學實踐》一文（刊於《中國哲學史》季刊，北京，2000年第1期），文中也曾經引用了繼平先生專著《李二曲研究》中的相關論點。

我與繼平先生相識和交往近六年，其學術、人品、言行和風貌，都給我留下了難忘的印象。

「堅苦力學，無師而成」，是明清之際著名學者顧亭林對二曲其人的評語（《亭林先生遺書》卷六《廣師篇》）。據我瞭解，繼平先生應當算是學無師承的，這一點恰與二曲先生相似。他自四川大學中文系畢業後，適逢抗日烽火，於是毅然投筆從戎。抗戰勝利後，他進入教育界，從事學術研究全賴勤苦自學，其為學用力之勤奮和艱苦，也與二曲先生相彷彿。正是在此意義上，我們往往可以在繼平先生身上看到二曲先生之遺風。另一方面，雖然繼平先生學無師承，然而他卻是有學承的，說他學宗二曲，應當不是沒有根據的。

雖然繼平先生長期以來任教於臺灣的幾間大學，但他除

與錢穆、徐復觀等幾位先生偶有往來之外，更像一位游離於
學院體制之外、孤身奮鬥的學者，因而其為學風格較少受學
院體制的束縛。繼平先生記憶力驚人，對中國古代哲學有著
很強的體驗力和悟解力，在學術研究中往往直抒胸臆，不事
雕琢，大膽表達自己的見解，對學術界沿襲已久的成見敢於
提出批評意見。其批評並不是要貶低前人，而是為了發現問
題，推進研究。

　　晚年，繼平先生開始到大陸講學，每年都穿梭於美國、
大陸、與臺灣之間。可以說，他把自己晚年的全部時間和精
力都投入到大陸講學的事業之中。

　　繼平先生不但一生服膺二曲之學，而且敬重二曲其人。
1998 年春，繼平先生拜謁二曲故里，看到二曲墓地竟然被占
為他用，墓碑也流落街頭，感慨萬端。於是，他通過在陝西
開會期間結識的各界賢達，向地方政府和有關上級主管部門
反映呼籲，不遺餘力，最後終於使二曲墓地得以恢復。

　　在西安、北京等地的大學授課講學之餘，繼平先生與不
少教授和研究生結下了深厚的友誼。繼平先生博通古今，率
真豪爽，談鋒犀利，語言幽默，平易近人，極具親和力。他
的人格魅力，凡接觸過的人都有感受。他充滿愛心，對大陸
中青年學者，尤其是對研究生的學業十分關心，聽課的研究

生在讀書方法、論文選題、參考文獻等各方面，都樂於向他求教，而他也非常樂於為所有向他提問的學生答疑解惑，誨人不倦。有些學校的研究生來自農村，家境貧寒，難免影響學業，繼平先生多次慷慨解囊，給予資助。其碩學盛德，令每一位受過他教益和幫助的學子難以忘懷。借王陽明喜用的「豪傑之士」來稱呼繼平先生，是當之無愧的。

繼平文章老更成。他以耄耋之年來大陸講學，回到美國後將講課錄音稿加以整理、潤色，然後拿到臺灣出版，幾乎每年如此。幾年下來，陸續出版了《我的治學心路歷程》（臺灣蘭臺出版社，2000 年 7 月出版）、《王學探微十講》（臺灣蘭臺出版社，2001 年 7 月出版）、《禪學探微十講》（臺灣蘭臺出版社，2002 年 7 月出版）、《宋學探微》上下冊（臺灣蘭臺出版社，2002 年 3 月出版），共四部書五冊，達百餘萬言，幾乎每年一本。對於一位年齡早過古稀接近八旬的老人來說，這不能不說是一個奇蹟。每當新著在臺灣出版，繼平先生都會親自把書包好，用推車送到郵局，分寄各大學圖書館、以及朋友和學生。

這裏應當特別指出，繼平先生在大陸各高校講學都是無償的，而且講學期間的一切生活費用都由其自己承擔。一個人如果不是視中國傳統文化為自己的生命，是決不會這樣做

的。我們可以這樣說：繼平先生終其一生，完全以中國傳統哲學的重建和弘揚為職志，將自己的一切力量全部貢獻給了這一偉大的事業，令人可敬可佩！

自 1998 年與繼平先生相識後，大約每過一二年我們都會在西安見面。2002 年冬，繼平先生再次來到西安，身體有些不適，講學之餘，在西安的一家醫院作了檢查。他返美後，在舊金山史丹佛醫院很快作了腹部動脈瘤手術。記得是春節後，繼平先生還給我來信，對自己身體康復很有信心。2 月 8 日深夜和次日上午，繼平先生的五弟林爾讓先生和繼平先生的公子大鈞先生先後打來電話，告訴我，繼平先生在腹部動脈瘤手術之後不久，又做了腸梗阻手術，不料在後面的手術中發生意外而不幸於 2 月 7 日去世。我聽到這一噩耗，萬分震驚和悲痛。繼平先生遽歸道山，讓我失去了一位可敬可親的學術前輩和良師益友，請益無從，令人傷感不已。所幸經過一段時間的努力，繼平先生的大著《李二曲研究》很快就要在大陸出版，其遺願終於能夠實現了。這是紀念繼平先生的最好方式。

繼平先生的公子林大鈞先生自臺灣至美國留學，學成後在美定居，是一位優秀的電腦工程師。父親晚年赴大陸講學，大鈞先生總是給予充分的理解和支持，這對於一位與自

己的父親所從事的工作完全「隔行如隔山」的年輕科技從業員而言，確屬難能可貴。此次為父親的遺著《李二曲研究》在大陸出版發行，大鈞先生付出了極大的心力，他追慕親情的真摯和執著，令我感佩。《李二曲研究》一書的大陸簡體字版不久就要印行，大鈞先生囑我寫序。我學殖寡淺，自知不具備給任何人寫序的資格，但大鈞的囑託又使我感到義不容辭，故寫此文寄託我對繼平先生的永久懷念之情。是為序。

林 樂 昌

2004 年 6 月初稿，12 月改定

（陝西師大中研所教授）

# 歷代各名家政要評讚一覽表

(一) 一九六一年徐復觀教授評曰：「先生堅苦好學，用力之深已在錢賓四（錢穆）先生之上。」

(二) 一九六六年空軍政戰部主任梁孝煌將軍稱讚道：「林先生，你是王學權威，空軍需要你。」

(三) 一九八〇年早期留法哲學博士李辰冬教授評云：「宋明理學之心性本體隱晦三百餘年，幸經先生之潛修密詣，始大白於今日。」意謂林氏理學造詣早已超越馮友蘭、錢穆、牟宗三諸人之上。

(四) 一九八一年《李二曲研究》榮獲臺灣中山學術著作獎及中正文化獎。

(五) 一九八二年受聘臺灣復興國學院教授。

(六) 一九八三年《陸象山研究》榮獲臺灣菲華文化獎。

(七) 一九八三年受聘臺灣東吳大學哲學系教授。

(八) 一九八三年受聘臺灣商務印書館特約編審。

(九) 一九九九年受聘陝西師範大學中國思想文化研究所講座教授。

(十) 二〇〇〇年受聘中國人民大學東方文化研究所顧問。

(十一) 二〇〇〇年，中國人民大學哲學系博士生導師葛榮晉教
授稱讚道：「林先生是老教授，學術精深，令人欽佩。
他是來『宏道』的，不僅是『傳道』，我們非常歡迎
他來講學。」

(十二) 二〇〇一年應北京大學哲學系邀請，前往該校哲學系博
士班講禪宗哲學，因成《禪學探微十講》一書。

(十三) 二〇〇一年北大博導許抗生教授評讚道：「林先生的研
究方法非常獨特，造詣很高，大陸上沒有這樣的水平。」

(十四) 北大博導許抗生教授請求林先生為北大老師們講述禪
宗與孔孟、老莊及理學的關係。

(十五) 清華大學友人王豐年教授聞訊，要求將北大哲學博士班
講學錄音稿部份刊載《清華學報》，以廣流傳。

(十六) 二〇〇二年夏北大講學載譽返臺，臺灣中山學術基金會
董事長劉真先生（前副總統謝東閔，考試院長孔德成
任副董事長）聞訊，喜不自勝，稱讚道：「林先生，
你有了不起的成就，我們中你的成就最大。」林氏之
學，可謂達於巔峯矣。

# 悼二哥

　　哭二哥！您走得太早！太急！您還有宏願私願未了，來不及囑託，帶著無限的遺憾，永遠離開了我們。驚悉噩耗，哽噎不能語。嗚呼！哀哉！痛哉！

　　二哥名爾謀，字嵩，號繼平、午岑，筆名高山仰等。公元一九二二年一月廿一日（即農曆辛酉年臘月廿四日）出生於四川省遂寧市新橋鎮洪江村四社。祖籍廣東長樂縣（現五華縣）人氏。公元二〇〇三年二月八日早上七時十五分，因手術失誤，不幸逝世於美國舊金山史丹佛醫院，享年八十二歲。

　　二哥自幼天資聰慧，勤奮好學，曾私塾於祖父門下，熟讀經、史、子、集，過目不忘。後讀新學，在遂寧縣中，成都石室中學就讀。嗣後分別在遂寧縣新橋鄉、桂花鎮、仁里場三小學短時任教。由於鍾愛文史哲學、擅書法、喜健談、廣結友，又不安於現狀，為求上進，實現宏願，憑自身的深厚文學功底，以同等乙級學歷報考川大，竟以一篇古文震驚主考，一舉進入川大中文系，攻讀文學，自修哲學。在友人中風光至極，在家鄉名聲大震，路人皆知。就學期間，正當日寇瘋狂侵華之際，為報效國家，保衛神州大地和四萬萬伍

千萬同胞，毅然投筆從戎，棄家從軍。先後進入中國抗日遠征軍服役，在中國空軍通校任教，講授國文和哲學，直到退役。退役後被臺灣東吳大學聘為哲學系教授，兼任中華商務印書館編審，臺灣老莊學會監事，中國人民大學東方文化研究所學術顧問，陝西師範大學哲學系客座教授等。二哥畢生刻苦鑽研中國哲學，精通理學，對儒、道、佛，法家、和兵家都有很深造詣。其代表作《李二曲研究》獲得過「中山學術著作獎」、「中正文化獎」、「菲華文化獎」等學術界最高殊榮。在哲學領域，通過對李二曲的深入發掘，獨闢蹊徑，發現了通往中國深邃哲學的大門鑰匙，探明並實證了宋明理學的精髓，再折入禪宗悉心鑽研，把中國的儒、道、佛，雜家等各學術流派的哲學思想融為一體，開闢了現代中國哲學研究的新路子，這是二哥在中國哲學上最重大的貢獻。

二哥為了宏揚中國哲學，把他的研究成果廣傳後世，不顧年事已高，不辭辛勞，自一九九八年以來，每年往返於美國、臺灣和大陸講學、著書、宏道。先後在北京大學、中國人民大學、陝西師範大學、華中科技大學碩士班、博士班講學，輔導，並指導他們完成論文。二哥把講學看成自己的事業。他說：「畢生辛勞治學，惜於臺灣一隅英雄無用武之地，近年來大陸講學，備受歡迎、重視，才知在大陸學術界有此

揮灑空間。我是抱著「傳道」的心情來講學的。」由於他的學術精湛，博得諸多著名高校師生的讚譽和驚嘆。中國人民大學哲學系博士生導師葛榮晉教授稱讚道：「林先生是老教授，學術精深，令人欽佩。他是來『宏道』的，不僅是『傳道』，我們非常歡迎他來講學。」北京大學哲學系博士生導師許抗生教授說：「林先生的研究非常獨到，造詣很高，大陸沒有這樣的水平。」北京師範大學哲學系博導周桂鈿等均有讚譽。被教導的博士，碩士生們尊為「一代宗師」，「指出今後中國思想發展的方向者，林先生為第一人！」等榮譽，他當之無愧。

二哥一生艱苦治學，在中國哲學領域取得了豐碩成果，為後輩學人留下了不朽的寶貴傳述之作。如：《李二曲研究》、《陸象山研究》、《明學探微》、《孔孟老莊與文化大國》、《文史哲論集》、《我的治學心路歷程》、《王學探微十講》、《宋學探微》、《禪學探微十講》、《程朱哲學評議》、《宋明理學與現代人生》與《中國哲學思想論集與中華文化出路》等十二部哲學著作。自到大陸講學以來一年出版一部書，這樣快出成果者，歷史上僅見二哥一人。

惜乎！二哥正在醞釀準備陸續完成的著作還有《孔孟思想研究》、《老莊哲學》及《林繼平年譜集要》等作品都已

不能面世了，深感遺憾。深信二哥百餘名博碩士弟子中一定
會有人繼承您的遺願，完成您未完成的事業。

　　二哥！安息吧！您在哲學方面的成就和對中國哲學的
發展作出了巨大的貢獻。您的著作、思想將會在大陸上廣為
流傳；您將永遠活在世人心中，活在弟子們心中，活在林氏
後輩們心中。年年祭祖之日，族人都會祭奠您的英靈。

　　二哥，安息吧！

　　嗚呼！哀哉！尚饗！

五弟爾讓全家叩拜

二〇〇三年二月十三日

# 悼師文

林先生：

您好！

您的照片擺放在案前，那音容笑貌，那舉手投足彷彿就在眼前……您的目光凝視著我，彷彿有無窮的話想對我說……怎麼恍然間竟成了兩個世界的人呢？我們還能在一塊徹夜長談嗎？

還記得咱們第一次相見的情形嗎？您說您畢生做人作學問相信緣份，我說我也相信。難道人生就有那麼多巧合？正當我為論文選題奔忙苦惱時，師兄偶然在電梯裡遇上我，他建議我可以研究李二曲。為此我到國家圖書館又偶然讀到您的傑作。那真是如獲至寶的心情啊！記得將您的著作複印後，看了不下六七遍，旁白上圈點批注很多。怎麼您就講得那麼透徹呢？於是心中私淑甚久，暗想如能碰到您這位前輩請教，真可謂此生有幸。九九年到陝西眉縣開會，期間參觀張載故墓，在去的上山小路中與人閑談，話語間流露出對您的無限仰望之情，湊巧旁邊的林樂昌君說，過幾天，您正好到西安講學。會後我特意在陝師大住下，這樣咱們就有了第一次相見。後來在北京就有了第二次、第三次、第四次……。

還記得咱們在人民大學的賢進樓，一個多月中，您談笑風生，一次又一次和同學們簇擁在旁邊的小飯館裡，北大、北師大、人大三校的博士碩士生，聆聽您的指點，親炙您的教誨，三校中國哲學界的名師也到您下榻的賓館看望您，聽您縱論……

還記得您曾經當著同學們的面說：康有是我的大弟子。做學問，能得到您的表彰，及門於您的帳下，實為吾畢生自豪。您在最近的一封信中說：我老了，如果身體允許的話，那我就還到北京講學；如果身體條件不允許，就錄音寄過去給你們聽……人們說，老驥伏櫪，志在千里而您是生命不止，講學不止，傳道授業不止啊！未竟之業，可嘆可惜；諄諄之情，怎不傷悲！

在您生命的最後幾年裡，一連出版了《我的治學心路歷程》、《王學探微》、《禪學探微》、《宋學探微》，您還有很多計劃，規劃要講《程朱哲學評議》、《中國文化出路》……這那裡是生命的餘熱，這分明是學術上的爐火純青，這分明是生命光輝最耀眼的迸發！

您幾次到大陸講學，行程匆匆，義務自費，一不圖名，二不謀利，尤其對吾輩後學者提攜獎掖有加。哪位同學經濟拮据而又向上好學，您總是慷慨解囊，這就是您那高尚的人

格品質！您所有的目的只有一個，多講一講，多說一說，多寫一寫，為傳統文化之真諦的薪火相傳，嘔心瀝血，披肝瀝膽！而今，這些學子其中有的已奔赴各地，思想之火花正在燎原。

是的，無論寫文章，還是講學、著書，您一生最大的心願就是傳我中華文化之大道！您一生默默耕耘，耐盡學術思想上的寂寞清苦，堅苦卓絕，獨立不依，斐然自成一家；就學術深度上而言，如果超越門戶之見，您的確已經超越當代人們所推崇的思想大師們，您晚年直言不諱地批評了這些您所尊重的大師們，您是一位極具深度的，有中心思想的傑出大師；就學術廣度來說，您視野開闊，豪氣萬丈，縱橫於文史哲領域，致力於通人之學，聯繫當今科技工商的人生社會，通過中西文化的世界性比較，前瞻性地為人類新文化的前進方向指點迷津。正是由於您指出了史學大師黃宗羲、理學大師朱熹等人的重大失誤，思想史上的許多難題才被廓清，才變得井然條理可解，中國人文思想的核心部份才從迷霧中呈現出來；正是由於您指出了傳統文化中極其優秀、極具魅力的價值意義和慧命所在，現代人或許可以從物化、物欲的生活中解脫出來，邁向更高層次、更高境界的人生！……中國哲學界、臺灣思想界為失去像您這樣一位開拓

者、這樣一位跨世紀而面向未來的思想大師而悲痛。沒有您的奔走呼號，沒有您的思想引導，深有所體悟的探索者，特別是我們這些後學者，將不知摸索至何時何地。

思想、傑出的思想從來就不會寂寞，千秋萬代，它將照耀後起的拓荒者不斷在前人的基礎上繼續努力。您雖在異鄉他地，但是您不必感到孤獨，因為您的思想必將活躍在千千萬萬人的心目中。中華民族就要再次復興，中華文化亦將再次光耀，越來越多的人會從您的著作中找到寶藏，因為在那裡蘊有社會和人生的秘方。您可以含笑於九泉之下了。

午夜時分，萬籟俱寂，只有案前的我，還有外面不時傳來凜冽、淒厲、嘶鳴的寒風。大山遠處偶有孤鳥在哀鳴……林先生、林老師，聽到我心中的呼聲嗎？但願冥冥中，夜夢裡能不斷聽您的課、同您交談，與我靈光！

您看，您的著作整齊地排放在我的書架上，抽出一本，翻開您的著作，咱們不又是在一起了嗎？

您的精神、您的思想將永遠留在我們的內心深處！

先生，請走好。

您最忠實的學生和弟子 朱康有 敬上

二〇〇三年二月九日午夜

（中國人民大學哲學系博士）

## 悼師文

當我提筆寫下「敬愛的林先生」時，眼前仍然是您精神抖擻的樣子。我寧願相信，您是在鍛煉身體之後，坐在園中的桃李樹下，讀著我們遠隔千山萬水對您的想念；我們還等待著，十月金秋再去迎接先生，再聆聽先生的古今宏談……即便先生化作了春風，也會讓我們感覺溫暖；即便您化作秋雨，也會滋潤我們求知乾渴的心靈。

無論今夕是何夕，我們都相信先生和我們永遠在一起。

月兒還掛在天空，一樣地皎潔一樣地悠遠，這不還是我們在未名湖畔賞的那輪中秋之月嗎？月亮和我們一起緩緩地散著步，和我們一道聆聽您對千年歷史的點評。那天晚上先生興致甚高，古往今來，縱橫捭闔無所不談，您忘記了時間，我們卻與您觀光遊覽了五千年。那年分別我們送您一幅壽星圖，你爽朗地笑到：「你們希望我萬壽無疆，是嗎？」

還用說嗎？我們所有的祝願和期盼都包含在了無言的笑容裡。我們希望能常常聽到您的教導，常常聽到您對祖國文化的獨特領悟和見地。在您為我們諸多學生打開的這扇窗前，我們還等待著您引領我們去觀賞更美好、更壯麗的文化風景。先生，您即便是遠去了，我們也知道您是化作了我們

眼前這麼多景色中的一景。為後生能更「詩意地棲居」而添綠添春。

您曾笑談我們是您所有學生中的夫妻黨，您說古往今來少有先人能同時作夫妻二人的先生，您是不多得的一位。可是，您知道在你為此而興奮時，我們又是何等地榮幸與驕傲！而且，您的不可多得之處又何止一二！年近八旬，您不停地飛來飛去，為我們講學授義，卻從來不圖名利。我們這些窮學生只是跟您聊聊天，您都覺得快樂之至。不是我們聊天有方，而是先生已忘卻了生活的營利計較，您只是想著如何能讓學問之道流傳下來，如何讓中國思想的精華得以保留，您只是為此而憂愁，為此而奔忙。您肩上擔的不是個人的或家庭的擔子，而是整個民族文化傳承的擔子！對您的亮節高風，晚輩們只是汗顏不已。「高山仰止，景行行止。」先生您能不成為我們學養和做人的楷模嗎？

身邊還放著您講學的錄音帶，您當時說「留給你們作紀念吧！」—可是這個紀念物來得過早了。好似在昨天您還在電話裡說「只是偶患感冒」；也好似在昨天您還在信中說「我樂觀以待，手術一定成功！」建功不止一次地說：「林先生一輩子大風大浪，有氣魄有才學，他一身英氣，正氣昂然，小鬼見了他都得打哆嗦！」先生，沒有您跨不過的坎，可是

您卻走了！是您太勞累了嗎？您幾年以來兩岸奔波，嘔心著書，為講學教人瀝盡心血，是學生們讓您累垮了嗎？或許，您是思念林媽媽至極，急於和她作伴團圓。雖然您一向豁達，曾笑談「死生一也」，但是我們還是抑制不住地難過！

聽到噩耗，如雷震耳！我們是該寫一些東西來紀念您，可是每每提筆，都沒法下手。您宛如昨日就在眼前，讓我們如何來對待這一事實！學生這好幾個月來被功課逼得焦頭爛額，也是沒有盡早與您通信原因之一。可是先生向來勉勵我們勤學苦讀，想來您不會怪罪晚輩的失禮！大鈞兄為失去慈父悲痛不已，我們為失去慈父般的師長亦悲痛不已。大鈞兄說日後您全家還會團圓，在那遙遠的天國，先生可還會為我們留得一間教室，在那裡我們還一樣地聽著您講述文化的故事！！！

漫天飛舞的柳絮和遍野的梨花——先生，您一定還記得這故國的春色，我們願意把整個春天都獻給您；寄托對您深深的思念！

來生，我們期盼與您早些相逢，還作您的學生，傾聽您的聲音！

先生，您就在我們身邊，沒有走遠；只是夜色太晚，先生您也該歇息了，先和您說再見，您一路珍重！！！

再見！

晚生：趙建功　敬上

王菊英

二〇〇三年四月十六日

（北京大學哲學系博士）

# 悼師文

林繼平教授：

　　您剛做完手術時，情況良好，我為你的健康而高興；沒想到，如今卻匆匆離去，留給我們無盡的悲痛。

　　您的離去，世界上失去了一位研究中國哲學的哲學家，這對於中國哲學走向世界是一大損失；而我本人失去了一位好老師，也可以說失去了一位忘年交。您的思想不會消失，您的著作、論文會留給後人無盡的思考。您的離去，天堂裡會多了一位哲學家。

　　林教授，雖然我的研究方向不是中國哲學；但是，我對中國哲學有濃厚的興趣。由於我古漢語知識不太好，讀中國哲學的書有些費力。而聽您講哲學就不一樣了。您把中國各朝代哲學從橫向到縱向都搞通了，游刃有餘，所以，我特別喜歡聽您講中國哲學。我清楚地記得，您在北大、中國人民大學給我講中國哲學。的確，我以前認為中國哲學晦澀難懂；聽了您的講解，我豁然開朗。

　　我為結識您這樣的哲學家而自豪，更願為您的著書立說盡我的微薄之力。林教授，朱康有幫您連繫的書出版後，我要在大陸影響很大的《光明日報》書評版上寫一篇書評，遺

憾的是您不能親自讀到了。

　　這麼多年以來，雖然都是炎黃子孫，但是，大陸和臺灣的學術交流較少，所以，您的研究對促進大陸和臺灣的學術交流有著重大意義。雖然您離去了，我會一如既往地在大陸弘揚您的哲學思想，讓更多的大陸學者了解在臺灣有一位偉大的研究中國哲學的哲學家。我還期待您為《清華大學學報》再寫幾篇文章，沒想到您就這樣匆匆離去。您知道嗎？您在《清華大學學報》二〇〇二年第三期發表的那篇論文受到廣泛關注。

　　林教授，春天到了，萬物復甦。您在這樣美好的季節去了天堂，想必您在另一個世界裡，春天常伴著您。林教授，您在去往天堂的路上，一路平安！

　　此致

　　敬禮

　　　　　　　　　您的學生：王豐年
　　　　　　　　　二〇〇三・二・十三
　　　　　　　　　（北京清華大學教授）

## 悼念林繼平先生

初次見先生，是在○一年的秋天。那時先生由美國到北京大學講禪學，我有幸得以聆聽。講課在先生的下榻處進行。前去聽課的，不但有北大的博士、碩士，也有像我們這些從北京師範大學和人民大學去聽課的學生。先生講學，以探討禪宗的基本精神為主線，旁涉儒道諸家。記得當時，先生口才滔滔，機鋒不斷；我們學生也聽著動容，頻頻點頭。學生每有疑問，先生也總作圓滿答覆。師生間的討論有來有往，氣氛熱烈，歷史上大師講學的盛況宛如又現眼前。

把這種場面說成大師講學的場面是不為過的。古語云：「師者，傳道授業解惑也。」一個真正的大師，不但要有精湛的學問，以授業解惑，還要有高深的修養，以體載道。時至今日，這樣的大師已不多見。但是，從來京講學的林先生身上，我們再次看到了大師氣象。

先生以身載道，品德高深。先生年屆八旬，本應安度晚年，樂享天倫。但先生以中國文化學術為念，不顧年事已高，自己出資四處講學。先生講，他講學不圖名不圖利，只是想把中國的傳統文化發揚光大，用它的真精神造福天下蒼生。這種高風亮節首先表現在他對晚生的愛護上。先生每次講完

課後，總要宴請學生。一是可以繼續把學術討論引向深入，同時也能為同學之間的交流提供機會。先生每有新作問世，也總是首先送給學生。我們剛收到的《禪學探微》，就是他幾個月前從美國寄來的。總之，先生不圖名利、心懷天下，道可謂深矣！愛護晚生、提攜後進，德可謂重矣！

先生學問淵博，見解獨到。先生講學，雖主禪宗，但貫通儒釋道，旁涉經史集。各家學問已在他胸中融為一爐。更重要的是，先生從舊學問中看出新問題。在他的講學和著作中，新解頻出。這些見解，對於準確把握傳統文化精神，解開學案疑團，很具啟發意義。基於自己對傳統文化精神的理解，先生對傳統文化在當今社會的價值作了新解釋。先生認為，傳統文化提出的高明境界，對於穩定社會、安頓人生具有重大意義。除了學術研究外，先生也很關注現實社會問題，這又促進了先生的學術研究。先生一生著述頗豐，於此不無關係。總之，先生博古通今，學可謂博矣！見解精到，術可謂精矣！

先生有學有術，是當之無愧的「師」。先生也確實視傳道授業為自己的生命。直到去年，先生還在信中計劃今年要來京講宋明理學。但現在不幸逝世，永遠離我們而去了。先生的逝世，只是肉體生命的結束，而精神生命永存。人生有

三不朽：立德、立言與立功。先生以身載道，品德高深，德
可謂立矣！先生講學不輟，著作等身，言可謂明矣！先生傳
道授業，立德立言，功可謂建矣！先生立德立言又立功，先
生不朽矣！

彭耀光

二〇〇三・四・十二

於北京師範大學

（北師大博士生）

1992 年旅遊夏威夷，伉儷情深！

# 遙祭先哲林繼平先生

林大鈞先生：

驚悉慈翁仙逝，桑梓同悲！先生痛失親人，家鄉痛失聖賢，豈能不悲？凝視彩照尊容，倍感痛緬！

一代宗師，傾畢生心血，剖程朱理學，傳國魂古風，終成博學鴻儒。四海學人，無不為之景仰；川中故里，山河為之生輝！

尤難忘去歲金秋，林公攜八十高壽之軀，偕子媳，遠渡重洋歸來，鄉親圍座一席，聽其縱橫捭闔，評說古今。高論言猶在耳，更有贈書、言志、拳拳報國心！其學問、其操守、其精神，讓所有人肅然起敬，有口皆碑！嘆曰：如此聖賢哲人，何日君再回？！

慈翁已乘仙鶴去，唯有德馨勵後崑。

大鈞先生，今林公已走，望能節哀！天國乃世人之歸宿，本無例外。讓我們繼承林公懿範，走進中華人文思想精義的大門，為世界的大同，過好我們的每一天！

特致哀悼！

中國四川省中共遂寧市委統戰部
遂寧市外事僑務旅遊局
遂寧市人民政府臺灣事務辦公室
二〇〇三年三月二十三日

## 悼鄉長、教授林繼平先生文

　　癸未年二月初八日捧讀令郎大鈞悼慈父文，不禁潸然而淚下。

　　先生集理學之大成，學究天人，繼往開來，廣植桃李，著述宏構，內聖外王，勞心諄諄，實中山一脈，宗師一代，恢宏中華，惟誠惟精。

　　曩者，兩度言歡，交相知音，音容笑貌，神貫古今。萬里惠書，《明學探微》；《我的治學心路歷程》，尤見匠心。方期鳳巢南枝，昭昧相濟，開山授業，貽燕桑梓，彰顯大道，匡合時政，恢廓華夏，詎料哲人，溘謝永辭。把卷長歎，能不欷歔！

　　悵望兄子，生死堪哀，敏于任事，惟楚有才，惟精惟一，繼志孝純。後事無慮，龍遊大海，駕鶴西歸，仙侶可期。

　　弟也不才，今春伊始，覽白雲于華鎣，名泮宮以青城，匡時正謬，典章中華，君其有知，佑之以成。謹以心香，遙祭君靈。神其安之，嗚呼是饗！

四川省黃埔軍校同學會　副會長

四川省老莊學會　副秘書長　曾廣文　致祭於蓉城

2003 年 3 月 12 日

## 悼好友文

大鈞賢侄：

　　自聆悉繼平兄二月七日仙逝後，心中一直念惜縈懷，難平難忘，實感中華文壇巨星殞歿，太覺可惜、可嘆至極。同時亦深感千言萬語難以告慰撫卹於您；也難以表訴我與繼平兄六十多年的手足之情的哀思。他活生生的身影，在去年十月初光臨敝舍期間，談笑風生的情景，時常浮現在腦際。當時他很自信健康狀況比我好。我也盛讚他福人福像、寬額、方顎、大耳、篤厚祥和氣度非凡。

　　我常想：見到繼平兄寫的信、書法遣詞俱佳，我保存過他從 1989 年迄今予我之信件共約十餘封，是我學習留念的珍品，可惜再難領教了，抱恨終生！我本來還準備了很多疑難題目向他請教的⋯⋯而今已矣！痛心啊！

　　繼平兄，公而忘私，近四、五年來長途勞頓，把到大陸各名校高層次講學視為創造人生價值的崇高事業。傳承弘揚創新中華文化，在每部巨著的結語中都一再指出當今中國文化思想發展的方向，近可為祖國統一、遠為中西文化融匯發展的世界大同理念。鍥而不捨孜孜以求。對個人的身體、生活隨遇而安，這對一位年過八旬的大學者、宗師實在太不公道、公平，在中外名學人界也是絕無僅有的吧！如果沒有去年十月武漢、北京

的講學勞頓，這場大不幸應可避免。繼平兄比我只大一歲多，我卻自去年初辭去了教學工作。每周去學校兩個下午，平常多是在家休息，或是自己動手做喜歡吃的菜飯，並多以水果、蔬菜為主。我與他去年十月見面時談給他聽，我擔心他常年在外講學、埋頭寫書、戶外活動少，對身體不利，提醒他當心。他卻對我說，他自有一套養生措施！我自七十歲後，不外地出差。即是成都五十華里，非不得已，我也不去，尤其怕在外面住宿，繼平兄就對此不大拘泥。我還向他提起 1990 年初冬他與令慈大人、張維學嫂一同回遂寧住了約十天之久，她（他）二人形影不離，甚至每天午睡時間也由她規定不讓其他人干擾繼平兄休息……。這些年他來大陸講學只有爾讓陪同，情況就差多了。我去年九月初住院七天，就全靠我的老伴（姓楊、退休教師）陪伴，晚上老伴也住在病床臨時舖上。所以如果張維學嫂健在，繼平兄此次之不幸也是完全可以不發生的。繼平兄常講事有「緣份」，難道這也是緣份主宰嗎？我曾記得一位高僧說過的話：「莫到緣盡方悔時」。千言萬語，惟願繼平兄安息吧！兄的人生實現的「立德、立功、立言」是萬世長存的。您倡導的「道德人生、科學人生、宗教人生、藝術人生」四大境界是完美圓滿的。您無愧於己，啟迪遺教於人。您的言行和學術成就，我是五體投地、頂禮膜拜、受益終身的。兄的十多部

傳世名著，時常放置於我案頭枕邊，成為我精神支柱的重要組成。

　　近幾年我曾向兄提出老年養生人物實例，如百歲老人晏陽初、馬寅初、孫越崎、張群、張學良等等。我很敬佩繼平兄的真知卓識、對我所詢問的一些人物如魯迅、梁漱溟、胡適等等，都有他深刻的見解和褒貶。我提到謝扶雅先生，是我 1945 年在重慶上晏陽初（我很敬佩的老師）主辦的中國鄉村建設學院，水利系時的語文老師。繼平兄與之（學術、為人）交誼之深可從信中看出。可惜謝已（百歲）去世，他兒子謝日長現在廣州任一紙廠廠長。我與繼平兄人生觀、價值觀，基本近似；對人對事有共同的觀點從而構成我們之間永恆的情誼。這情誼尚包括現在遂寧市政協居住的鄭宗堯兄（我們三人算是結拜弟兄）。

　　為了紀念我們這位「國學大師」「教北大研究生、博士導師們的老師」「一代宗師」，頂級教授繼平兄仙逝，我計劃近期作兩件事：一、積極向遂寧市府的統戰部、臺灣事務辦、僑辦、政府辦、市委辦等連繫，在今年五月份以遂寧政府名義召開一次「遂寧籍國學大師林繼平教授逝世紀念座談會。」二、建議由林爾讓同志為主，陝師大林樂昌教授協助，向繼平兄近年在北大、北師大、人民大學、陝西師大、華中

科大聽課的老師、研究生撰寫紀念文章及相關講學資料（如錄音帶），臺灣東吳大學等老師同學，匯編一本《國學大師林繼平教授紀念文集》內容包括（1）請林樂昌或臺灣東吳大學校長（繼平兄很熟知、知心的名人）作序言。（2）林教授著作、工作業績、成就「編年史輯」（去年他曾寄給我一份用武漢華中科技大學接待中心公用箋寫的「附件2」──「歷年各名家、政要評讚一覽表。」（3）陝師大林樂昌教授（打印）的《一代宗師的崛起》。（4）八十年代蔡振輝畫家的巡迴展名畫集：封裡首頁是油畫（林教授）憑海「北望故園」，畫冊是繼平兄作的序言（中英對照）。此事盼爾讓與樂昌合辦好，他二人漢中、西安很近，較方便合作。我與鄭宗堯、爾誠都要寫長篇的紀念文並爭取先刊載于遂寧日報上。此紀念文集在西安或臺灣、美國印刷出版均可。此事我已與爾誠議論了，請大鈞再與爾讓商量；您工作很忙，為此可能增多些干擾吧！我尚在聯繫遂寧過軍壩（我的家鄉、繼平兄初中時期去過兩次）恢復一處電灌農場技藝培訓學校，可以設置「林繼平」獎學金，並考慮日後校園內塑繼平兄像以垂訓後生。

謹此祝好

謝成祥敬上

2/15/2003

## 沉痛悼念林老

敬愛的林老前輩：

晚輩接到大鈞告知林老仙逝的噩耗時，不由我悲痛至極！使我不由自主地拉開了我和您老人家生前接觸交往的序幕……

您一九九八年四月十六日風塵僕僕地從臺灣來到我家，瞻仰了我先祖二曲先生的遺像，給我講您對二曲先生無限崇拜的原因。您在那次〈李二曲國際學術思想研討會〉上，留給了我們不朽的詩句：

關中大儒盛世崇，三百年來仰高風。

跨海西行到二曲，重洋飛渡瞻遺踪。

這精鍊凝重的詩句，字裡行間無不透溢出您對我先祖二曲先生的讚頌心情。您說：「李剛先生，你的先祖二曲先生對我在學問上啟發很大，我有今天的學術成就，就全靠二曲先生指點迷津。飲水思源，我畢生是不會忘記的，我對你先祖敬佩不已……」

九八年五月二十六日，您從美國加州寫給我的信中給我表態，若我的兒子上大學，您願資助每學期五〇〇〇元，以後李家能否光耀門楣，就看我的下一代了！您對我們二曲後裔的一片殷切期望之情，多麼赤誠啊！

　　九九年六月二日，您從美國加州給我寫信，詢問了您函托成都石室中學寄給我的立軸之事，並告知了我給您提供的先祖二曲像，裝訂在二版《李二曲研究》著作的扉頁的好消息。

　　九九年六月三十日，您從臺北寫給我的信既說明了立軸之事，又叮嚀了要我辦的幾件事的重要性。

　　九九年九月十八日，因您在西安講學甚忙。電話約我去西安陝師大外賓樓，您語重心長地要求我發憤讀書，繼承發揚先祖二曲的求學精神，做人志向等；共進午餐後，您又繼續給我講您老人家對我的殷切希望，我正洗耳恭聽您的教導時，講學時間已到，我只好滿懷依依之情，看著您又要去講課匆匆離去的身影，林老啊！多少學子、研究生、博士需要您那精深學問的教誨！您博大精深的學術成就，無可置疑地說明印證了您在浩瀚的文史哲學術領域裡，勤奮耕耘，摯愛開掘累積著自己的學問大山。您淵博的學問是大山，您剛直的為人師表人格如松柏！您不吝施教的師風如孔孟！

　　九九年十一月二十八日，也就是您給我寫的最後一封信，您又再三叮嚀我「要督促我的子孫們好好念書，將來高中畢業考大學時，在您的有生之年，您一定會資助他（或她）們的學費。」林老，您對我的兒及孫輩們的學業如此關心呵

護，怎能不令我對您老油然而生敬意呢？

您在信中還邀請我去臺灣作客，費用由您承擔，因您知我是大陸工薪階層，如此多麼善知晚輩，如我父母的林老啊！

林老啊！您在世丹心著書立說興偉業，歸天青史，大鈞續新篇；您雖人離去，但英魂垂千古！您帶點沙啞的聲音，您滔滔不絕的演講，您耿耿丹心昭日月！您的瞬間離去，令晚輩我哀思難抑，潸然淚水悼良師！容晚輩我在機會允許的時候，給您的墳塚添一鋤新土。

白花一束供清影，

黃酒三杯悼師魂。

林老，您安息吧！

晚輩：李剛

（註：李二曲後裔）

2003 年 3 月 22 日

# 悼友文

林大鈞先生：

驚聞您父林繼平教授不幸去世，萬分震驚。他的走，使我們失去一位著名哲學家、教育家和好朋友，我們倍感痛心和悲傷！

我與您的父親林教授交往十多年，每次來川，我們總要曲膝談心；他總要與大學、中學的老師交流，贈送他的大著，傳播老莊思想和學說。他誨人不倦的精神給年輕一代，給老朋友留下了難忘的印象。

去年林教授來川，還專程到我的辦公室敘談，中午，我準備了午宴以敘友情，可是，他說四川省文史館館長已經在等待宴請他。誰知，那一別竟是最後一次，真是萬分遺憾！

願老先生精神繼續傳承。安息吧林繼平教授！

望您節哀！

希望您方便之時來成都作客，家鄉人民歡迎您！

祝您一切順利！

吳德正敬上

2003.3.12

（成都市臺辦）

## 念故交

　　跡近八秩感匆忙

　　每念同遊武陵山

　　人生高論孤月出

　　孔孟大道偕老莊

　　霧峰揮灑林園夢

　　蘭臺著述不寐床

　　講學彼岸留聲影

　　痛失益友金山灣

　　林兄繼平教授，籍四川遂寧，榮獲中山學術著作獎，臺灣商務印書館編委、實踐倫理學誌社顧問。著有《李二曲研究》（商務）、《陸象山研究》（商務）、《文史哲論集》（臺灣書店）、《王學探微》（蘭臺）、《禪學探微》（蘭臺）等書，嘉惠學子，享譽士林。

吳自甦教授

（東海大學教授）

2003 年 2 月 8 日

## 悼前輩文

　　林教授繼平先生靈前：嗚呼！先生之德，仰之彌高，萬古流芳。學識淵博，無人出右。講學不倦，享譽學界。畢生致力中國新文化、新思想之路向，以為己任，當仁不讓。道接聖賢，以傳後學。識越前哲，乃大宗師。正欲傳闡其道，奈天不遐年。魂歸道山，飄飄緲緲。大道遽終，誠乃吾輩不幸、中華之大不幸。嗚呼！哀哉！激落陳詞，神明來兮。嗚呼！哀哉！

　　尚饗！

盧瑞琴

二〇〇三年五月二十八日

（蘭臺出版社社長）

## 永遠的思念
## 悼林繼平伯伯

> 治學筆耕六十年
> 好比灘頭上水船
> 才華橫溢結碩果
> 青出於藍勝於藍
> 老人先後駕鶴去
> 兩岸友人情綿綿
> 如歌歲月隨風去
> 常使晚輩淚如泉

　　驚悉林繼平伯伯去世，我十分難過，我的母親特別傷感，久久無語。遙想伯伯與家父半個多世紀前的交情和他對我家難捨的牽掛猶為讓人感動。陸游說過：死去原知萬事空，但悲不見九洲同。願老人安息。

蔡先實

2003 年 4 月 15 日深夜

## 林大教授繼平像讚

癸未正月下弦夜接楊理事長汝舟電告林教授病逝美洲噩訊，七日後接林大鈞先生的悼父文！更增加了無限哀戚！嘆人世無常。海浪無情，一波波消退。

與繼平兄之交往，匆匆已廿年，起於創辦老莊學會。林為宋明理學專家，對關中學派研究、惟李二曲最有心得。在學會開課、專講莊子。數年來，坐無虛席，是學會最成功的講座之一。

我們常在一起討論到某些問題，在學術與人生觀點上有許多相近之處，我倆都是學中國文學的，對傳統文化的敬仰與傳承，有共同的看法。因緣投契，見面較多交往甚密，彼此都很珍惜這份友情，無論在美洲或大陸，都常有書信往來。

昨天聯副所載廖玉惠對白先勇的專訪，談到中國人失去自己的美學教育。對近百年的教育署有微詞。無論美式、俄式都是缺乏獨立自省的功夫。在病態中推陳，當然國家民族積弱不振？

廿年前楊汝舟博士發起老莊學會，便是要振興中華文化，希望能接合社會與學校的中外學者共同努力，將中華文化重建，從各領域中發揚光大。也轟轟烈烈的辦了幾次國際

會議；影響深遠！

　　在大陸開放後，兩岸文化交流，每年都有無數的學術會議！大家文化交流共同攜手重振中華文化，是中華文化重建的好時機！林教授就在這一波浪潮中打進了大陸各著名學府，講述畢生之學，傳授青壯。把宋明理學的精髓，在自我的圖像中，平實、親切的把哲理微言大義闡明。使授者與受者融於一體，達到性通神會的境界！

　　前年在臺相聚時，他說：「術修，我這一身的工夫，在臺灣沒用上？想不到晚年回到大陸被他們用上了！」我答以：「恭禧！恭禧！今兄能展其志，用其才，是中華文化未來的一盞明燈！是林兄一生最大的快事。」

　　明代大儒楊升庵被讒，貶謫雲南。路經江安板橋留下田園詩，讀來十分親切。在數年前，我隨一個學術訪問團去到大研古城，即今日的東巴文明古城麗江，為聯合國保護的文明城市，印證了千字文的「金生麗水」。在歡迎會中，聆聽了東巴人的洞徑音樂，是所聽到雲南各族的古典(洞徑)音樂中演奏得最好的一場盛會。演奏前團長李君特別介紹了楊升庵對麗江人的教化，對東巴人文化上的貢獻。在楊公回四川時，特別留下了一張琴，即今晚演奏的主樂器之一，並當場展示給聽眾觀賞。五百年前的古琴，聲音渾厚沈穩，演奏出

宋明的道家樂章，使人有渾然忘我，進入仙境的感受。五百年來，四川的先後賢達相輝映！不但是文史美事。更為後人永遠敬仰。

　　　　　　　　　　　癸未正月廿七日申刻

　　　　　　　　　　　徐術修信筆

# 悼友文

四海設壇，精研二曲，理學探微，鞠躬盡瘁。

兩岸論道，頓悟六祖，禪宗揭密，死而後已。

陝西師範大學中國思想文化研究所所長

陝西省關學與實學研究會會長

中國歷史文獻研究會副會長

中國孔子基金會理事

國際中國哲學會學術顧問

趙吉惠教授敬輓

2003 年 2 月 19 日西安

# 悼友文

林大鈞先生：

驚聞林繼平先生不幸逝世，至為悲痛！先生的逝世，是中國學術界的一大不幸，也使我失去了一位尊敬的師長和真摯的朋友！先生對中國學術的貢獻將永駐史冊，先生之為人將永遠激勵我們！沉痛悼念林繼平先生！

林大鈞先生節哀！

陝西省高級法院　石軍

2003.2.21

## 悼友文

林大鈞先生：

　　驚悉令尊

　　林繼平教授不幸逝世，我們十分悲痛。

　　林繼平教授作為海內外的著名學者，自 1998 年以來，多次來我校訪問，並到我館視察，關心為我館的建設，慷慨贈送其大著十數種，現已成為我館的寶貴財富。

　　繼平教授雖駕返蓬萊，然而，其學術精神卻永遠長存。

陝西師範大學圖書館館長　楊恩成教授

副館長　康萬武教授

2003 年 2 月 19 日　敬悼

## 悼師文

驚悉林繼平先生駕鶴西歸，中國人民大學諸學子不勝悲痛！

林先生以耄耋之年，為光大國粹，不辭勞苦，奔波於大洋兩岸，講學於塞北江南，著述不輟，弘道日隆。昨方收到先生《程朱哲學評議》講學提綱，更翹首盼望再聆聽先生教誨，然天不遂願，墨迹猶存，音容猶在，哲人已萎！

先生之德，山高水長！切望先生家人節哀！

2003 年 3 月 4 日

北京中國人民大學

博士生：許　寧　邱　環　韓煥忠

　　　　周海春　邵　鵬　劉新軍

碩士生：傅鳳英　朱　瑀　李光熙

## 悼師文

林先生：

綿綿的春雨靜靜地飄落，我的心底湧起無限的哀思。就在不久前，一個陽光朗照的中午，室友告知我：林先生不幸辭世。

先生患病住院，我是知道的。先生擔心手術後不能與我們及時聯繫，因此提早寄信與我們告訴個中緣由。先生總是這樣處處為我們考慮，真誠又質樸。先生在信中亦言及他與病魔抗爭的決心，以堅定樂觀之態度應對人生厄運。此言此舉令我們欽佩不已。吾等深知先生乃不畏死之人，欣然接受命運之照拂，從容面對困境，此亦非尋常人之所能比。

我與先生相識於前年初秋，由建功師兄菊英師姐引荐，在北大勺園聆聽先生講學。短短不足兩載，然先生待我亦師亦友，恩惠加我毫不吝惜。我每遇疑問請教先生，先生總是耐心給予解答，無所保留。又不辭勞苦從臺北寄書於我，勉我上進。亦多次問及我之前途發展，深為關注……。子曰：「誨人不倦」，此之謂乎？！憶去歲九月，我與菊英同去首都機場迎接先生，見先生精神依然康健。隔天與同學拜會先生，匆匆一面，不料想竟成永訣！一想至此，我心傷悲，不

能自已。嗚呼哀哉！

　　我一輕微後學，不意竟蒙先生厚愛，時時關心勉勵，我怎能不對先生滿懷感激和景仰？先生之教導，我怎能遺忘？先生給予我甚多，而我回報先生甚少，我怎能不深深遺憾？……先生之辭世，我雖不特震驚，然念及先生待我之情，禁不住悲從中來：我不復再有這樣一位坦誠交往之師長！嗚呼哀哉！

　　先生之人品、學問，世人心中自明，不待我多言。

　　先生先我等脫離人生之苦海，永享宇宙之極樂，此亦值得欣慰。吾等惟勤勉好學，不虛人生，以告先生之靈。

　　願先生安息！

學生：劉鶴丹
二〇〇三‧三‧十七
（北京師範大學哲學系博士班博士生）

## 悼師文

尊敬的林先生：

驟聽您離世的消息，心下非常震驚，我非常有幸曾在您來北大講學期間聆聽過您的教誨，先生當時之音容笑貌，激昂言談至今仍不能忘懷。後又蒙先生兩次賜書，得以結合當日之聞聽復繼所學，對先生學問之道更添敬意。

先生年事雖高，卻仍不忘「傳道授業解惑」之大任。私人講學至北大時，雖條件不佳，仍興致高昂。數幾學生，一杯清茶，先生言語，回想起來，是怎樣的美好情景呀！先生為講學細備講稿，每至疑難處，多衍發開來，細細講解，輔之以各種深入淺出的例子，這使得每次開講既有學術開啟，又頗具趣味。

先生對後輩學生也是謙和有禮，關懷有加。猶記得當日第一次去聽先生講學，心中忐忑不安。但一入得門內，見先生笑容以對，歡喜之情溢於顏表，便安下心來，靜聽講解。先生講時曾述及自己的為學之路，聽後唏噓不已，暗自欽佩先生之博聞廣通與志向堅定。先生於言教之餘，又以己之為學氣度，處世之道給了我們一番身教。

現在細翻先生的著作，不僅可了解先生對禪宗、陽明理

學的深入研究，也可看出先生之用心良苦。先生的著述風格
與別家不同，沒有條框而任自由思想，言之有據而又廣徵博
引。驗之以先生個人之言行，而謂「知行合一」，先生的這
番教導將使我終生受益。

　可惜先生當年來師大講學的計劃一直未能實現，從今以
後，再也不能當面聆聽您的指點。少了先生這樣一位「良
師」，不知有多少學生如我般為之遺憾了。但希望先生在他
處幸福快樂，清心歡喜。

　此致

　敬禮！

學生：蔣麗梅

二〇〇三年四月十四日

（北京師範大學哲學系博士班博士生）

## 悼師文

敬愛的林先生：

　　自上次北大一別後，大家就殷切地盼望著能再次聆聽先生的教導。豈料盼來的竟是先生辭世的噩耗！先生的音容笑貌猶如昨日仍歷歷在目，可如今先生卻與我們陰陽相隔了，每念及此總是心痛不已。

　　初見先生是在北大國際學術會議交流中心，先生雖是八旬老翁，白髮蒼蒼，飽經憂患，卻仍精神矍鑠，談笑風聲，舉手投足之間無不流露出儒家學者風範。最讓人印象深刻的是先生對學生們的教導和關愛。先生研讀中國哲學之精深，遠非剛叩哲學之門的學生所能透徹理解。每每有疑惑之處，先生總能悉心講解，直至學生明白。先生之為人為學，學生終生獲益！

　　蒙先生錯愛，贈《我的治學心路歷程》一書。細讀深思，先生坎坷人生和哲學思想使學生深受啟示。先生著述頗多。先生雖逝，後人有繼。先生泉下有知，也必含笑了。

　　八十載風雨兼程，先生想來也累了。

　　安息吧！先生。

學生：杜江濤

2003 年 4 月 15 日

（北京師範大學哲學系博士班博士生）

## 悼師文

親愛的大鈞：

　　我是廣州中山大學中國哲學系博士班博士生。當我在陝西師範大學上碩士班的時候，林繼平教授是我的老師。在那段時日裡，我體驗到了林教授的仁慈，善良，和博學。林教授曾答應我來中山大學演講，但……。

　　我很難過聽到林教授去逝的消息，林教授是一位值得我們大家推崇和景仰的學者。我不知道如何寬解你心中的悲痛。我非常想念林教授，但我再也不能見到他老人家了。林教授的去逝，是我個人的一大損失，也是學術界的一大損失。雖然林教授已仙逝了，但是他的精神將永遠駐留在我的心中。

俞秀玲敬上

2003 年 3 月 10 日

（中山大學博士班博士生）

1991 年父親七十大壽，於台北新店家中慶祝！

# 悼師文

敬愛的林先生：

當我們初聽到您離去的消息時，覺得簡直不可信，幾個月前在人民大學見到您時，還談笑風聲！幾個月前還吃到你送的巧克力！幾個月前菊英還忙著聯繫您去武漢！您的微笑，您的聲音，您的白髮還在我們眼前晃動，耳邊回響的時候，您竟然不在了！

記得初次見到您是在北大國際學術會議交流中心的寓所，當小心翼翼推門進去時，您和藹的笑容迎接了我們。您熱情地招呼我們坐下，吩咐其他人給我們倒水。待大家都安定下來後，您就開始講課了，講得什麼內容，我已記不清楚了，只記得當時屋子裡特別安靜，您的聲音堅定而清晰，錄音帶沙沙地轉着……過了一段時間，您讓大家休息一下，這時候，就有同學問您問題。有個叫劉新軍的學生，他總有些沒完沒了的問題，有時候，他還會和您爭執。這個空檔，您還給我們講一些笑話，講生活的道理，作學問的方法，這些東西對我來說終生受用。

後來，我又接連聽了幾次課，和您也熟悉起來。記得有次我沒去聽課，等下一次見到您時，您便開玩笑地問，是不

是為生計奔波去了。每次聽講，我總從您那裡受到啟發。

我們中國人講三立：「立德」、「立功」、「立言」，老先生雖走，但有「德」、「言」在，精神永存，此生足矣。

學生：劉保華

2003 年 4 月 15 日

（北京師範大學哲學系博士班博士生）

## 悼師文

林大鈞先生：

驚聞林繼平老先生過世噩耗，心中萬分悲痛。

我雖只聆聽過林老先生一次講座，但受益匪淺，深感林老先生對學術的尤其是禪學的造詣之深，實為國內之第一人。林老的隕落實是學界的巨大損失。

在此，特向林老先生致以深刻的哀悼，及對林老先生的家屬表示深切的慰問。

一個聆聽過林老教誨的陝師大後學　孫華

2003 年 2 月 18 日

（陝師大碩士班研究生）

## 悼師文

林大鈞先生：

剛到學校就驚聞林繼平老先生去世的消息，深感悲痛。去年林老先生到西安陝西師大來講學，我第一次見到他，一個八十歲的老先生如此執著於學問，又如此樂觀，令人驚嘆。祖籍遂寧的老先生聽說我是四川簡陽人後非常高興。記得他離開西安的前晚，我請先生明年再到西安講學。先生也曾說要來的。誰知這一別竟成永遠，再也不能聆聽他老人家的教導了。雖然只聽了林老先生幾次講課，但收益不淺。對於老先生的過世我很難過。希林大鈞先生節哀。雖然林老已不在，但他的學問會長存，他的精神也會長存。從老先生那裡得來的東西會為他發揚光大的。

如果林大鈞先生有時間，歡迎回四川老家看看。看看老先生生長的地方。

陝師大學生：曾莉

2003 年 2 月 20 日

（陝師大碩士班研究生）

## 悼師文

沉痛悼念一代哲學大師林繼平先生！

驚聞林先生逝世，我深感悲痛。我覺得林老師仍然活在我們中間，他正在某個地方講學。他永遠會這樣。林老師的講學弘道覺悟了無數的靈魂，他也因此獲得了永恆！

作為他的學生，我向林先生的家人表示問候。

林繼平先生永垂不朽！

劉新軍

2003 年 3 月 4 日于中國人民大學

（中國人民大學哲學系博士生）

## 爾誠悼兄文

　　繼平辭世，風雨同悲。憶涪江之濱，斗城鳳臺。新客林氏，耕讀家傳。秀才仲孫，爾謀慧靈。闔家織耕，供讀省城。學文習武，東撞西突。投筆從戎，寶島施教。潛研理學，教著盛名。賢妻襄助，子女業欣。頤養天年，孜孜不息。不辭萬里，傳授內地。樂此不疲，學子仰止。美哉德隆，祝壽康寧。痛哉醫庸，斷魂合眾。嗚呼！良師賢兄神游泰山，待同九州。魂歸故里，潤澤沃土。別悲戚，親情雖別脈綿連，立著傳人昭世烈。哀哉尚饗！

弟爾誠拜祭

二〇〇三年二月九日

　　因電報無法傳遞，與爾讓商定，特以函寄，乞諒千山萬水隔，難負守靈情。

## 奠祭二哥百期日

　　遙祭二哥百期日，策杖淚灑流水東。天國人間兩相隔，昆仲手足難忘情。綠蔭悠悠胡桃樹，冷香灑灑梅花廳。青翠

方路傳健身，新橋小校授課文。棄教尋求發展路，不忘引導
啟聰書。苦澀別離四十年，歡聚蓉城改革春。促膝交流恨時
短，吟詩唱和來日長。時間老人不停步，十二年後風騷著。
不辭年邁奔華夏，攜博帶研舉義學。宏揚理學識新意，填補
空白稱奇才。正待揭示神秘紗，無賴花旃病魔纏。來也匆匆
去也匆，著述萬言空留言。得幸子孝兒媳健，秉承精神開新
篇。家鄉子弟奮發進。創健富康慰宏願。


遙祝　時安　　爾誠，劉岱 2003.6.6

## 寫給天國的二外公、二外婆

　　尊敬的二位仙老！哦，我不能這樣稱呼，仍然該稱二外公、二外婆，這是永遠的稱呼，否則您們就不知道我是您們的外孫女——何曦。

　　中國陽曆二○○三年二月八日，陰曆正月初八，是我過年後上班的第一天，以往這天是我心情愉快、輕鬆的一天，而今年不知怎麼的，我心事重重，忐忑不安，總想給舅舅通通電話，問問二外公的健康狀況，說說心裡話……。我在辦公室坐立不安，等呀等呀，終於等到了中午十二點鐘，抓起電話就開始撥打，電話通了，我高興極了。喂！舅舅發出了「何…曦…你…好」哽咽的聲音，聲音停了，我再一次一次地急呼，喂，舅舅，喂喂舅舅，您怎麼了，舅舅從大洋彼岸發出了悲傷的哭泣聲說道：「我爸…爸…三…個…小…時…前…已…過…世，已…送…往…殯…儀…館」，電話斷了，這一不幸的噩耗使我震驚，我有千言萬語想說：您為中華文化的發展作出了卓越貢獻，您的逝世是中華哲學界的一大損失。

　　二○○三年二月八日，是一個無情的、黑色的日子。二外公您在世的博愛沒有感動上帝，舅舅的孝心沒有打動上

帝，醫生的高超醫術沒有戰勝上帝。上帝搶走了我最尊敬的親人，搶走了一代宗師，搶走了家鄉的驕傲，我無法接受這一切，然而我也應該坦然地去接受，因為那是上帝的安排；二外公，今天這一切也許是您自己的安排，您說是嗎？因為您是一個知識淵博的人，您願把知識、撒播天國；您是一個富於慈愛的人，您願把慈愛奉獻給天國；您是一個對愛情忠貞不渝的人，您願離開美好的人間，去和二外婆相親相愛。您的安排，我無法接受，然而我知道我應該坦然地接受！為您這種精神祝福。二外婆，今天這一切也許是您愛的安排，您說是嗎？因為您是一位聰明、賢慧、偉大的妻子、母親，您看到二外公在人間孤燈獨影，您看到他伏在桌上孜孜不倦著書，您看到他不辭舟車之苦，輾轉南北講學，您看到舅舅為解除二外公的病痛，挽救二外公的生命，他日夜操勞，您心痛了，把二外公接走，您陪二外公在天國著書、講學，陪他在綠蔭下散步、休憩，我被您的犧牲精神而感動，我坦然接受了。

唉！無論誰的安排，我都無可奈何，只好面對現實，坦然地去接受。

二外公、二外婆，您們靜靜地走了，沒有給還在家鄉的後人留下教誨的話語，不能不說是難言的遺憾。

二外公、二外婆，您們的身影雖已遠去，但您們孜孜不倦的治學精神和無私的奉獻精神，永留人間，必將激勵後人，啟迪晚輩。

二外公、二外婆，您們放心的去吧，您們擺脫了「動」的煩惱，享受著「靜」的愉悅，完成了哲學意義上的又一次「昇華」。

祝

二外公、二外婆在天國相親相愛。

外孫女　何曦　鄒名海

曾外孫女　鄒韵

2003 年 3 月 27 日

## 何曦、鄒名海祭二外公文

舅舅：

您好！接到二外公不幸去世的噩耗，我們都萬分悲痛！在這裏，我們一家人對他老人家的逝世表示深切的哀悼！

二外公一生勤於鑽研學問，善於治學，造詣很深，影響甚遠，並將中華文化之精髓發揚光大。他的去世，既是我們

家族的損失，也是中國哲學界的損失。

二外公年過八旬，著作等生，家業興旺，本該怡享晚年，然而生命之舟就到了盡頭，我們非常遺憾。此時此刻，我們在遙遠的家鄉向他說一句道別：「二外公，您一路走好！青山處處埋忠骨，未竟事業待後生！」

舅舅，二外公的後事就靠您了。在異國他鄉，舉目無親，一切事都靠自己去做，確實辛苦您了。我們遠隔重洋，無力幫您，敬請諒解。

舅舅，二外公一生成就卓著，他為我們後人樹立了楷模，他死而無憾。他的去世，也是人生自然規律使然。作為親人，當然悲痛萬分，但您也要保重自己的身體，畢竟「死者去矣」！

舅舅，請為我們獻上一束鮮花，向二外公表示沉痛的哀悼：

二外公永垂不朽！

何曦　鄒名海　鄒韵
2003 年 2 月 8 日

## 悼二伯文

各位嘉賓、各位親朋好友：

今天，我們懷著萬分悲痛的心情，沉痛地向敬愛的二伯父——林繼平先生告別！

敬愛的二伯——林繼平先生，生於公元一九二二年農曆臘月二十四日，於二千零叁年農曆正月初八，早上七點十五分在美國舊金山去世，享年八十二歲。我們多麼希望這不是事實，可是這畢竟是事實。從此，倍受尊敬的二伯父永遠離開了我們。

二伯父的一身：是光輝燦爛的一生！光明磊落的一生！勇敢探索的一生！艱苦奮鬥，勤勤懇懇的一生！努力拼搏的一生！不計得失的一生！不為人後，永爭第一的一生！為了中華大地的崛起，為了給祖國培養棟樑之才，您老人家不顧年事已高！不顧艱辛！不顧萬里跋涉！不計報酬！數十年往返於中、美、臺之間，自費為北大、北師大、中國人大、陝西師大，華中科大等多所高校培養博士生。被教授、學生尊稱為近代的「一代宗師」。中國第一個用哲學家敏銳的眼光，正確地分析，評價中國偉人的功與過。您大膽地探索，研究為中國哲學開創出了一條新路子。所以眾多教授、專

家、學生對您的崇高評價，您當之無愧！

二伯父的逝世，是中國文化知識寶庫的巨大損失！中國哲學界的重大損失！中國人民的重大損失！同時，也是我們林氏家族的重大損失！您老人家匆匆離我們而去，從此，我們就失去了您這一位倍受尊敬愛戴的長輩。我們願您老在天國安息吧！我們將您老的諄諄教誨牢記在心！將以您老的光輝典範，教育後輩、激勵後輩！將您老的遺志，及未完成的心願，努力實現！

敬愛的二伯父，您雖然在那遙遠的國度，我們後輩會隨時給您燒錢、燒紙的，也將一起敬奉您和林氏的列祖列宗。永遠牢記您老的恩德，願您老在天國保佑林氏後代人才輩出！不負眾望！永遠發達！

二伯永垂不朽！

侄：林鴻光叩首

公元二〇〇三年二月十五日

## 悼二公文

大鈞叔：

聽到二公去世的消息，我們都非常難過、震驚，這一切都來得太快太突然了，我們真的好難受，突然間失去了我們林氏家族最有成就的二公，我們真的難以接受，我們都不相信這是真的，仿彿這是一場噩夢。可是，我們卻不得不接受這個大家都難以面對的事實。

二公這一生的成就，我們後輩都引以為榮，以之為我們學習的榜樣和我們奮鬥的目標，都以有二公這樣有卓越成就的長輩而自豪。今天，我們尊敬的二公離我們而去，我們萬分悲痛；二公生前對我們後輩寄予厚望，我們會努力奮鬥，爭取創出一番業績，同時讓我們共同祈禱、共同祝願，讓二公在天國享受舒適、安穩的生活。

對於二公的離去，我們真的很難受、我們很震驚、我們好惶恐。我們在此祝願大鈞叔保重身體，不要為他老人家的離去而傷了身子，盡管突然間失去了身邊最親的親人，我們固然難以接受，但人死不能復生，您就節哀順變吧，也好讓他老人家在天國過上安寧的日子。我們現在祈求二公在天之靈保佑我們後輩（他的兒女子孫們）生活幸福美滿，家庭和

睦。相信二公在天國也不願看到他的兒女子孫們悲痛，而是
希望他們振作起來，開開心心地過日子。

　　大鈞叔，您囑托爸爸為二公在家鄉操辦葬禮的事情，爸
爸謹遵您的願望，正在積極籌備，爭取把二公的葬禮辦得紅
紅火火，**轟轟烈烈**的，讓他老人家在天國也過得紅紅火火，
**轟轟烈烈**。海外學子，終歸故土，二公生前的偉大成就，讓
我們林氏家族的人都敬以瞻仰。

　　大鈞叔，人死不能復生，請您節哀順變吧，保重身體！
在此我代表爺爺奶奶、爸爸媽媽以及林氏家族的所有人，向
二公敬禮！祝願他老人家在天國享受人間快樂，生活舒適、
安穩！我也代表林氏家族的所有人，向大鈞叔問好，願您好
好保重身體！

　　大鈞叔，您在那邊沒有什麼親人，我們家鄉的親人都是
您最親最親的親人，我們隨時都熱烈地歡迎您回到家鄉做
客，真誠地歡迎您！

林洋敬拜

2003 年 2 月 10 日

## 祭二公文

二公：

上次接到大鈞叔的郵件，知道二公您將於七日動手術後，我就天天祈禱，希望二公您儘早康復。由於家裡裝修以及春節放假原因沒有及時收查郵件，今天（2 月 10 日 2003 年）假日一完，我就查看郵件，卻得知您已仙逝的消息。痛哉，悲也！

二公，如若您在天有靈，定會感到我們大家心中的苦痛。大鈞叔在郵件中還說您們在那邊少親缺朋，但是二公您知道嗎？盡管遠隔重洋，您卻是與我們、與大陸、與老家的親朋同在呀！

還記得當我爸爸知道二公您身體有恙，要動手術時的表情：那是一種極度的關切以及因無法看望您而留下的長長嘆息！嘆息呀！

回到老家，去看望鄭爺爺（鄭宗堯）時，鄭爺爺也鄭重地向我問起您，問您的身體情況，問您目前行踪。二公，有朋如此，您又有何孤單！

在老家，大家因知道我與您連繫比較方便，都來向我詢問您的情況，因為大家都關心您。

二公，儘管您在那邊沒有多少朋友，親戚。但是在這邊，重洋的這邊，您還有我，有我們大家，我們一如既往地關心您。若您魂魄有知，您定要回來看看，看看老家，看看這裡的親友！

二公，我相信我的心與您相通，七號那天，我夢見了您，夢見您神采奕奕，微笑著向我走來，詢問我的工作，詢問我的生活，詢問我的學業情況。我知道在老人家心中，我是您唯一另眼相待的人，我不會讓您失望的。我會學您的樣，走出去，闖番事業。我不敢保證我的事業有如您般大，但是我會盡量做到不會讓您和我自己失望！

今年和明年兩年裡，我將按公司的安排，到貴州省貴陽的分公司去做那邊的產品開發的技術支持。二公保佑我吧，相信我會在事業上有番作為！

哲人典範日已遠，佳惠子孫在夙昔。

著作等身照九洲，中華大儒傳千秋。

林秋華敬拜

2003 年 2 月 10 日

## 悼姑父文

表哥：

　　我和妹妹收到你的來信，都感到十分驚訝！感到震驚！感到哀傷！萬萬想不到，我們敬愛的姑父就這樣走了！沒有姑父和姑媽的關心和幫助就沒有我們的今天，我們兄妹永遠也不會忘記。我們都很敬佩姑父，都以他為豪，認為他是一個非常偉大的人，一個非常非常有愛心的人。姑父的音容笑貌，他的精神將永遠留在我們的心中。

　　我代表遠方的親人向姑父鞠躬！

張顯紅，張孝玉敬拜

2003 年 3 月 8 日

1998年母親從台灣第一次返鄉四川南川老家,拜見闊別40年的高堂老母親,母親的傷痛是我們這代人無法感受的! 離別依依! 千萬個不捨! 婆婆您慢走,母親會再回來看您的!

## 唐曉蘭悼念老爸文

老爸！可惜您永遠不知道我現在對您的稱呼，後悔沒能在您生前如此稱呼您一聲，也痛悔我的信和卡片到晚了。因為在那封信中，我第一次稱呼您為「老爸」，多盼望您能見到我的信，知道我視您為「老爸」。您生前總是在我面前自稱「老爸」，在偶爾的信件往來中您也如此自稱，可我總是心有顧忌，怕遭人誤會，所以始終不敢太多接受您的關懷和同情；也始終未曾稱呼您一聲「老爸」。當我知您病情嚴重時，頓覺再沒必要顧忌那麼多，直寫信稱呼您為「老爸」，也迫切想讓您知道我對您的稱呼。唉！可惜晚了一步，真的想不到您這麼快就走了！！！現在才真正體會到什麼叫「遺憾」，沒能在您生前稱呼您一聲「老爸」將是我一生的遺憾。

回想生活中的點點滴滴，總是那麼的令人懷念和難忘。自初來美在成人學校念英文時，在巴士上結識您。您的暢談和善解人意，令我感覺到您是一位心地非常善良的老人家。我們一老一少時常搭乘同一時間巴士上課，那時您親切的稱呼我為「四川小同鄉」。後來林媽媽又讓您請我這個四川小同鄉去您們家吃四川榨醬麵，那是我第一次去您們家。林媽媽、您、我們三人同桌共進午餐──四川榨醬麵……唉！往

事一言難盡……再後來您對我處境不順的同情，便對林媽媽說「你就幫幫小蘭吧！」這是林媽媽生前告訴我的，您請她幫幫我……。

林媽媽生前言語時常不自覺的提及您們的兒子大鈞如何、如何；還有擔心您始終不願信主。我深感林媽媽對兒子的關愛和對您不信主的無奈。

林媽媽走後，您就父代母職，變成您對大鈞的操心，言語時常提及林媽媽及她是如何的關愛、心疼兒子，我能感知您對林媽媽的思念、深愛和對兒子的操心。

老爸，您心地善良，見我收入微薄，獨自在美艱難謀生，深表同情和關心。如果是您家裡的蘋果樹或梨子樹結了果並成熟了，您都會打電話給我，叫我去您家摘果子，您摘好最大的果子等我去拿……有時也會作一些我喜歡的菜請我。我深知這一切都是基於您對我單身在美的同情。直至我婚後隨先生在海外生活，有時回美國為能借住在您家深表謝意時，您總是寬慰我說，住在您家就如回娘家，令我心裡倍感溫暖。老爸，其實在我心裡，早已把您視為我的親人、我的老爸。

林媽媽生前盼您能成名，大鈞能出人頭地。您雖已八十高齡，仍依然孜孜不倦的在做學問，在學術界拼搏。我知道

這除了您本人的拼搏毅力外，這其中的動力有相當一部分是來自於林媽媽對您的期盼──您時刻銘記於心。在學術界裡您要證實自身的價值，對愛妻，您要做出成績給她看。在和您的最後一次談話裡，知您已如願成名，您並告訴我說，您又夢見林媽媽，她知道您現在已成名……我高興見到您一顆釋懷的心，剩下唯一的一份操心便是您的兒子大鈞了。

老爸，您現在就安息吧！從大鈞悼父文中知道他能說服您信主，成為基督徒，才能與林媽媽相見。跟林媽媽一樣，放下一顆操碎的心，一切交予神，安息吧！您們的兒子大鈞就如他兒時所說他是林大帥，他會，也能夠把握好自己的命運的。您就安息吧，在天國裡與林媽媽在一起。

老爸，我將永遠不會忘記您的。還有請您告知林媽媽，我至今還記得她的四川榨醬麵、擔擔麵呢，好好吃。

安息吧！老爸，安息吧！

唐曉蘭 敬拜

3 月 5 日 2003 年

1998年母親從台灣第一次返鄉四川南川老家,拜見濶別40年的高堂老母親!

## 悼師文

大鈞：

道安！我法號叫明清，許林金鶴是我師父。來信皆已收到，得知林繼平教授去世，甚為驚訝！多年未見林教授，只知道他老人家一直在大陸各大學府傳授畢生之精髓——宋明理學，這是學子之福氣也。

法師特別交待弟子，將林教授之牌位，供奉在自建的白陽塔內，每天早、晚皆由佛門出家師父奉茶、上香。

現將林教授的著作：「我的治學心路歷程」裡一段記錄附上。

祝 安康

明清敬上

2003.3.12

# 悼友文

大鈞先生：

　　來信悉，知令尊仙遊，甚為哀悼。他多次來陝，我們促膝交談，他是很有思想的人，人品也高；他贈我的著作，拜讀後很敬服，他對陝西哲人李二曲先生的研究，比陝西人還要深入。他酷愛中國文化，鄉情亦濃。他在大陸有不少學生、學友，對他也很敬佩。

　　我大前年曾去美國，聽他說他當時正好不在美國。他言約今年還要回中國；幾次來我要請他吃飯，他總因忙而謝絕，說這次回來一定聚一聚，但已不能實現，甚惋。

　　你若來西安，可一晤，以續友情。

　　　　祝

工作順利，生活愉快！

張光

2003 年 4 月 1 日

（陝西省新聞協會主席）

# 悼老友文

大鈞：

　　寄埔里信輾轉到現住處。「悼慈父文」已附印 20 份通知你父親故舊。

　　你父生前在大陸有來往的學術機構，不妨就遺物中清理找出，通知他們此噩耗；日後亦可贈送你父著作與這些機構保存。四川成都「石室中學」，你可寄一些你父的照片和著作，俾建立史料館陳列。

　　祝平安！

蘇兆南

2003 年 3 月 12 日

## 大鈞悼慈母文

　　親愛的媽媽，送您一程又一程，今天是真正的終程了。我知道您早已走遠了，主耶穌已接您到天堂了；您從此遠離塵囂和病痛的折磨，過著天人的新生活。感謝天父的慈恩，感謝主。

　　親愛的媽媽，我一遍又一遍向您述說我內心對您的虧欠；在您病床前，我一遍又一遍禱告主耶穌，用我的生命來換取您的生命，主耶穌還是把您接走了。但是我們母子心連心，卻是沒有任何人可以分割的。從此您的軀體將孤零零的躺在那山坡上，遙望著太平洋東岸的故鄉和親人。請您放心，我會用我的後半生陪著您，守著您的。

　　親愛的媽媽，您的智慧、才幹、勇氣、決斷，把這個家從貧困中帶了出來。沒有您的任勞任怨、犧牲奉獻，就不會有今天的家。您在極端艱苦的環境中，把我們全家一個個都帶領到康莊大道，但您卻走了。您總是操心著爸爸、我、姊姊們、孫子們；您用您的生命來灌溉這個家園，使這個家園蓬勃起來，您卻枯萎了，您卻走了。

　　親愛的媽媽，您不管如何的病痛，您仍然要照顧我們。您走了，半夜裏我咳嗽，再也沒有人餵我枇杷膏，熱開水了；

晚上再也沒有人打電話問我何時下班，好準備開飯了；加班到深夜，再也沒有人叮嚀我早點回家了；我心中的委屈，再也沒有人訴說了；我遭遇艱險，再也無人會捨命相救了；每天中午，再也沒有您精心為我準備的午餐了；您總把好吃的東西留給我，自己吃剩下的，不新鮮的；您把所有的血汗積蓄都送給我，自己卻很刻苦；我不管做錯任何事，您都會原諒我；我不管對您再忤逆，您依舊百般疼愛我，而不求任何報償；親愛的媽媽，您的愛，太偉大了。您瀟灑的走了，可是我將如何回報您呢？

　　親愛的媽媽，您聽到我聲聲的在呼喊著您嗎？您知道我日夜在思念著您嗎？我的聲音沙啞了，我的淚水流乾了，我的形容枯槁了，我的心也碎了，可是我再也聽不到您的回音了。親愛的媽媽，千萬聲對不起，對不起送您回臺灣治病，才造成今日天人永隔，慟絕人寰的悲劇。我這一生做錯太多事了，我這一生虧欠您太多太多了。我仍記得您談笑風生的飛離舊金山，但我卻捧著您冰冷的骨灰回來。親愛的媽媽，我真大錯特錯，該遭天譴的是我。

　　親愛的媽媽，您安息吧！我會照顧爸爸；看守著您建立的家園；我會時時帶著家中您親手種的花去看望您；我會達成您的願望：我會當一個虔誠的基督徒，我們母子日後會團

圓的；我會成家的，帶領著您的子孫，來看望您的；您對我的教誨，我會終生奉行的；我和爸爸會去為外婆掃墓的；您的心願，我會一一為您實現的；我會秉持著您的勇氣和毅力，堅強的活下去，光大門楣；您安息吧！

親愛的媽媽，當您臨終的前夕，狂風怒吼，我和爸爸徹夜在加護病房外祈禱著，我們盼望奇蹟出現，但您還是走了；哲人去矣！天地同悲。在您彌留的最後一刻，我一直求您閉上眼睛，安息吧！您似有期待，就是不閉眼睛；當牧師禱告完畢，唱完聖詩，用油膏抹了您的頭和手，您的眼睛終於閉上了，您的心跳和血壓也在那一刻停止了。感謝主，這就是一個虔誠基督徒活生生最好的見證。大姊在您病床前的臨終禱告時，看到天使來接您，您慈祥的回頭向大姊和我們微笑。感謝主，還有什麼可為更好的見證呢！

親愛的媽媽，偉大的慈母，您的聲音、笑貌，您的精神、氣魄，永遠活在我們的心中。您永遠與我們同在。如聖經所言，當主耶穌來臨時，所有過去的人也會復活，那時就是我們母子團圓的時候了。有一天我走了，我也會去天堂與您相聚的。短暫的離別，是為了永恆的相聚。親愛的媽媽，我以您為榮，我以您為傲，您安息吧！您安息吧！

兒大鈞叩拜

1997 年 2 月 22 日

鳳凰鳴矣，于彼高岡；梧桐生矣，于彼朝陽。高山仰止，景行行止；欲報之德，
昊天罔極。無父何怙，無母何恃；悠悠我心，謂我何求。啣環結草，無以為報。
死生契闊，泣涕漣漣；朔風野大，紙灰飛揚，言有窮而思念不可終。天乎人乎
而竟已乎！您歸來兮！您歸來兮！**3:15 P.M., 2/7/2003**

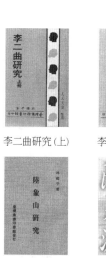

李二曲研究(上)　李二曲研究(下)　李二曲研究　　李二曲研究

陸象山研究　　陸象山研究　　孔孟老莊與文化大國(上)　孔孟老莊與文化大國(下)

文史哲論集　　文史哲論集　　明學探微　　我的治學心路歷程

王學探微十講　宋學探微(上)　宋學探微(下)　禪學探微十講

國家圖書館出版品預行編目資料

一代宗師的崛起：我的治學心路歷程 / 林繼平著. -- 初版. --
臺北市：蘭臺, 2023.1(中國思想研究叢書；8)
面；　公分
ISBN 978-986-5633-74-5(平裝)
1.思想史 2.中國哲學史

112　　107017012

中國思想研究叢書8

# 一代宗師的崛起—我的治學心路歷程

作　　者：林繼平
編　　輯：林育雯、高雅婷、陳勁宏
美　　編：陳勁宏
封面設計：林育雯、陳勁宏
出 版 者：蘭臺出版社
發　　行：蘭臺出版社
地　　址：台北市中正區重慶南路1段121號8樓之14
電　　話：(02)2331-1675或(02)2331-1691
傳　　真：(02)2382-6225
E—MAIL：books5w@gmail.com或books5w@yahoo.com.tw
網路書店：http://5w.com.tw/
　　　　　https://www.pcstore.com.tw/yesbooks/
　　　　　https://shopee.tw/books5w
　　　　　博客來網路書店、博客思網路書店
　　　　　三民書局、金石堂書店
總 經 銷：聯合發行股份有限公司
電　　話：(02) 2917-8022　　傳　真：(02) 2915-7212
劃撥戶名：蘭臺出版社　帳號：18995335
香港代理：香港聯合零售有限公司
電　　話：(852)2150-2100　　傳真：(852)2356-0735
出版日期：2023年1月 初版
定　　價：新臺幣360元整（平裝）
ISBN：978-986-5633-74-5